培文·媒介与文化译丛

电脑游戏
文本、叙事与游戏

Computer Games: Text, Narrative and Play

［英］ 戴安娜·卡尔（Diane Carr）
　　　大　卫·白金汉（David Buckingham）　著
　　　安德鲁·伯恩（Andrew Burn）
　　　加雷思·肖特（Gareth Schott）

丛治辰 译　　袁长庚 审校

著作权合同登记号　图字：00-2008-2955

图书在版编目(CIP)数据

电脑游戏：文本、叙事与游戏 /（英）戴安娜（Carr, D.）等著；丛治辰译 . —北京：北京大学出版社，2015.8

（培文·媒介与文化译丛）

ISBN 978-7-301-25771-5

Ⅰ.①电… Ⅱ.①戴… ②丛… Ⅲ.①电子游戏–研究 Ⅳ.①G899

中国版本图书馆 CIP 数据核字 (2015) 第 088730 号

Computer Games: Text, Narrative and Play
Copyright © Diane Carr, David Buckingham, Andrew Burn and Gareth Schott 2006
This edition is published by arrangement with Polity Press Ltd., Cambridge

书　　　名	电脑游戏：文本、叙事与游戏
著作责任者	[英] 戴安娜·卡尔　大卫·白金汉　安德鲁·伯恩　加雷思·肖特　著 丛治辰 译　袁长庚 审校
责任编辑	黄敏劼
标准书号	ISBN 978-7-301-25771-5
出版发行	北京大学出版社
地　　　址	北京市海淀区成府路 205 号　100871
网　　　址	http://www.pup.cn　新浪微博:@北京大学出版社 @培文图书
电子信箱	pkupw@qq.com
电　　　话	邮购部 62752015　发行部 62750672　编辑部 62750112
印刷者	三河市国新印装有限公司
经销者	新华书店 650 毫米 × 980 毫米　16 开本　16.75 印张　217 千字 2015 年 8 月第 1 版　2015 年 8 月第 1 次印刷
定　　　价	42.00 元

未经许可，不得以任何方式复制或抄袭本书之部分或全部内容。

版权所有，侵权必究

举报电话：010-62752024　电子信箱：fd@pup.pku.edu.cn

图书如有印装质量问题，请与出版部联系，电话：010-62756370

目 录

致 谢 ……………………………………………………………… i
第一章 研究电脑游戏 …………………………………………… 1
第二章 定义游戏类型 …………………………………………… 19
第三章 游戏与叙事 ……………………………………………… 41
第四章 游戏与快感 ……………………………………………… 61
第五章 空间、导航与情绪反应 ………………………………… 80
第六章 角色扮演 ………………………………………………… 97
第七章 文本再创作：网络上的粉丝文化 ……………………… 117
第八章 动机与网络游戏 ………………………………………… 136
第九章 社交性的游戏与学习 …………………………………… 155
第十章 游戏内外的能动性 ……………………………………… 171
第十一章 电影、改编与电脑游戏 ……………………………… 190
第十二章 游戏与性别 …………………………………………… 209
第十三章 游戏分析的实践 ……………………………………… 230

引用游戏 ………………………………………………………… 245
参考文献 ………………………………………………………… 247

致　谢

本书源自一项名为"电子游戏文本性"(The Textuality of Video Games)的研究计划,该计划由英国艺术与人文研究委员会(The UK Arts and Humanities Research Board)资助(grant B/RG/AN8023/APN12462)。研究自2001年9月至2003年12月,由伦敦大学教育学院儿童、青年与媒体研究中心(Center for the Study of Children, Youth and Media)完成。大卫·白金汉(David Buckingham)和安德鲁·伯恩(Andrew Burn)为该项目联合指导,戴安娜·卡尔(Diane Carr)为首席研究员,来自心理学系的加雷思·肖特(Gareth Schott)随后作为研究助理加入我们的团队。

虽然这是一个合作研究计划,但我们仍然为本书的每一章节分配了一到两名作者。白金汉统编全书,卡尔对各章节的微调亦有贡献。

第五章初版曾以"Play Dead: Genre and Affect in *Silent Hill* and *Planescape Torment*"(Carr)为名发表在《游戏研究》(*Game Studies*)第三卷第一期。第六章初版曾以"Heavy Hero or Digital Dummy: Multimodal Player-Avatar Relations in Final Fantasy VII"(Burn and Schott)为题发表于2004年10月《视觉传媒》(*Visual Communication*)杂志第三卷第三期。第九章最初发表于《融合》(*Convergence*)杂志第九卷第三期(41—55页),题为"Moving Between a Spectral and Material Plane: Interactivity in Social Play with Computer Games"(Burn and Kambouri)。2003年9月10日至12日,提赛德大学(University of Teesside)召开了

关于"游戏与新媒体中的计算符号语言学"(Computational Semiotics for Games and New Media)的第三次会议,本书第八章初版发表于此次会议论文集(14—21页),题目是"Signs from a Strange Planet: Role Play and Social Performance in *Anarchy Online*"(Burn and Carr)。第十二章中所引用的研究是由教育服务基金(Eduserv Foundation)所支持。

我们感谢所有阅读本书初稿并提出修改意见的人们,特别是:Simon Egenfeldt-Nielsen, Caroline Pelletier, Julian Küchlich 和 Siobhan Thomas,以及所有我们在研究过程中曾经采访过的游戏产业的专业人士。戴安娜特别感谢 Paul。同样需要感谢的还有 Liza Chan 以及所有回答我们问题的玩家们,尤其是 Pete Katsiaounis, Barney Oram 以及后者在剑桥郡长路预科学院(Long Road VIth Form College)的学生们。

第一章　研究电脑游戏

大卫·白金汉

电脑游戏以某种形式存在已近半个世纪，而成为一种市场交易额巨大的商业现象，也已超过25年。对于数以百万计的人们来说，电脑游戏是日常生活的常规组成部分。它的规模、意义及普及程度，似乎已使我们对其加以研究的原因显得不言自明。但连电脑游戏的研究者们都仍不清楚应如何对其进行研究。确定电脑游戏的构成要素和特性也被证明是问题重重的。在如何区分电脑游戏和其他媒介形式的问题上，即可能产生形形色色的分歧；而不同利益群体亦必然强调电脑游戏中最能体现他们各自的专长、成见和动机的不同方面。

为什么研究电脑游戏？

在经济上，游戏产业是文化产业当中发展最为迅猛的部门之一。例如，美国娱乐软件协会（The US Entertainment Software Association）声称，2002年电脑游戏销量为2.21亿套，全行业当年总收入接近70亿美元，这一数字在近六年来增加了一倍以上。[1] 欧洲休闲软件协会

---

[1] 参见 www.theesa.com。

(The European Leisure Software Association)则估计该产业在欧洲的收入为 55 亿美元，其中 35 亿来自英国这一欧洲最大的游戏市场[1]；并且有理由断定，世界范围内有超过 1 亿台游戏机在投入使用。在英国，游戏市场是录像带租借市场的两倍，高于影院票房 1.4 倍[2]；在美国，电脑游戏的销售额已超过图书销售总额（尽管后者其实也在增长）。行业预测显示这样的增长还将持续：根据一项颇具影响的估算，随着网络游戏收入的增长将超过五倍，到 2007 年，世界游戏市场的收益将从 2002 年的 200 亿美元上升到 300 亿美元。[3] 游戏工业将"比好莱坞还要庞大"的老生常谈或许确实会在某些方面产生误导，但显然已去事实不远。

对"玩游戏"这一活动，我们尚且难以获得近期较为可靠的统计数据。1990 年代后期在英国和美国的调查显示，青少年平均每天花费在电脑游戏上的时间为 25—40 分钟（Livingstone and Bovill 1999; Roberts and Foehr 2004），几乎可以肯定的是这项数据在那之后有所增长。而必须指出的是，青少年群体并非唯一的游戏市场所在，甚至在消费群体当中不占据主要地位。美国娱乐软件协会声称游戏玩家的平均年龄为 29 岁，而最经常使用个人电脑打游戏的玩家中有 41% 的人超过 35 岁。如今，超过 60 岁的玩家群体在膨胀。[4] 游戏市场的多样分层还来自性别差异：根据欧洲休闲软件出版商协会[5]的最新数据，美国 39% 的玩家是女性；日本女性玩家占 37%；韩国达 70%；西欧为 25%。而这些数据未曾清晰呈现的，是这些不同类型的玩家所玩游戏有何差异。

---

[1] 参见《白皮书：电脑与电子游戏》(*White Paper: Computer and Video Games*)，www.elspa.org.uk，2003 年 8 月。
[2] www.digiplay.org.uk/facts.php。
[3] 得自 DFC 情报，www.dfcint.com。
[4] 根据 X-tribes Silvers 的研究，刊载于报纸《卫报》(*Guardian*)，2003 年 12 月 13 日。
[5] 英文全称为 the Entertainment and Leisure Software Publishers Association，根据其在 2004 年 9 月 1 日发布的信息，www.elspa.co.uk。

例如，很多女性着迷于在线的猜谜或纸牌游戏，而非电视广告所宣传的或排列在电脑游戏零售商货架上的那些主流产品。与之相反，在这本书里我们所关注的是那些投入了大量制作资金的高知名度游戏。此类游戏，特别是那些需要玩家时刻牢记其繁琐操作的作品，持续抢占以年轻男性为消费群体的市场。

尽管有以上相对乐观的数据，但新的电脑游戏多数仍在赔钱，进入市场的门槛在戏剧性地大幅提高；既然重复生产现有的成功产品比冒着风险进行创新要安全得多（Zimmerman 2002），一种保守主义的生产模式便在所难免。随着电脑游戏工业越来越集中在少数大公司手中，那种把制作电脑游戏看做一种富于创造性的"家庭手工业"的想象被证明是错误的。同样，就参与游戏而言，也存在一道意味深长的"数字鸿沟"，尤其对需要付费注册和宽带接入的网络游戏更是如此。尽管电脑游戏工业有开拓女性市场的兴趣，但玩游戏仍被视为一种带有强烈男性主导色彩的活动。毫无疑问，电脑游戏是一个大众现象，但到现在为止还无法达到电视和电影的普及程度。

抛开上述特质不谈，单就电脑游戏的规模而言，就足以表明它值得研究。不过我们还是需要从定性（qualitative）角度去思考电脑游戏的文化意义及其影响。尽管越来越流行，电脑游戏却始终饱受各路批评家非议：它常被指责为一种性别偏见和盲目暴力的载体，反社会，反教育，是毫无意义的时间浪费。而正如库尔特·斯奎尔（Kurt Squire 2002）和其他论者都已指出的，这种批评在任何一种新型媒介出现时都风行一时——如同电视出现时所引起的争论一样，这些观点所依赖的证据往往并不使人信服。（参见 Buckingham 2002）

另一方面，电脑游戏的普及往往起到强化一种代际修辞的作用，这是关于年轻人和新媒体的流行讨论的特征。（Buckingham 2000）年轻人总是被我们习惯性地描述为"赛博一代"（cyborgs），他们与技术之间的关系，使之产生出在学习、娱乐和社会互动等方面完全不同于其父辈的新倾向。卡茨（Katz 2003）因此指出，电脑游戏已在两代人之间制造出一种文化断裂，传统的文化模式正在衰落并濒临灭绝——尽管他的观点也引起了相当激烈的反对，甚至一些自诩为专业游戏玩家的人也对此表示异议。[1] 正如那些对电脑游戏持消极态度的意见一样，在这里提出的依据同样具有明显的局限（Goldstein 2002），它们忽视了旧的游戏模式和新技术所产生的新模式之间值得重视的连贯性。

一些研究者将电脑游戏定义为一种艺术形式，试图以此反驳那些对于电脑游戏的广泛谴责。例如，詹金斯和斯奎尔（Jenkins and Squire 2002）即认为电脑游戏是当今时代一种"生机勃勃"的大众艺术。关于游戏的美学特质，他们提出了一些重要问题——电脑游戏的起源在其他艺术形式中的线索；它们处理空间的方式；它们制造氛围和激发斗志的独特方式；以及它们对于质地、色彩和光线的使用。史蒂文·普尔（Steven Poole 2002）同样致力于研究电脑游戏，他所采用的那些相对完善的概念，如类型（genre）、叙事（narrative）、角色（character）都来自艺术理论和文学批评。本书的研究将采用这些方法并有所发展，但我们怀疑，这种将游戏视为"艺术"的观点会给"艺术"这一范畴自身带来许多相当尴尬的难题。

然而，无论是否属于"艺术"，电脑游戏如今确然是一种值得关注的文化形式，它有自己的历史，在现代文化的广阔图景当中占有一席之地。多数论者认为，1960 年代早期由史蒂夫·拉塞尔（Steve Russell）在麻省理工学院制作的《太空侵略者》（*Spacewar*）是世界上第一款电脑游戏，但也有部分英国学者认为这个荣誉应属于 A. S. 道格拉斯（A. S. Douglas）。1952 年，当时还在剑桥攻读博士学位的他制作了一个叫做"OXO"的电脑程序。[2] 关于电脑游戏的历史，如今已有为

---

[1] 参见 www.slashdot.org/features 网站中 Katz 文章后的讨论。

[2] 参见 www.digiplay.org.uk/timeline.php。

数众多学术性的、百科全书式的研究（如 Herz 1997；Kent 2001；Kline et al. 2003；Seller 2001），但多数此类研究都是以美国为中心的（US-centric）。

此外，时下的游戏已被深刻卷入当代媒介典型的"融合"过程中：书籍被制作成电影，电影又被制作成游戏（反之亦然），依次生产出大量别样的文本和商品。电视节目越来越热衷于追求互动性，吸收了类似于游戏的特定元素；而电脑游戏生动的风格和灵活的结构也被吸收到作曲家和视觉艺术家们的作品里。我们甚至可以说当代的媒介文化——从《黑客帝国》（*The Matrix*，1999）到《老大哥》（*Big Brother*，2000）——也越来越渴望达到电脑游戏的状态。

电脑游戏还是媒介产业全球化的一个关键性因素。如最近令孩子们为之疯狂的《口袋妖怪》（*Pokémon*），不但提供了媒介融合的生动案例，而且告诉我们，在打造全球市场的过程当中，电脑游戏是何等重要。《口袋妖怪》最早是一款为任天堂掌上宝（Nintendo GameBoy）设计的电子游戏，随后延伸到电视、电影、卡牌和其他一系列商品。这一全球化过程显然是双刃剑：通过各地本土的特许经销网络，任天堂试图抹去游戏当中隐含的让人感到陌生的日本元素，但与此同时也尽可能将日本式的"酷"做到极致。（Tobin 2004）正如我们将会看到的，类似的文化挪用和置换相当常见，角色扮演类游戏（Role Playing Games，简称 RPG）这一非常传统的游戏形态就是以此为目的的，比如我们将在第六章和第七章提到的《最终幻想》（*Final Fantasy*）系列。

最近将电脑游戏应用于教育领域的热忱也显示出这一产业具有的更加广泛的意义。现在很多教育家将游戏看做一种潜在的渠道，以此吸引那些有叛逆情绪的学习者重新参与学习过程之中，发挥互动技术具有的明显优势。但迄今为止，此种尝试收效相当有限——尤其因为很多所谓"寓教于乐"的软件本质上存在局限性（Buckingham and Scanlon 2003）。一些研究者指出，对于教师们来说，未来的方向是更加密切地关注在那些看似非教育类游戏中的学习性质，我们在本书中所关注的一些作品即在此列（Gee 2003）。

综上所述，我们认为，研究电脑游戏的必要性是不言自明的。而更加困难的问题在于，我们研究的对象是什么，以及怎样进行研究。

何谓电脑游戏？

本书名为"电脑游戏"（Computer Games）而非"电子游戏"（Video Games）或"电脑及电子游戏"（Computer and Video Games），就是因为前者乃是一个更具包容性的术语——在英国，不论游戏是在个人电脑上，还是在Playstation或者Xbox等专用游戏机上运行（这里的"PC"指"个人电脑"，不论其操作系统是Windows、Linux还是Macintosh），都被统称为"Computer Games"。有些游戏理论家对这些概念做了区分，比如费恩斯坦（Feinstein 1999）就认为，"电脑游戏"（在个人电脑上运行的游戏）在游戏方式上更注重智力和战略；而"电子游戏"（在专用游戏机或街机上运行的游戏）则更加情绪化，更关注即时反应和动作。他还认为，"电脑游戏"是独自的探索，而"电子游戏"更具交际性。另外一些专家则认为"电脑游戏"不像"电子游戏"那样依赖视觉。

确实，二者之间仍有不少可供区分的差异性，但兼容性游戏（即那些既可以在个人电脑上运行，也可以在专用游戏机上运行的游戏）的存在使任何严格区分二者的尝试变得复杂。从根本上说，尽管个人电脑和专用游戏机存在一些重要差异，尽管一些特定游戏类型更多地在二者中的某一个上运行，但是这些区别似乎都不能足够充分而有力地证明二者在根本上存在不同。因此，在本书中所使用的"电脑游戏"这一概念，不但指在个人电脑上运行的游戏，也指那些运行于专用游戏机的游戏（不过我们的分析没有包括那些便携式游戏或掌机游戏）。

此前已经提到，电脑游戏借鉴了众多其他媒介形式，如科幻小说、玄幻小说和黑帮片。反过来它也渗透进更加广阔的流行文化领域。然而，尽管存在着这样的相互影响，电脑游戏仍首先作为游戏（Eskelinen 2001）被认知与研究，而非简单地作为计算机超文本（hypertext）、文学、戏剧或电影的一种新形式。关于"游戏"这一概念，已经有人提出了一些可靠的综合性定义。比如，游戏设计师皮尔斯（Pearce 2002：113）认为：

> 游戏是一种结构化的框架，目的是为了让玩游戏这一行为流畅进行，它由以下要素组成：

- 目标（A goal）及一系列相关的次级目标
- 障碍（Obstacles）用于阻碍你达成目标
- 资源（Resources）帮助你达成目标
- 奖赏（Rewards）奖励在游戏中取得的成功，往往以资源的形式出现
- 惩罚（Penalties）作为未能克服障碍的后果，多表现为出现更多的障碍
- 信息（Information）
  - ——为所有游戏者和游戏所知的信息
  - ——仅仅为个别游戏者所知的信息，例如游戏中玩家所持有的卡片
  - ——仅仅为游戏所知的信息
  - ——递进的信息（由一种信息而得到其他信息，如《大富翁》[Monopoly]中的机会卡）

皮尔斯这一定义的第一句话即指出电脑游戏与其他文化文本的根本差异：游戏是用来玩的，游戏规则所设定的框架就是为了"玩"。因此，电脑游戏不像书籍和电影那样是自足的，而是提供了与阅读小说和观赏电影完全不同的参与方式和参与程度。比如，在许多（尽管不是所有）游戏当中，我们事实上"成为"游戏中的一个角色——我们假定自己的身份为某个"化身"（avatar）——并以该视角参与游戏。皮尔斯由此指出，游戏者不是简单地"了解"游戏中的角色，而是积极参与其中，塑造和控制它们。而且，不同的游戏者能够以不同的方式来完成上述任务：在游戏当中，游戏者的自发行为会产生不同的效果，使游戏永远不可能以同样的方式被重复操作。（参看 Eskelinen and Tronstad 2003）

居尔（Juul 2003）提出一种他称之为"游戏性"（gameness）的模型，即那些使游戏成为游戏的本质特征。和皮尔斯一样，他的主要焦点在电脑游戏，但他试图使这一模型适用于更广泛意义上的游戏。居尔认为能够以如下六个基本特征来定义游戏：

1. 游戏以一定规则为基础。
2. 游戏具有多样而可量化的结果。
3. 这些结果对应不同的评价（肯定或者否定）。
4. 游戏者付出努力以达到渴望的结果。
5. 游戏者在情绪上与游戏紧密相连。
6. 游戏与现实生活之间存在可转化的因果关系。

居尔的定义将游戏（games）和玩（play）清晰地区分开来。所有的游戏一定能玩，但并非所有的玩都采用游戏的方式。游戏必须具备一定的游戏规则。正是这些规则使游戏者的行为富有意义（比如，给予这些行为不同的后果）。为便于执行，规则必须清楚明白：至少应提供一定的限制，使人明白它们在多大程度上可以被改变或重新协商。然而，正如居尔自己指出的，一些相当著名的游戏并不符合他提出的定义。比如《模拟人生》(*The Sims*, 2000) 就没有特定的结局；而像《龙与地下城》(*Dungeons & Dragons*) 这样的桌上角色扮演类游戏 (table-top Role Playing Game)，其规则实际上是可协商的——且也不存在一个特定的结局。我们在本书当中将予以考察的角色扮演类游戏具有相对可计量的结果和较少回旋余地的规则设计，但是在其他一些方面，尤其在对角色、人物性格和故事叙述问题的考量上，仍然明显地带有角色扮演类桌游的特点。

电脑游戏还有一个更加深刻的普遍属性，隐藏在我们迄今为止所考察的定义当中。这便是游戏的虚构本质——也就是说，游戏是与"日常生活"相分离的。这一观点为更早期的游戏研究理论家们提出，如约翰·赫伊津哈 (Johan Huizinga 1938/1955) 和罗杰·凯洛依斯 (Roger Caillois 1958/1979)。即使玩家沉迷于游戏之中，他们也能都在某种程度上认识到这"不过是游戏而已"。如居尔所说，即使电脑游戏产生的后果会对玩家生活产生切实影响（比如他们以游戏结果打赌），这一结论仍然适用。萨伦和齐默尔曼 (Salen and Zimmerman 2003) 则指出，游戏发生在"魔圈"(magic circle，也译魔术环) 之中，那是一个在空间（游戏世界区别于现实世界）和时间（游戏必须开始，也必须终结）上都脱离了现实的结构。在游戏过程中，我们可以运用在现实生活和其他游戏中所得到的知识（甚至从其他媒介中得到的知识）。最终，是魔圈内部的规则规定了其中事物的意义——在很多情况下，游戏中（或不同游戏之间）事物的意义和它们在现实生活中的意义存在着相当耐人寻味的差异。我们将证明，即使在《模拟人生》这样号称高度模仿现实生活（即具有符号学上所谓"高模态"[high modality]）的游戏中，上述差异也同样存在。

对游戏的区分

为探究电脑游戏的某种基本"游戏性",我们必须去辨认《俄罗斯方块》(Tetris)和《最终幻想10》这样的游戏之间存在何种共同之处;但实际上,比较而言,考察它们之间的区别可能更加有趣,也更加重要。当然,我们能够在众多的电脑游戏当中发现一些相当明显的区别。我们可以按照游戏玩家所采用视角的不同对游戏加以区分(第一人称视角、第三人称视角或上帝视角);按照单人、双人还是团队参与游戏加以区分;或区分为按照难度和进度划分等级的游戏和不划分等级的游戏;区分为需要在一定时间内完成特定任务的游戏,和不需要如此的游戏;区分为鼓励玩家自行探索的,和只需按照单线行进的,等等。如上所示,电脑游戏之间的这些差异不仅关乎它们以何种方式呈现其环境、叙述和角色——换言之,不仅关乎那些同样适用于其他媒介或文化形式的方面(实际上这多少显得流于表面),而且关乎它们以何种方式被"玩"。

比如,前文提到的皮尔斯对于游戏的定义,关注的是各个游戏不同的"经济体系"(economies)——奖赏与惩罚的平衡。因此,我们可以按照这一方面的差异性和复杂性,以及玩家对经济体系的控制程度(如允许用"货币"或其他资源进行"交易"),对游戏加以区分。同样,居尔提示我们注意,游戏可以按照偶然要素和策略要素的平衡加以区分。这一点之所以具有本质上的意义,乃是因为偶然要素的存在,使得游戏在每次被玩的时候都有不一样的情况。广义地看,就是在游戏中,玩家能够操控的部分和不能操控的部分之间,必须保持一定平衡。而马克·沃尔夫(Mark Wolf)提出如下四个游戏必备的"要素":

指示玩家在游戏中在场的要素(玩家所操控的角色);指示电

脑在游戏中在场的要素（电脑控制的角色）；能够被各种游戏角色操作和利用的物品；以及通常无法被游戏中任何角色操纵或改变的游戏背景环境。(Wolf 2003：50)

显然，在单个游戏当中，这些要素存在着某种相互协调一致的关系。这让我们回想起萨伦和齐默尔曼对于游戏的定义，他们特别强调游戏是系统："一系列相互关联的组成部分构成一个复合的整体。"(Salen and Zimmerman 2004：55)

另一个对游戏具有特殊意义的关键性因素是游戏规则。阿基·查维伦（Aki Jarvinen 2003）为不同形式的游戏规则提供了如下的分类方法：

1. 组件（components）。这是与游戏当中的物质资源（比如工具、角色或财富）相关的规则，界定其数量、状态或价值。

2. 步骤（procedures）。这涉及在游戏当中，玩家为了达到目标而采取的行动。因此，可能不得不按照特定的次序、运用特定的道具或发生在游戏中的特定时刻。

3. 环境（environments）。这是游戏得以展开的物理空间，尽管多少有些抽象。典型的环境包含物体或道路，引导或限制游戏中的移动，同时它还确定了游戏世界的边界。

4. 主题（themes）。游戏的主题就是游戏的"内容"——比如解决疑难，驾驶，战斗，或逃到安全的地方。这可能或多或少显得抽象，需要玩家运用在其他媒介形式或现实生活中得到的知识（比如体育运动中获得的知识）。

5. 界面（the interface）。这是指我们进入游戏的手段，比如公告板或一副纸牌或电脑屏幕。界面的复杂程度不一，但恰恰是它决定了我们如何介入游戏世界。

查维伦指出，这些不同类型的规则能够以多种方式组合，并随游戏或游戏类型的不同而变换优先次序，或被突出强调，或遭边缘化。它们因位置（或等级）的不同，或时间的变化，而以不同的方式适用于一个特定的游戏；它们可能相互依存，也可能彼此孤立。

障碍同样是一个非常重要的要素——或者像阿瑟斯（Aarseth 1997）那样称之为"难点"（aporias）或"关口"（gaps），正是它们有效地不断刺激玩家去"玩"游戏。埃斯克里宁和特隆斯塔德（Eskelinen and Tronstad 2003）对游戏中的关口进行了非常有价值的分类：

　　1. 关口分为静态和动态两种。静态关口始终存在，并必须战胜；而动态关口可以回避，而仍能达成目标。

　　2. 关口可能是确定的，也可能是不确定的。这意味着，他们中有些始终按照同样的方式活动，而另外一些则并非如此。

　　3. 有些关口是暂时的，而有些则不是。对于前者，我们必须在规定的有限时间内将之克服。

　　4. 针对个人的关口明确地针对一个特定的游戏角色（也就是针对我们在玩游戏时的化身）；而非个人的关口针对所有角色。

　　5. 限制性关口的出现，取决于玩家的进展和技能；而随意性关口则可能在任何时间出现。

　　6. 关联性关口与其他关口相联系，甚至依赖其他关口；而非关联性关口则不然。

这样的分类系统为探究众多游戏的不同提供了一定方法，可供读者应用于他们自己选择的例子当中。（在学术文献当中，我们还可以找到另外一些分类方法：参见 Wolf and Perron 2003b；以及 Goldstein and Raessens 2004。）从某个层面看，它们提醒我们注意，游戏的这些特征是作为一种供游乐玩耍的结构化框架而存在（按照皮尔斯的术语），或是一套由特定规则支配的系统（按照萨伦和齐默尔曼的理论）。这些差异无疑对玩家体验有重要意义。它们决定了一个游戏在何种程度上能够引起我们的兴趣，决定了我们能够在何种程度上操控它，以及它是如何驱动我们持续地沉浸游戏当中。战斗的快意或挫败感，沉浸其中或是感到厌倦——快乐与不快乐——我们在游戏当中的经验至少部分地取决于其"游戏性"，或者我们可以称为"娱乐特质"（ludic qualities，ludic 一词源出于拉丁文 *ludus*，即"游戏"之意）。

尽管以上的定义和类型学相当有价值，但仅仅在这些层面上考察电脑游戏并不意味着全面解释了电脑游戏的本质。游戏体验还取决于我们如何阐释和运用上述多样的游戏要素，以及我们如何将之与自己的热情和关注点相结合。某种被玩家和研究者称为"可玩性"（playability）的因素确实是游戏的一个重要维度，我们将在上文提及的一些维度的基础上，对之加以定义。而游戏的视觉效果可能也是吸引玩家并激发其兴趣的重要因素，还有故事叙述、角色的情感吸引力、幽默的运用，以及游戏以某种方式与现实生活相联系的感觉等。换句话说，关乎游戏吸引力的还有一个重要的再现（representational）层面——而这往往被我们忽视。

同时，游戏当然也是一种社会活动。从字面意义看，这适用于我们选择和别人一起玩游戏的时候；但即使我们一个人玩，广义的游戏文化当中也必然牵涉大量的人际交往，既有面对面的，也有虚拟的。这一点在对于游戏玩家的研究中被反复强调，尤其在关乎儿童的案例中（参见 Buckingham 2002；Ermi and Mayra 2003；Jessen 1999）。但在那些主要关注游戏"文本"的研究中，这方面仍然经常被忽视，纵然这的确是游戏研究中的一个重要维度。

鉴于上文所述的多样性，一种泛泛的游戏理论其价值必然有限。因此在本书中，我们选择关注一种或几种游戏类型，而非所有游戏。我们讨论的游戏类型是角色扮演类游戏和——一个更小的范畴——动作冒险类游戏（action adventure games）。之所以对这些类型特别感兴趣，是因为这两类游戏和其他媒介形式（比如电影和动漫）之间有着密切的联系，就其感染力而言则更依赖复杂的游戏世界、有趣的人物角色和曲折的叙事。在分析角色扮演类游戏时，我们并未忽略其"游戏性"——但我们也同样不希望忽略它们在再现层面的显著特征，或游戏社会性的维度。实际上，恰恰是游戏作为一个系统——其再现性元素——与其社会性维度之间的复杂关系，令我们特别感兴趣。

谁在从事"游戏研究"？

游戏如何与其他形式的文化文本相关联（以及如何相互区分），不单纯是一个学术问题。从某个层面讲，这是一个法律问题，关系到对媒介影响的焦虑和制定标准的需求。因此，如果我们证明，比起动作片，玩家在一款第一人称射击游戏当中能够以更加直接而有力的方式对主角产生"认同"，则对这类游戏的审查可能应该更加严格（参见 *The St. Louis Court Brief*, 2003；以及 Kline 2003）。这同样还是文化和经济方面的问题，关系到媒介产业之间的日益融合。如果电脑游戏首先被定位为其他媒介的"副产品"（比如故事片或流行的电视问答节目的游戏版本），那么就产生了关乎产业内部创新潜在来源的很多重要问题。

正如科皮尔（Copier 2003）所说，若要定义游戏是什么（或不是什么），就必须定义游戏研究是什么（或不是什么）。因此，尝试定义"游戏性"或游戏的基本特质，与为将游戏研究确立为一门独立学科而进行的斗争紧密联系在一起。所以即使在学院内，如何对游戏进行定义的问题也始终和体制权力的运作相互关联，受制于时刻存在的学科边界意识（或对这种意识的抗拒）。电脑游戏研究是一个新的领域，不可避免的现象是：其中的研究者大多从其他学科"逃离"出来。比如，像劳特里奇出版社（Routledge）的《电子游戏理论读本》（*Video Game Theory Reader*, Wolf and Perrion 2003b），其中重要的贡献都来自文学接受（literary reception）理论、精神分析学、艺术史、后现代主义和认知心理学。

  对于有些人来说，这种学科混淆会出问题。要将电脑游戏研究建设为一个新的人文学科，必须要证明该研究的要旨尚未被足够重视、正确评价和理解。因此，2001年7月埃斯本·阿瑟斯（Espen Aarseth）发布了一份新的网络学刊《游戏研究》（*Game Studies*），首期杂志的编者按即宣告该年为"电脑游戏研究的元年"，他以这样的方式，将电脑游戏研究从其他相关学科——如电影和媒介研究、文学研究和其他新媒介研究——当中旗帜鲜明地分离出来。另外一些人不但将电脑游戏研究的出现视为一门新的学科的建立，而且认为这是对旧有学科的一种挑战。比如，弗兰斯·梅拉（Frans Mayra 2003）就指出，"互动性"（interactivity）的魔鬼一旦被从瓶子里释放出来，必然导致艺术、文化和学习领域（及其他领域）旧有理论被重写；尽管另外一些游戏理论家（如阿瑟斯[1997]和更加激烈的纽曼[Newman 2002]）不承认"互动性"这一概念，认为它既不准确又无意义。还有一些研究者认为对于电脑游戏的研究应该以某种方式保留现有学科，同时对其进行全面改革：如在朱利安·库克里奇（Julian Kücklich 2003）看来，电脑游戏乃后现代文学理论的最终实现，所有的文本在某种意义上都可以看做游戏。其他一些研究者则不那么强调理论上的革命性，而仅仅试图在电脑游戏研究当中运用那些已经为大家普遍接受的文学研究和电影研究的理论方法（可分别参见Rockwell 1999；或Rehak 2003）。另有部分研究者还在探讨戏剧表演理论是否与之相宜（Eskelinen and Tronstad 2003）。

  特别针对电脑游戏而发展出的理论无疑是必要的（如本章论述中的分类与定义）。但我们同时认为，那些从叙事理论、电影研究、社会符号学理论、社会学和受众研究等领域借用的理论也同样适用——当然，必须经过审慎地考虑和选择。有趣的往往并非那些理论对游戏的解读，而是游戏可玩性如何丰富或挑战了理论自身。

本书对那些突出地表现出与其他类型文本存在关联的游戏及游戏类型进行了分析。在认识到它们作为游戏的独特性的同时，我们亦承认它们和其他形式的流行文化之间的共性。对这方面的强调无疑在一定程度上基于这样的事实：我们的教学和写作乃是以传播媒介学的传统为前提。这就意味着，我们首要关注的并非游戏设计的工艺和审美问题，尽管我们确实在第十一章对此有所论述，并且在书中很多地方都有所涉及。我们的主要目的在于发展出一套批评"工具"，使有志于流行文化研究的学生借以应对这种独特的新的文化形式。

电脑游戏研究使传播媒介学领域的学者再次面临他们与之进行了旷日持久地（并可能是堂吉诃德式地）角力的困境：如果我们专注于对文本结构的分析，我们是否将因之而低估受众的社会和文化特质，以及这些特质在多大程度上会改变他们对材料的"阅读"？同样，从另一方面说，如果我们仅仅关注受众，而忽视他们所面对的具体文本的特殊性，我们会不会也对受众的体验产生误解？文本解读（通常和人文学科相关联）和受众调查（一般与社会科学相关联）二者之间的紧张关系，之所以在电脑游戏及游戏文化的语境当中格外不容忽视，是因为游戏文本具有可玩性：它只有通过游戏过程才能够被实现，而游戏的过程正是一种生动的社会、文化体验。因此，文本与玩家之间的关系，是本书结构的中心。

与之相应，我们首先要把游戏看做一种"文本"。将游戏称为一种文本，并非否认它的可玩性、不确定性、偶然性，以及各种因素的相互作用和改变。所谓文本，并非必须具备物质形态，也并非仅限于写下的东西，而经常呈现为某种交互模式（演讲、歌曲、声音、书写、视觉设计）。一个文本必须具有某种意图，这一意图应当超越庸碌的日常生活,既不是随意的,又非转瞬即逝。文本应该能够被认知,能够(在广义上)被复制。因此,就我们的目的而言,承认电脑游戏只有在游戏过程中才能被完全实现这一事实,并不影响它被当做某种"文本"。

在第二章到第五章当中,我们主要关注电脑游戏的文本特征,它们具有可玩性的各个系统及其再现性元素。更具体地说,我们考察了其可玩性和再现相互关联的方式。然后我们对游戏类型、叙事、游戏操作、空间与导航予以探讨。在前面这几章中的分析,主要基于我们自己作为游戏玩家的经验。这种方法的好处在于,我们得以直接面对游戏本身,并注意到某些细节。但其局限也不言而喻:分析将不可避免地反映出特定玩家/作者的主观视角。

随着论述的展开,研究的焦点将逐渐从游戏本身转移到玩家与游戏的关系上——我们将对玩家在游戏中的化身和各种角色予以讨论(第六章),对粉丝艺术(fan art)中表现出的玩家与游戏关系予以讨论(第七章)。在这些章节中,我们通过采访其他玩家(面谈或电子邮件访谈)获取更多信息。我们关注电脑游戏如何将不同的"沟通模态"(communicative modes)结合起来(实际上就是一种"多模态"[multimodal]),并分析玩家在阐释游戏或设计自己的游戏体验时,如何应对并运用不同的模态。最后我们将注意力转向游戏的社会性,以及玩家之间的关系上。因此,在第八章中,我们考察了多人网络游戏;第九章中,我们观察了在家庭游戏机上共同进行游戏的情况;而在第十章中我们研究了玩家在游戏行为和粉丝文化中,能动性得以发挥的程度。在第十一章中,我们追问,本书所讨论的这些问题如何与专业的游戏开发者存在关联;而在第十二章中我们具体谈论了游戏中的性别问题,对本书中涉及的种种维度进行整体性的回顾。

此外还有相当多的重要问题,我们在本书中未能涉及。在名目繁多的游戏作品当中,我们的选择非常有限,所注意到的类型也相对集中。此种情况下我们很难奢望对同时代差异极大的各种游戏有公正的评判。同样，我们亦在很大程度上将游戏的"政治经济学"略去不谈——全球游戏产业的商业维度、游戏的营销与推广，以及对生产何种游戏有决定性的所有权与控制的模式。我们同样没有提及自身的学术训练的局限性对研究造成的后果：比如，我们并未关注计算机硬件、游戏的编程或认知等问题。这些都是非常重要的课题，随着电脑游戏研究的不断发展，针对这些领域的新的研究必将不断涌现。

  还有一点值得注意：在写作当时，作为我们分析对象的那些游戏即已出产有年。我们承认，不管我们在选择游戏时尽了多大的努力去及时跟进潮流，在本书出版时，它们也一定已经过时。因此我们尽量选择那些众所周知、深受玩家喜爱的经典游戏，将它们视为电脑游戏的典型代表。我们的目的在对于电脑游戏的一般讨论中，借助这些游戏发现一系列关键性的问题；在此过程中，提供一些范式或策略，使读者能够用以分析他们自己选择的游戏。

第二章 定义游戏类型

安德鲁·伯恩与戴安娜·卡尔

很多电脑游戏都提供了不同程度的角色扮演，但并非所有这样的游戏都可归类为角色扮演类游戏（RPG）。那么，什么是 RPG？这个问题将引发一系列复杂的实践，在其作用下电脑游戏被描述或归为不同的类别，而归类的背后有着各种互不相同的关注点——从游戏开发商到市场部门，从评论家到游戏玩家，从狂热的受众到学术研究者。在某种程度上，这样的分类行为是广泛应用于文学、电影、艺术和音乐等领域的分类方法的延续，但是仍存在着重要的差异。为了描述这些差异，并首先考察究竟是什么使 RPG 区别于其他游戏类型，有必要对分类学的理论与实践本身予以检视。

什么是类型？

日常语言中人们也使用"类型"（genre）一词，但在文学理论、电影理论和传媒理论当中，它的用法更为专业和严格。分类的传统一般认为可追溯到亚里士多德，在公元前 335 年，他就史诗、悲剧和喜剧的分析提出了一个有体系的评判标准。对亚里士多德来说，诗首先是一种再现物或者模仿（mimesis）——这就成为其分类学的基础之一：不同的虚构作品究竟是以怎样不同的方式再现（represent）世界？同时，他也将形式（form）作为区分不同种类诗歌时的另一个基础予以关注，另外，他还关注媒介（medium，人声、长笛还是七弦琴）。对内容、形式和媒介三方面平衡的考量仍被今天的类型学理论继承。

最具影响力的现代类型学理论来自俄国文艺理论家米哈伊尔·巴赫金（Mikhail Bakhtin），他将类型视为社会活动的一种形式。在巴赫金看来，不同的文体即不同的社会人群对语言的习惯性用法，从他的合作者沃洛希诺夫（Volosinov 1973）所探讨的"小语类"（little speech genres，或语言的日常用法）到他本人所分析的小说的主要类型（Bakhtin 1981），都是如此。根据巴赫金的观点，语言的基本特征是对话（dialogue）：类型或风格，是在说话者与听众不间断的信息交换当中形成的。

巴赫金的研究成果为亚里士多德的模型增加了四点要素：首先，分类不但在艺术文本中是有效的，而且可在所有语言应用中发挥作用——从求职面试到政治演讲。其次，分类不但适用于文本内部，还可应用于制造文本的社会语境。再次，类型并非一系列固定不变的属性，而是变化流动的：它们在对话的（dialogic，源于 dialogue）过程中不断重塑，以满足那些生产、定义、争辩其结构的社会群体的需要。最后，类型是文本创作与接受的双重资源。即意味着，不论文本的创作者试图在何等程度上改变文体，都无法忽视文本类型的存在这一事实。这也意味着，类型同时是读者对文本进行社会性应用和阐释的源泉。

举一个简单的例子：在本章稍后部分，我们将考察在1980年代，RPG是如何被日本的电脑游戏设计师接受并加以改造的。类似《最终幻想7》那样的游戏，似乎重新回归了此类游戏的早期特征（这些特征本身即反映了特定游戏群体的共同兴趣所在），但这些新游戏却是为了满足另一社会群体的需要和兴趣而被设计制作的，那是被战后日本的流行文化叙事所哺育的一代。尽管这些新的 RPG 对旧有作品有所借鉴，但它们和新的技术（游戏操作系统）结合在一起，并未坚持保留或复制原来的结构。因此无论在文化上，还是在技术上，这一游戏类型都进行了更新，以适应新的社会实践和资源。

巴赫金认为，这一类型变动的过程是语言所普遍具有的特性。他指出，语言，是天然流动和互异的；它包含大量方言和口音。但同时又存在着某种强力来限制此类差异，试图把语言糅合成一种统一的标准化的形式。与此相仿，类型或文体也可以被看做某种意识形态的束缚，对文本如何表现外在世界，以及我们如何与它们发生联系，来加以控制；它们也可以看做某种结构，帮助我们穿透现有的对于现实的表述，去找到志同道合的读者、观众和玩家的群体。

将类型视为一种社会实践形式的观点，在电影研究领域得到了更深入的发展。早期电影理论家倾向于认为，电影类型就是或多或少的一些特点的集合。例如，特定的叙述手法、背景设置及人物类型。然而，史蒂夫·尼尔（Steve Neale 1980）认为电影类型并不单纯关乎电影文本，而且关乎为电影制作者、电影工业及观众所共享的"预期、定位与惯例"。电影工业必然希望能够将一种类型的风格特征稳定下来，以期利用早期的成功，但同时它也必然鼓励创新（比如，通过新的交叉类型的发明），来吸引新的观众。尼尔最新的研究（2000，2002）倾向于关注这一过程中的经济因素，即电影工业如何试图利用类型来规范观众的观影习惯，以获取利益。但电影类型又不单纯被电影工业定义：比如，评论家和电影从业人员也在争论，什么样的电影可归为爱情片或动作片。因此，所谓类型，就是生产者、受众与文本之间的动态关系。

社会符号学理论进一步发展了有关类型的观念，我们将在本书的第六、七、八章运用这一理论对一些游戏进行分析。社会符号学理论家冈瑟·克雷斯（Gunther Kress 2003）指出，不同的文体在作者、读者和文本之间建立起特定的相互影响关系。他对于科学文本的分析即表明，在某些情况下，科学被认为是一套让读者们去学习的客观事实。而在另外一些情况下，它们被更多地表现为一种主观叙述，则读者就会以一种更加活跃的、质询的方式参与文本阅读。同样，我们可以根据电脑游戏确立玩家互动规则的不同方式来对其进行分类。然而，这些方式可能是复合并存的；因此，即使分类的形式有一定道理，当我们试图去将某一款游戏加以归类的时候，上述种种分类体系却未见得是最有效的出发点。

　　我们似乎可以优先考虑电脑游戏的某一方面特征，从而简化或促进其分类，但实际上这些游戏往往是以混合的形式存在，因此需要某种更为复合的分类方式。正如我们在前一章提到过的，电脑游戏在各种各样的平台上运行，包含了各类规则、结局和障碍，并以完全不同的方式表现游戏世界、游戏主题和游戏角色。对这些因素中的任何一项予以强调，来进行分类，都是令人信服的；但是，又在不同程度上具有片面性。因此，一款游戏可以同时按照多种标准予以归类：按照它所运行的平台（电脑、手机还是 Xbox）；它所能提供的游戏模式（比如，是多人的，还是网络的，还是单机的）；它选择以何种视角将玩家放置到游戏世界中（第一人称视角、第三人称视角还是"上帝"视角）；进行游戏的方式、规则和要达到的目标（竞技类游戏 [racing game]、动作冒险类游戏）；或者按其具代表性的某一方面（科幻类、奇幻类、都市写实类）。所有这些可能性同时存在于电脑游戏当中，并且无不适宜，但是我们将把游戏的玩法（style of gameplay）视为最重要的分类方法。

游戏类型

　　在第一章我们引述了多位游戏理论家，其中包括萨伦和齐默尔曼（2003），以及西莉亚·皮尔斯（Celia Pearce 2002），力图说明：电脑游戏首先是以游戏规则为基础的系统，是以玩乐为目的的一套结构。游戏包含游戏规则，而且一个游戏属于何种类型，在很大程度上是由它的规则决定的。[1] RPG 的规则脱胎于早期的桌上游戏，如《龙与地下城》。这些规则决定了游戏中的时机控制和轮替方式、战斗结果、人物创建，以及不同人物类型所配的不同武器和魔法。只是桌上游戏的结局是开放性的（并且配以可协商的规则设定），而非在线的 RPG 则有特定的结局——以完成某一远征或击败大反派为最终的胜利。此类游戏对于探索过程、故事的讲述，以及人物性格塑造的强调，都表明它们相对而言非线性的特征。而像《古墓丽影》(*Tomb Raider*, 1996)这样的动作冒险类游戏，则会设置一定的任务，只有按照特定顺序完成任务，才能够继续前进。则其规则可能会涉及，资源的合理分配方式、帮助化身顺利通过障碍的指令，以及那些能够使其进入（暂时性）死亡状态的失误。

同时，那些对某项体育活动的经验进行仿真模拟的运动类游戏，如赛车或滑板，其游戏规则和目标就往往和这些运动本身相联系。相伴随的还有与这些运动的竞技性相关的经济体系，比如赛车游戏中对于竞赛对手的选择。相对的，一款战略类游戏，其典型特征是以占据领地为目标，且游戏规则的建立主要是为了规定如何有效地统筹和经营可用的资源，不论这资源是军队、武器、劳动力还是地理特征。甚至像《模拟城市》(*Sim City*)和《模拟人生》(*The Sims*)这样结局开放的模拟类游戏，也有相应的游戏规则，以确定角色和空间和如何被构造，并且玩家可以对它们做些什么。

确定游戏类型时，游戏玩法当然非常关键，但也仍然只是事实的

---

[1] 游戏编程同样由一定的规则加以约束，但是对于这方面的讨论需要大量超出我们能力之外的编程知识。

一部分而已。我们对于玩家的研究表明，除了对特定类型游戏的专门知识和忠诚度会起到一定作用以外，特定游戏也会因其再现层面而被玩家选择和重视。正如我们在后面的章节将要探讨的，网络游戏的粉丝群体会十分看重游戏的这些要素，甚至倾注大量心血来对其进行详细阐发，他们写作与《最终幻想》中的角色相关的诗歌，为《奇异世界：阿比逃亡记》（*Oddworld: Abe's Oddysee*）的新角色画概念图，或为《混乱在线》（*Anarchy Online*）中的人物设计复杂的个人经历。

实践当中的游戏类型

类型观念在很大程度上是游戏的常规组成部分。它是游戏被制作和销售的关键，也是评论家和玩家对游戏予以评价的核心。例如，在线游戏杂志《电子游戏评论》（*Videogame Review*，网址 www.pcgamereview.com）就以类型（game type）来编辑玩家提交的评论（"游戏类型批评"）。他们的分类似乎非常简单，包括冒险、益智、赛车、模拟、体育、策略和角色扮演。被这样的分类掩盖的具体差异只有在此种评论文本当中才得以显现。这里有三篇对于《最终幻想 7》的评论。[1]

> 很难描述这个游戏给你的感觉，故事情节紧紧地攫住了你，让你无法忘怀……这是我玩过的最好的 rpg……道具系统非常漂亮，魔法和召唤功能的画面也十分壮观，栩栩如生。（OmegaReaper777[2] 于 2004 年 8 月 1 日提交的评论）

---

[1] 在这里，以及后面章节对于粉丝写作的引用，都是按照原文的面貌呈现。

[2] 本书中出现的玩家姓名或 ID，以及玩家创建的角色名都直接用原文，不再翻译。——编注

《最终幻想7》或许是……所有RPG当中最好的。它的画面效果有一令人眩晕的华丽……故事相当深刻，你会感觉你真的认识游戏中的那些角色。极富情感的音乐缠绕着你，令你有如身临其境。(Eliza Kyo于2002年10月6日提交的评论)

哪怕故事情节稍微有那么点意思，我或许都可以不在乎所谓"随机战斗模式"(random battles，也被叫做"每三次打一下")。甚至这都不是问题所在。所谓的故事情节就是：跟随在萨菲罗斯(Sephiroth)身边，直到最后——在这个混乱的游戏结束的时候——杀死他。啊哈。坦率地说，艾瑞丝(Aeris)死的时候，我一点都不在乎。我的意思是，她已经毫无个性了。除非你认为那种类型化的只会咯咯傻笑的女孩也算是有个性。(Seifer于2001年12月3日提交的评论)

这些评论反映出我们讨论过的类型的视角。首先，游戏的不同方面都得到识别和评估，其中一些（音乐、角色、叙事）与游戏的再现性"外衣"相联系，而另外一些则更多的是和游戏玩法相联系。这些评论是在特定的语境下展开，并由特定玩家撰写。这些评论都归入RPG这一游戏类型的大框架，但杂志的群体内部仍进行了更加细微的区分，不同的玩家对游戏各个方面的重视度和认可度不尽相同。例如，玩家倾向于将《最终幻想》和其他日本RPG对比，而《博德之门》(*Baldur's Gate*)系列游戏则更多被拿来和桌上RPG相比。正如克雷斯的研究所表明，游戏类型在此不但是用以描述游戏文化中玩家和玩家的关系，也用以描述玩家和游戏文本自身的关系。这些评论亦再次说明，所谓类型乃是对话性的(dialogic，根据巴赫金的术语)：评论者通过比较，既对游戏类型的历史有所响应，也对特定的游戏文本加以考察，他们作为玩同一款游戏的人，或以对"你"诉说的口吻，直接与读者进行交流。

另外一个在线杂志《游戏基地》（*Gamespot*，网址 www.gamespot.com）试图建立一个复杂得多的分类系统。它允许读者"根据游戏类型浏览"。乍看上去，这个游戏类型的列表同样显得相当简单，而且和《电子游戏评论》所列出来的列表相当近似：动作、冒险、驾驶、益智、角色扮演、模拟、体育、策略。然而，一旦涉及具体某个游戏，类型学就展开一系列更加精细的描述。《GT 赛车 4》（*Gran Turismo 4*）的分类是"驾驶＞赛车＞GT/公路"。《模拟人生》被描述为"杂项＞虚拟生活"。《寂静岭 4》（*Silent Hill 4*）是"动作冒险＞恐怖"。《黑手党》（*Mafia*）是"动作＞射击＞第三人称视角＞历史"。《博德之门：黑暗联盟 II》（*Baldur's Gate: Dark Alliance II*）是"角色扮演＞动作 RPG"。而《最终幻想 11》是"角色扮演＞大型多人在线＞幻想"。

这些复杂的类型划分充分说明了游戏文本的混杂特性。它们以分类的方式，承认多种内容的混合，包括游戏系统（驾驶、RPG、射击），游戏所提供的社会经验（公路、虚拟生活、大型多人在线），游戏角色的视点选择（第三人称视角、第一人称视角），以及与文学和电影这些为人熟知的类型相类似的再现性特征（恐怖、历史、幻想）。而我们还可以做出更加细微的区分：由《龙与地下城》派生的在个人电脑上运行的 RPG 和在游戏机上运行的日本 RPG，离线和在线 RPG，等等。

因此，若想理解游戏类型，游戏制作者和游戏玩家的社会实践和游戏自身的文本特征——游戏的再现层面和游戏被操作的方式——同等重要。游戏类型承担着这些不同社会群体的不同动机：从游戏发行商的营销意图，到玩家群体的粉丝评论；从独立游戏开发商的审美意图，到评论家和学者的分析意图。类型划分表达出这些群体相互之间的关系，以及他们各自与文本之间的关系——因此游戏类型将逐步发展为表现相互竞争的阐释性评论、营销的动机、玩家的口味，等等。游戏类型是动态的、对话的和历史的；它们建立在相对稳定的传统规约基础之上，并不断适应未来的需求。

RPG：一些与众不同的特色

很多电脑游戏为玩家提供了一个机会，去假想或扮演一个角色，有时候是一只过分活泼的袋鼠，有时候是一个不幸的外籍工人，也可能是一个士兵或者特工。然而这种隐性的角色扮演和构成RPG核心的蓄意的角色扮演有着显著的不同。众多资料表明，电脑上的"角色扮演类游戏实则源自桌游《龙与地下城》"。[1]《龙与地下城》由TSR公司(Tactical Studies Rules)开发，游戏以掷骰子的方式在纸上进行，玩家在其中扮演一名幻想中的角色"(Waine 2001：98)。在这些（并非以电脑为平台的）游戏中，角色扮演者们创造出一种不断积累技能值和经验值的"升级"(levels up)模式。他们扮演游戏中的角色，和其他玩家一起，在某种仲裁者——"游戏主持者"或"地下城主"——的指导之下，通力合作，演绎出情节。[2]最早能够在电脑上运行的基于文字的动作冒险类游戏（如70年代中期制作的《探险》[Adventure]）[3]也借鉴了《龙与地下城》游戏的很多元素（如迷阵[mazes]、宝藏、怪物和魔法）。当下的动作冒险类游戏和RPG也仍然在分享这些主要特征。从这一点考虑，对二者作一简单的比较，将有助于我们大致了解它们各自的类

---

[1] 角色扮演类游戏在1970年代以后持续不断地发展，即兴动作角色扮演(Live Action Role Play)在某种程度上成为一种戏剧或表演的形式（参见Salen and Zimmerman 2003：21）。

[2] 加里·费恩(Gary Fine)的《共享幻想：作为社交空间的角色扮演类游戏》(Shared Fantasy: Role-playing Games as Social Worlds，1983)对桌上RPG游戏作了详尽的描述。作者在从事该课题研究的一年中（1970年代末，在美国的明尼阿波利斯），观察并亲身参与了在社区中心、私营敬老院和游戏大会(gaming conventions)中进行的桌游。

[3] 要了解《探险》的详细情况，可参见http://jerz.setonhill.edu/if/canon/adventure.him。基于文字的角色扮演类游戏仍然在网络上进行。《碟形世界泥巴游戏》(Discworld MUD)就是一款以特里·普拉切特(Terry Pratchett)的幻想小说为底本、基于文字的多人在线游戏。

型化倾向。

在《古墓丽影》或《奇异世界：阿比逃亡记》（1997）这样的动作冒险类游戏当中，玩家的化身是由游戏提供的。他/她的性格是由游戏的背景故事予以描述，而他们的身体机能（比如力量和速度）在很大程度上也是预先设定的。游戏主人公可能会在迂回的前进道路上营救他人，但总的来说他/她常常是孤身一人，尽管如《古堡迷踪》（*Ico*, 2001）和《原始》（*Primal*, 2003）所显示的，这并非不可逾越的规矩。人物在游戏世界中所走的路径一般都是预先设定的：按照给定次序，游戏当中设定了特殊的谜题（puzzles）或障碍。除了不断获取更加强有力的武器，该游戏人物在游戏当中并不一定会发生改变：因此，玩家如何策略性地获取技能就变得非常重要。障碍往往只有一个单一的解决方案，屏幕上的对话也相对很少，菜单的选项非常简单，游戏的"经济体系"涉及一些易于量化的属性，比如人物的健康状况，或者他/她随身携带的弹药的数量。战斗往往实时发生，胜利则继续前进，失败就会受伤甚至死亡。在一个动作冒险类游戏当中，目标通常是明确提出并且清晰明白的，游戏强调一种场面感、速度感和准确性。基于这些原因，这些游戏非常适合和同伴一起玩，可以看别的玩家玩并轮流作战。

与此相反，在 RPG 当中，游戏的主角（我们通常将此类游戏中的人物称为"角色"[character] 而非"化身"[avatar]）更多是被玩家创造，或至少是由玩家来不断完善的。对于他/她即将在游戏中使用的主角，玩家可能有一定选择的权利：例如，同样一款游戏，可能以不同职业的角色来玩，一个雄心勃勃的斗士，一个机智的谈判者，或者一个无能的小偷。随着游戏进行，玩家将操纵主角不断获取经验值，转化为专门技能。游戏角色的属性专门化的结果是，如果玩家所在的团队拥有具备各种技能的人，那么他/她所操控的主角就能够存活更久，进步更快：一个职业为小偷的角色可以拆除陷阱和开锁，而魔法师能够起到保护和治疗的作用，斗士则用以防御武力进攻。即使在单个用户操作的单机 RPG 中，也是一样。在这种情况下，玩家一般会创造一个核心角色，来领导一个由电脑操控的角色们组成的团队。RPG 往往在一个精密复杂的游戏世界中，设置多条线索，叙述一段漫长的旅行。玩家在游戏中必须认真考虑如何选择不同的策略，如何设置技能属性，如何分配经验值，以及如何使用随身携带的物品，这些都意味着，相比速度感和场面感，RPG 更加注重思考能力、阅读能力和战术能力。

我们会说，如果要被视为一款 RPG，就必须（或多或少）具备我们在此提出的这些游戏特征。无论游戏向我们展示的是一个未来世界的外太空行星，还是一个郊区的居民区，又或者一个兽人和精灵的世界，都同样适用。从这个意义上说，是游戏的特征，而非游戏世界被再现的方式，决定了游戏归为何种类型。但是决不能据此认为，游戏的再现性特质是可以被忽略的。考察玩家的喜好就会发现，游戏玩法和再现元素往往是纠缠在一起的。正如我们将在下面的章节更加细致地予以探讨的，RPG 的这两个要素哪个都不可能具有绝对的优先性：在 RPG 当中，二者的相互作用是游戏体验中关键的部分。

本章余下的篇幅里，我们将介绍三款 RPG，在此后的章节中我们还将对这三款游戏做更加细致的分析。这三款游戏在完全不同的游戏平台上运行，营造了完全不同的游戏世界，但是同属于 RPG。第一个游戏是《博德之门》，如果要对游戏文本进行分析，这是一个极好的选择：这款电脑游戏具备一个 RPG 在操作层面上的所有典型特征，并且建构了一个比较常见的 RPG 世界（一个精灵和兽人出没其间的奇幻世界）。要介绍的第二款游戏《最终幻想 7》，是我们从大量成功的日本游戏中挑选出来的。《最终幻想》系列游戏主要是为游戏机设计的，设计者修订了 RPG 的一些通用的元素（比如，玩家并不是从零开始创造一个核心的游戏主角）。但无论如何，《最终幻想》系列游戏中团队合作、物品管理和技能方面的特征，都清楚地表明它属于 RPG。最后我们要观察的是一款最近面世的在线多人游戏《混乱在线》。尽管它将游戏的背景转换到了一个遥远的外太空行星，但它仍然具备那些被我们视为这一游戏类型典型特征的元素（比如角色的创建和设定）。

《博德之门》

《博德之门》之所以"经典"，是因为它直接改编自桌游《龙与地下城》。[1] 正如我们已经指出的，桌上 RPG 是非常精巧的，具有开放性的结局。其关键是在分角色进行游戏的过程中，发展出一个有趣的主角。游戏在一定程度上是由一个游戏主持者参照规则手册来主持和裁决的，而通过掷骰子的方式来创造机会推动游戏进行。像《龙与地下城》这样的幻想类游戏，本身是从更早期的游戏形式发展而来。根据法恩（Fine 1983：8—12）的研究，幻想类 RPG 是从战棋游戏发展而来（而战棋游戏已经以各种形式存在了上千年之久）。战棋游戏较为精确地重建历史上的战役或军事冲突，玩家并不扮演相关的角色。而在幻想类 RPG 当中，玩家确实将自己化身为情节当中的角色，而传统的军事作战单位和技术则被兽人和法师所替代。

如前所述，一款 RPG 可以将游戏背景设置在 1940 年代的巴黎，也可以设置在 17 世纪的日本，或者在一艘克林贡（Klingon）飞船的甲板上：背景设定并不能决定一款游戏所属的类型。然而，RPG 移植到电脑上以后，一些确定的惯例产生了。《博德之门》即借重了那些最容易识别的惯用元素：剑与魔法，幻想中的恶龙与兽人。《博德之门》的游戏背景设置在"被遗忘的国度"（the Forgotten Realms）——和《高级龙与地下城》的设定一样，很像托尔金（Tolkien）小说中的中土世界。

---

[1] 由加里·吉盖克斯（Gary Gygax）和大卫·阿尼森（David Arneson）加以发展完善，由 TSR 公司在 1970 年代早期发行。

由"被遗忘的国度"又衍生出一系列由《高级龙与地下城》的发行商授权的奇幻小说（比如 R. A. 萨尔瓦多 [R. A. Salvatore] 创作并由 TSR 初版于 1991 年的《颂歌》[Canticle]）。

《博德之门》系列是 1990 年代由百威尔（BioWare）公司、黑岛工作室（Black Isle Studios）和 Interplay 公司联合制作和发行的一系列游戏中的一部分。这些游戏采用的是专门用以处理《专家级龙与地下城》复杂规则的引擎。而 2002 年《无冬之夜》（Neverwinter Nights）的发行，标志着此前这一游戏系列的终结。这款游戏放弃了早期游戏的视觉风格和操作界面，并且搭配一个模块工具包发行，这就意味着，玩家可以根据自己的需要设计出属于自己的游戏脚本和场景，并作为主持者设计一个多人任务。或者我们也可以说，是《博德之门：黑暗联盟》（Baldur's Gate: Dark Alliance, 2001）的发行为此前的游戏系列画上了一个句号。这是一款专门为游戏机设计的游戏，因此简化了游戏菜单和规则，视角（或者说"摄像机角度"）也经过了修改。一些《博德之门》的玩家用游戏的网络版本联网作战（最多六人参与）。另外一些相关的在线活动包括分享角色档案及玩家设定的情节或新的角色。在《博德之门》成功地成为一款离线单机主流商业游戏的同时，这些在线活动也再次证明这款游戏的类型属于 RPG，因为所有活动都突显了它与此前的角色扮演模式的关联性。

《博德之门》绝非第一款借鉴托尔金作品的电脑游戏，也不会是最后一款。我们可以列举出大量的 RPG（任何形式、依托任何一种平台的 RPG，从基于文字的泥巴游戏 [Multi-User Dimensions，缩写为 MUD，即多用户虚拟空间游戏]，到以图形的方式建构起来的在线游戏世界），直接或间接地对《霍比特人》（The Hobbit，初版于 1937 年）和《魔戒》三部曲（The Lord of the Rings，初版于 1954—1955 年）有所借鉴。托尔金的作品显然非常适合于移植为电脑游戏——我们不难找到其中的原因。通过他那些相当流行的小说，托尔金创造出一个庞大、精细而丰富的世界，生活于其中的各个种族都拥有各自不同的特性和文化。除此之外，他的各种叙述事间的连缀都依赖于拥有不同技能的个体间的友谊、对任务的接受和完成、与怪物搏斗和找寻宝物。各种地图、导航（navigation）和旅行是其故事之枢纽所在，而正如电脑游戏研究者们已经指出的，这些元素同样也是很多电脑游戏的核心，对于那些在一个庞大而有待探索的世界中设定了枝枝蔓蔓的情节的游戏，更是如此（Fuller and Jenkins 1995）。

中土世界的居民和动植物经由《龙与地下城》抵达了《博德之门》。而托尔金作品中另外一些可能不那么明显的元素也在从小说到游戏的过程中保留了下来，并延续到电脑游戏当中。在《博德之门》中，如果游戏角色没有足够睡眠，就会疲惫，失去法力。而休息"八个小时"（将耗费玩家几秒钟的时间）能够恢复团队的生命力，并治愈任何伤害。这些时间的元素也是从托尔金的小说中来的——这是由珍妮·特纳（Jenny Turner）发现，并在《热爱托尔金的理由》（"Reasons for Liking Tolkien"）一文中加以描述的。

> 阅读《魔戒》时，我们会发现自己始终在困苦和享乐、崇高和安逸之间轻缓地摇摆。恐慌，而后复归安稳。恐慌，而后复归安稳。恐慌，而后复归安稳。这就是弗洛伊德（Freud）在《超越快乐原则》（*Beyond the Pleasure Principle*, 1920）一书中提到的强迫性重复节奏（compulsively repetitive rhythm），他将之与始终渴望从一切束缚中获得解放的"死亡本能"（death instinct）联系起来……这一节奏是托尔金想象的基础：《霍比特人》的副标题就是"周而复始"（There and Back Again）。（Turner 2001: 22）

这种在危险和安全、前进和后退之间的摇摆，同样反映在《博德之门》的游戏机制当中，尤其反映在即时战斗中的混乱与（利用暂停键获得的）缓冲之间的对立关系中。《博德之门》对回合制战斗模式作了修改，在其中加入了即时战斗的成分。独自玩这款游戏，就意味着玩家必须在同一时间内熟练地操作和管理一支最多由六个人组成的团队。战斗频繁发生（准确地说，频繁到何种程度，其实取决于玩家），而且敌人通常也是成群出现。在任何时候，玩家都可以利用暂停键使屏幕定格。这样他/她就可以利用这一时间，从容地分配适用的武器、咒语，对整个团队和每一名角色下达指令。一切就绪，玩家再敲一次空格键，就可以回到游戏中。正如一位游戏评论者在论及《博德之门》的战斗模式时所说："就是那个'暂停'键使它如此伟大。当你向团队分派任务时，只需要敲一下空格键就可以了。这在一场大战役中是相当必要的，因为那种状态下很容易因分神而有所遗漏。"（Faceless 2000）在即时战斗和暂停布局之间的这个开关，正回应了特纳在托尔金的作品中发现的那个"恐慌、安稳、恐慌、安稳"的节奏。

从视觉效果上看，《博德之门》系列游戏借鉴了《龙与地下城》的"建筑风格"，这一风格是继承和学习了奇幻小说、动漫、后现代艺术（如艺术家弗兰克·弗雷泽塔 [Frank Frazetta]）以及幻想插画（如艾伦·李 [Alan Lee] 的作品）的传统而来。游戏角色大多肌肉发达，有着浓密的头发，衣服却很单薄，而在冒险的途中他们通过杀死怪物和攻掠地牢不断获得装备，充实物品栏。除了武器，他们还积攒宝石和戒指、项链、手套、护臂、腰带、魔法靴、斗篷和外套。对收集物的强调让人想起各种作为游戏周边产品的缩微模型，和邪典（cult）或亚文化的普遍做法，以及幻想类作品沉溺于细节的特点。

《最终幻想》

《最终幻想》是另外一个完全不同的RPG传统的"经典"之作，这一 RPG 的传统于 1980 年代后期和 1990 年代与日本的游戏机操作系统一同出现。尽管这一传统与西方 RPG 有着极大差异，但二者间亦存在着历史联系。现在我们还不清楚 RPG 是如何传到日本的，但到 1980 年代，像《高级龙与地下城》这样的桌上 RPG 已经成为小圈子的娱乐活动。安迪·基特科夫斯基（Andy Kitkowski 2002）在一系列关于日本的角色扮演的文章中，讲述了他在日本任教时玩 TRPG（即他所称的"桌面对话 RPG"[Table-Talk RPG]）的经验。根据他的记录，游戏机的 RPG 传统是从 1986 年艾尼克斯（Enix）公司发行为任天堂家用游戏主机（Famicom）开发的《勇士斗恶龙》（*Dragon Quest*）开始的，这款游戏在当时引起了对于游戏机上的 RPG 的爆炸性的狂热。关于这种狂热的程度，一直为美国玩家所津津乐道的，是日本法律规定，《勇士斗恶龙》新版本的发布只能限制在周日，以免学生因此而逃学。

《勇士斗恶龙》在游戏系统功能和叙事元素两方面继承了西方 RPG 的传统。游戏的挑战基于任务、与怪物战斗，以及决定武器、魔咒和角色等元素威力的恰当的经济体系。游戏的背景和画面也同样是类型化的，以中世纪的小镇、骑士、地牢、城堡、恶龙等为特征。但在这一款新游戏的设定当中，有两个非常重要的不同。在游戏架构方面，引入了武器和防具的升级、攻击力和魔法值、回合制战斗模式和其他一些创意（Bub 2002）。在画面风格方面，奠定了一种极具日本特色的画风，这应该归功于该游戏的设计师鸟山明（Akira Toriyama），他是《七龙珠 Z》（*Dragonball Z*）的作者，其作品深深植根于日本卡通书的动漫传统之中。[1]

最终使得游戏机终端上的 RPG 在美国大规模流行的《最终幻想》系列，于《勇士斗恶龙》发行的次年，1987 年问世。这一系列中的第

---

[1] 鸟山明是动漫《七龙珠 Z》的原作者，也是 1993 年发行的同名街机游戏（由帕布雷斯特公司 [Banpresto] 发行）的人物形象设计者。

一款游戏（开发者为史克威尔公司 [Squaresoft]，目前该公司已经与艾尼克斯合并）也同样结合了传统 RPG 的架构、角色设定和游戏背景安排，只是在视觉风格上受到日本漫画的影响。而随着系列游戏的不断推出，传统游戏影响的痕迹慢慢变淡，而日本的传说和民间故事模式的影响显得越来越重要。同时，这些游戏还充分吸纳了当代美国流行文化的影像、对话风格和主题，这一方面是为了引起国内对这种输入的文化的兴趣，另一方面也是为了使这一游戏系列便于进军全球市场。我们将在第六章和第七章重点关注的《最终幻想7》，在多个方面对这一系列游戏进行了变革。它聘请了新的设计师，其画风深植于流行漫画的传统；舍弃了传统 RPG 的游戏系统中一些重要的元素，比如游戏角色的等级；而从经济层面上看，可能最为重要的是，该游戏公司解除了和任天堂的合作关系，转而签约索尼及其家用电视游戏机设备 Playstation。这款游戏打破了日本的销售纪录，在美国上市之后，又成为全美最受欢迎的游戏机 RPG。

　　《最终幻想7》的游戏操作系统既和西方的《龙与地下城》传统有一定联系，又存在着明显差异。在两种传统中，游戏的挑战都是基于复杂的任务结构；玩家操纵游戏角色组成的团队，尤其是其中的某个化身；角色不断获取经验值、魔法、武器和金钱；在战斗过程中，需要对各种资源的使用进行战略性的部署。而不同点仍然是一目了然的。《最终幻想》的角色并非由玩家创建——没有分配人物属性这一环节，也抛弃了这一系列前面几款游戏中的人物等级体系。游戏角色也不再以和过去一样的方式升级——它们在整个游戏过程中基本保持不变，至少就它们在游戏体系中的功能来看是如此，而在叙事层面情况或许有所不同——那将是更加深刻和复杂的。其战斗模式，虽然和《龙与地下城》式的游戏一样也需要部署资源的分配，但在结构上为经过编排的回合制。最后一点，也是经常被玩家谈到的，《最终幻想7》基本上是一款线性游戏——虽然在事件发生的顺序和完成任务的先后上有一定选择的余地，但是大致说来，除了遵照游戏围绕核心角色设计好的轨迹前进，没有别的路可走。

从游戏的表现风格上看，也有很多有趣的差异。和类似《龙与地下城》的游戏中那种托尔金式的世界一样，《最终幻想》系列游戏的世界也是广阔、独立的幻想的大陆，可以提供给玩家各种角度的景观，既有视平线角度的风景，也有信息详尽的全景地图。然而，日本游戏的主题、故事、意象和视觉风格都直接源自，并还将持续受到日本动漫这一富有特色的传统的影响。这一传统往往将日本的传统母题和当代母题结合起来（Iwamure 1994; Izawa 2000）；其中很多都聚焦于第二次世界大战的悲剧。在《最终幻想7》当中，游戏主人公/化身克劳德·斯特莱夫（Cloud Strife）既是特立独行的日本武士，又是现代生态斗士；他的敌人是神秘的幕后公司和他们的有毒核电厂。这样的设定令游戏的意象具有某种耐人寻味的模糊性，而这（我们将在第七章予以探讨）将留给玩家以广阔的阐释空间。

《混乱在线》

《混乱在线》代表了这一游戏类型更新的发展状态。这是一款RPG，玩家在其中创建角色并使之成长，这些角色可以在游戏中加入各种团队（如果他们选择这样做），并在某些专业技能方面"升级"。《混乱在线》和我们此前讨论的游戏之区别在于，它是一款网络游戏。实际上，它是一款大型多人在线角色扮演类游戏（MMORPG，详见第八章开头），这意味着众多玩家共同分享一个始终存在的游戏世界，并参与塑造这一世界。只要玩家持续支付包月费用，他们就能通过开通游戏供应商提供的客户端来进入游戏。《混乱在线》（网址为www.anarchyonline.com）由挪威丰乐公司（Funcom）于2001年开发和发行，是第一款科幻类 MMORPG。游戏将背景设定在 3 万年以后的一颗遥远的行星鲁比卡（Rubi-Ka）上，在那里一个矿业公司和无政府主义叛乱团体为争夺珍稀自然资源的控制权展开了激烈的斗争。

《混乱在线》曾经在发行方面遭遇了严重的技术问题。游戏开发商显然"低估了开发一个网络游戏世界的难度"（参见 www.funcom.com）。在游戏评论者们看来，这款游戏能够从湮没无闻的窘境中走出，应该归功于游戏顾问们的建议。他们建议丰乐公司改进游戏的介绍和等级提升系统，以便经验不足的玩家能够较快进入游戏，并提议公司通过发行一个跨度为四年的情节来增加游戏的吸引力（玩家可以在游戏的页面上得到游戏情节的连载）。开发商接受了这些意见，游戏遂在发行一年内不断获得商业回报。到目前为止游戏的注册人数比较稳定地维持在 4 万左右。根据这一数据，《混乱在线》与其他网络游戏相比，仍然属于小众的游戏，比如《最终幻想 11》的玩家数量在 28 万左右，《无尽的任务》（*EverQuest*）为 45 万，而韩国的《天堂》（*Lineage*）的注册人数更是以百万计。当然这还只是大概的统计：一方面由于幕后公司的政策，另一方面也是因为报导数据往往出于商业目的而有所夸张，使得对于网络游戏注册人数的精确统计变得非常复杂（Woodcock 2003）。

虽然鲁比卡行星上的居民、城镇、技术和生物都是外星的，但是游戏系统仍然在总体上与传统的单机 RPG 很相似（更准确地说，和桌上 RPG 很相似）。和在《博德之门》中一样，新玩家开始游戏的第一步就是设定角色。玩家通过进行一系列选择创建他们的主角（这些选项包括性别、种族、外形和职业）。在游戏过程中，任务的完成和战斗的胜利都会使游戏角色的各项数值得到积累，并获得战利品，角色技能和经验的等级从而得以提升。为成长的需要，注重培养专业性的能力是非常必要的——因此玩家需要将经验点数更多地投入在一些特定技能和属性上。为了就各自偏重的能力取长补短，游戏中多个玩家的团体配合就变得非常重要。

游戏世界浩瀚无边,"冒险者"的身份使玩家有可能创造出相对而言独立、自足、适于孤身一人探索未知的角色类型。《混乱在线》为玩家提供了个人任务的选择,以及玩家与玩家之间的单挑战斗模式。而对大多数的玩家来说,《混乱在线》的全部意义就在于,它提供了一个多姿多彩的舞台,使他们得以在其中上演一幕幕相互合作的好戏。这些不断塑造自我的角色扮演者(Role Player,或 RP'er)在虚拟的酒吧相遇,参与游戏中的社会事件,和其他玩家互动,并作为特定的角色执行游戏中的任务。从属于不同公会和部落的游戏扮演者们创作并上演新的情节,在游戏自身提供的基本角色设定和简短任务说明的基础上衍生出虚构的个人经历。总之,这款游戏为玩家提供了拥抱——或者相反,逃避——纯粹的角色扮演的机会。因此《混乱在线》其实在一定程度上是对这一游戏类型的改写,玩家可以根据他们各自喜爱的游戏方式,选择混迹于不同的玩家群体。一些玩家努力在各个方面进行纯粹的角色扮演,而另外一些则尽可能忽略游戏中角色扮演的方面。

　　正如我们将在此后的章节中予以探讨的,玩家怀着对于此类游戏的一定预期来注册《混乱在线》并进行游戏,而这样的预期也反过来影响到游戏的类型化特征如何被弱化或强化。比如,作为我们最初研究对象的三位朋友(青少年男性)完全拒绝在游戏中进行角色扮演的可能性。相反,他们仔细研究游戏手册,以创建那种手持狙击步枪,能够完成个人任务的角色,这样他们就可以把自己在第一人称射击游戏(First Person Shooter,缩写为 FPS)中的经验引入进来。但即使这样,其中的一个男孩刚开始玩这个游戏,就发现了一个在线的"精灵语"翻译,并用它给自己的角色取了一个名字。这暗示出,特定的类型特征(尤其是这一类型中高度幻想的内涵)其实是在更深的层面上留下了蛛丝马迹。

变动不居的游戏类型

尽管在此类型内部存在众多的差异，RPG仍然清晰地共享一些限定性的特征，使它们区别于其他类型的电脑游戏。正如我们注意到的，这些特征首先和游戏的可玩性和结构相关。但这一类型也有一些再现层面的特点："典型的"游戏背景、图像、叙事和人物类型。它们已经和RPG的那些令人愉快的特质紧密关联，难以分开。

以上例子表明，这一游戏类型的各种特征对于玩家和游戏设计者双方来说，都是一组多面向、可变的社会资源。如果酷爱邪典类的玩家渴望创建细腻的人物形象，使用更加复杂的游戏规则和经济体系，这一类型就会努力迎合他们的口味。若大众玩家渴望的东西，既要着力于故事情节，又要确立反映流行的趣味和焦虑的意象，那么，这一类型也会向这个方向倾斜。总是会有一些玩家还想看到更多的精灵和兽人，新的托尔金式的游戏就会被开发出来满足他们的需求。而对于那些已经看腻了精灵的玩家，自有如《最终幻想》那样另一些版本的RPG来为他们提供其他都市恶托邦（dystopia）的英雄们。

这一游戏类型指向过去或者未来，以赢得那些对现有的惯例感到不满的新受众。相应地，我们可以预期，爱好者在邪典类有大量周边产品的游戏和大众化冒险类游戏之间摇摆不定的状态还将持续，而游戏也随着这种彷徨而发生变化，一会儿急于跟风，一会儿又用令人惊奇的创新唤出新的口味。不过，这样的演变并未反映出玩家和游戏之间的平等交易，前者是自主的社会个体，而后者是提供戏剧性、娱乐性快感的纯然良性的结构体。游戏类型的历史表明，有另外一些经济和文化的力量在起作用，尤其是全球性的文化输出模式，如北美和日本的商品为了在对方领域内获得立足之地而进行的激烈竞争。而两者间的关联表现为早期日本漫画家对迪斯尼的迷恋，以及日本漫画反过来对美国读者产生的巨大影响；表现为日本游戏工业对于西方 RPG 模式的借用，以及日本 RPG 作为一种大众流行的文化形式返销美国（对于这方面的深入讨论，可参考第七章）。这种全球文化与经济的竞争、交换、偷窃和改写导致了游戏文本的极度丰富与复杂。而玩家通过他们对游戏这一复杂的迷宫般结构的创造性参与，持续推动一种游戏类型的发展与突变，正如游戏类型本身也在不断努力将让人安心的熟悉元素和引人注目的新鲜元素结合起来。

第三章 游戏与叙事

戴安娜·卡尔

我喜欢RPG，因为它们通常都有一个明确的好故事，并且多数都基于我所偏好的奇幻或科幻小说。有时候一个好的RPG相当于一本互动的故事书。（玩家评论，AP）

在我看来，RPG的感染力主要是因为它讲述了一个有头有尾的故事，而非只是计算我们杀死了多少人。我喜爱其中的故事元素，以及随意与其他角色进行的口头（或借助计算机语言的）互动……我希望这有意义，不过这有点像参与一部互动电影……（玩家评论，JC）

在角色扮演类电脑游戏《博德之门》当中有大量围绕游戏故事而设置的角色，存放着可阅读的图书的、散布各地的图书馆，与梦境和回忆相关的过场动画，以及讲述那些已经"应验"事情的卷轴。游戏中频繁的战斗需要即兴发挥或重复动作，还要不断试验玩法，但是森林、林间小路和洞穴则激发玩家探索的兴趣。换句话说，《博德之门》坚持讲述故事，但它也吸收了一些与传统叙事联系甚少的要素。

电脑游戏理论家已经开始从不同角度着手研究叙事问题。比如，詹金斯（2004）研究了电脑游戏如何通过对空间的探索和在游戏中插入剧情来建立叙事。[1] 穆瑞（Murray 2000）从"程序书写"（procedural authorship）的层面考察了玩家所生成的按次序排列的事件，而萨伦和齐默尔曼（2004）对叙事材料是凸显的还是内嵌的作了区分；格罗戴尔（Grodal 2003）则呼吁对叙事建立一种具体化的、经验性的理解。若要大概了解围绕游戏中的叙事问题所进行的争论，可参见弗拉斯卡的著作（Frasca 2003），而如果想更多了解文学理论在游戏当中的应用，可参见库克里奇（Kücklich 2003）的介绍。

根据阿瑟斯的研究，"认为游戏和故事之间并无不同，将造成对二者的基本特质的忽视。但是……其间的差异并无清晰界定，且二者存在着非常重要的重叠"（Aarseth 1997：4—5）。在《博德之门》当中，叙事结构和自发的游戏行为混杂在一起——所以如果想要将它们区分开来，就必须采用严谨的特殊的方法。西摩·查特曼（Seymour Chatman 1978）和杰拉德·热内特（Gerard Genette 1980）的文学叙事理论被证明对于游戏分析者来说是有用的，他们对阐明游戏和叙事之间的差异很感兴趣，包括《游戏在讲故事吗？》（"Games Telling Stories？", Juul 2001）的作者居尔，《游戏的境遇》（"The Gaming Situation", Eskelinen 2001）的作者埃斯克里宁，以及《虚拟文本》（*Cybertext*, Aaresth 1997）的作者阿瑟斯。叙事理论能够帮助我们确定，在何种意义上游戏"并非叙事"，并且在这一过程中，吊诡地证明叙事理论和电脑游戏研究之间存在关联。

本章对于《博德之门》作为一款单机离线游戏的体验状况进行了研究。玩家结束游戏某一部分之后试图对此进行描述所产生的叙事，以及粉丝们创作并分享的叙事并不是我们考察的内容。在这里，我们关注的是，玩家在《博德之门》当中阅读、探险、寻找方向、闲逛以及砍砍杀杀的时候，叙事是以何种方式呈现在他们的面前。

---

[1] 参见埃斯克里宁（2004）对于詹金斯论文的回应。

《博德之门》

　　《博德之门》包含根据一系列规则、实时操作各种角色以完成特定目的。这一游戏性[1]的因素并未妨碍游戏中加入叙事的元素。莫滕森（Mortensen 2002）在论及角色扮演类游戏的玩家时说："读者是玩家的一部分，但是玩家不仅仅是读者而已。"同样，在《博德之门》中，故事的讲述是游戏的一部分，但是游戏不仅仅是叙事。一些电脑游戏是根本不讲故事的；在另外一些游戏中，故事的讲述并不重要。而在《博德之门》当中，虽然其重要性次于玩游戏的快感、行动和要求，但是故事确实重要。

　　《博德之门》中大量的故事是通过第二人称"你"来讲述并与玩家产生关联。如果玩家选择小偷作为自己的主角，游戏就会告诉你，由于"你的养父所讲的流氓和无赖的故事，你从童年时代起就对各种阴谋诡计充满了热情"。相反，如果玩家选择作为一名斗士来进行游戏，游戏会告诉你，由于"被你养父所讲的传奇故事感召，你一直梦想着作为一个冒险家度过一生，凭借自己的聪明才智遍游各地"。不管怎样，在《博德之门》当中，你（根据游戏的设定）是一个孤儿。你即将成年，但是却对自己的身世所知甚少。你在烛堡（Candlekeep）被抚养长大并接受教育，那是一个有防御工事的宗教社区。你的养父葛立安（Gorion）既睿智又慈爱，但是"最近，葛立安对你疏远了，好像有些什么严重的事情沉甸甸地压在他的心上……你帮不上忙，但是能够感觉到有什么糟糕的事情发生了"。他要你为旅行做准备，但是拒绝详细说明："你必须信任我……快一点，已经没有多少时间耽搁了！"为旅行所做的准备是一个训练关卡，你将学会如何在游戏世界中移动，如何与其他游戏角色"交谈"，如何战斗，以及如何买卖物品和使用道具。

---

[1] 对"游戏性"的解释参见本书第一章，此处指《博德之门》中使之成为游戏的部分。

玩家被教会"点击"路人以开启对话，并重复使用游戏提供的多个选项来加以回复。关于游戏的很多信息就是以这样的方式被叙述出来。比如，一个酒吧里的老人会小声地抱怨说："现在铁很稀缺，从贝尔格斯特（Beregost）过来的路上越来越危险了……你是葛立安的养子是么？我的孩子，你应该充分施展你的才华。"其他的非玩家角色（Non-Player Characters，缩写为NPCs）就鼓励你（游戏中的角色和玩家本人）去买一些补给，并且练习团队作战。而次要的角色会提供一些传言和建议，并且提醒你去见葛立安。是时候离开烛堡了。

一踏上旅程，一段过场动画（插入的动画）就开始了，告诉我们一个神秘的恶棍袭击了葛立安并杀害了他。我们的游戏主人公顿时陷入凄凉无助："'把你的儿子交出来'，披着铠甲的恶魔说。他在追杀你，而你孤单一人，但是为什么……现在你孤单而迷茫。"当过场动画叙述葛立安的死时，玩家对这一系列事件无法干涉。一个严厉的男性声音响起，读出屏幕上文本框中的文字："你开始清醒过来，认识到这并非是一场噩梦而已。你眼睁睁看着葛立安中了埋伏被杀死，他威力强大的魔法也未能抵挡这一突然袭击。"游戏暗示玩家所操控的角色，仅靠自己的力量是不够的，必将很快小命不保。文本框（在屏幕上显示出一段话）告诉我们葛立安在死之前就做出了安排，提示玩家去友善之臂旅馆见两个人。

随着情节发展，游戏会为该主角和玩家提供一些由电脑生成的同伴（玩家在同一时间最多可以拥有六名队友一起行动）。第一位是爱蒙（Imoen），"当问及她的过去时，爱蒙开玩笑地拍了下你的肩膀"（引自这一角色的简介栏）。这些虚拟的角色各有其不同的目的和性格。当他们认同你的时候，就会夸奖（"葛立安会感到骄傲的！"），而当他们不认同你的时候，就会发牢骚。他们在疲劳的时候会呻吟，会互相调情，在烦躁的时候还会抱怨个不停。同时，铁的稀缺还在持续引起这一地区的动乱不安。不知道什么原因，这种矿物被污染了。这个团队被请求去调查这背后的阴谋。游戏偶尔还会提供一些线索,透露你的身世之谜:梦境暗示(通过屏幕上的文本框)你所操控的角色的命运还悬而未决,他/她继承了某种残暴嗜杀的倾向。继续探索,终于来到博德之门这座城市(在从一次次危险的阴谋诡计和错误的禁锢中逃脱出来之后),在这里游戏主人公的身世终于显露出来。你的生父乃是一位恶神——而这意味着沙洛佛克(Saravok,大反派,杀害葛立安的凶手)就是你的兄弟!正是这个残忍的沙洛佛克精心计划,造成了铁矿的紧缺,以及其他很多邪恶的勾当,以获得在这一地区的权力。最终你与沙洛佛克及其追随者在他们的老巢进行了正面对决。而随着他被击败,游戏就结束了。片尾动画将你带到一个地下的神殿,神殿当中沙洛佛克的雕像碎成了粉末。

如上所示,在玩《博德之门》时,"你"有时是指一个虚拟的角色,但在另外一些时候则直接并且仅仅指代玩家本人。还有一些时候,"你"是虚拟的化身和现实世界的玩家二者的奇特混合。玩家被游戏中的各种角色接近、请求、命令和邀请,来接受一些任务,进行一定调查。因此,游戏的部分目标是伪装成叙事来交付给玩家的,而另外一些目标(比如获取经验值升级)则不是。事件的发生往往是通过对话和游戏主人公(及玩家)产生联系的,以文本框的形式、信件的形式,或是在旅程的一开始和过场动画的情节交代中。而玩家自己也会策动、躲避和重复一些事件。游戏通过画面展现出来,但文字文本以多种提示符号、菜单、文本框、菜单界面等形式出现。还有一些音频片段,包括朗读出的对话内容和游戏配乐。场所、行动和人物通过对场景的一整套视觉和听觉再现和玩家发生联系,屏幕上人物的语言和动作同样可以成为联系的中介。这些因素都对《博德之门》故事的讲述作出了贡献。

从葛立安被伏击到沙洛佛克的死,以上概述的一系列事件对于任何一个从头到尾玩过《博德之门》的人都是同样熟悉的。不同的玩家可能会选择不同的战斗模式,塑造不同的核心角色,或者挑选不同的同

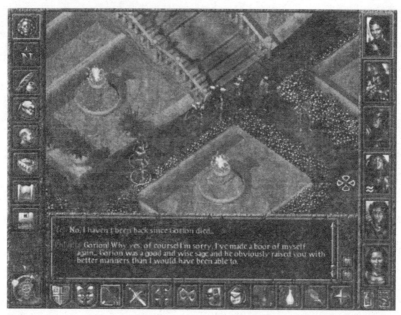

图1 《博德之门》等距视角的截图,角色之间正在对话。团队成员列在屏幕的右侧,物品列在左侧,可以采取的动作在屏幕底部。(由黑岛工作室和 Interplay 公司发行)

图2 《博德之门》中一个玩家—角色的属性。(由黑岛工作室和 Interplay 公司发行)

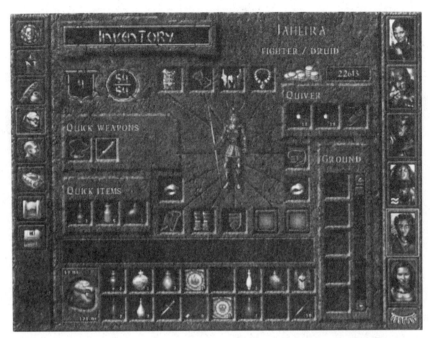

图 3 《博德之门》中贾希拉（Jaheira）的物品栏。（由黑岛工作室和 Interplay 公司发行）

伴。一些玩家可能会详细地探索游戏世界，而另外一些可能会直奔主线。但不管怎样，葛立安都会被杀，沙洛佛克都会破坏铁矿。为了更加彻底地讨论故事的讲述是如何与游戏的可玩性共存同生，对叙事理论作更深入的观察是有帮助的。

什么是叙事？

叙事理论是关注于某一叙事文本如何使事件、背景、人物和视角相连通的理论。在叙事理论当中，像"故事"（story）这样的术语有着特殊的含义。在《故事与话语：小说与电影中的叙事结构》（*Story and*

Discourse: Narrative Structure in Fiction and Film)一书中,查特曼写道:

> 每一个叙事都有两个部分:一个是故事(histoire),指事件的内容或串联(动作、发生的事[happenings]等),再加上所谓的存在物(existents,角色、场景中的事物等);另一个是话语(discourse),即内容赖以传达的方法。简言之,在一个叙事当中,故事是指讲什么(what),而话语是指怎么讲(how)。(Chatman 1978:19)

"讲什么"是故事事件的原材料,而"怎么讲"是以叙事话语的方式对事件进行呈现。故事的事件在时间和空间上都是按照一定的顺序排列的,这就是我们所说的情节设计。同样的一套故事事件,可以按照不同的方式来排列。因此,同样的故事能够形成很多不同的叙事,每一个叙事都强调和排斥了不同的方面。另外,叙事中还包含着这些事件之间的关联或联通。叙事理论家杰拉德·热内特就将故事(story,内容)、叙事(narrative,陈述或话语本身)和叙述(narrating)看做"叙事事实的三个方面"(Genette 1980:27)。

较之将这些术语直接生硬地移植到游戏当中,选择一个例子,在更加精微的运用中对它们加以探究可能更加有帮助:在童话《灰姑娘》(*Cinderella*)中包含了一系列故事的事件,对于读者和观众来说,这些事件可以通过很多种不同的方式被呈现出来。想象一个滥俗的电影版本。在第一幕中,我们看到一个姑娘孤单地坐在阴暗厨房的壁炉旁边。画面淡出,响起了忧伤的音乐,影片闪回。由于我们对电影的一些惯用手法非常熟悉,因此我们能够理解此时看到的情节都发生在灰姑娘的童年时代:她的父亲娶回一个后母,她被赶到了厨房里。闪回结束,我们再次回到厨房,回到"当下叙事"。仙女出现了,她挥动魔杖,灰姑娘从家里逃脱了出来,赶去参加舞会。她赶往王宫的旅程仅被压缩为马车沿路奔驰的一个镜头。在她与白马王子共舞的时候,电影转成慢动作(我们能够理解,这是在表达主人公的感情状态,而非时间上出现了什么奇怪的意外)。午夜钟声敲响,灰姑娘慌乱地跑掉,水晶鞋遗落在地上。画面淡出(标志着时间的流逝),一个蒙太奇的镜头告诉我们,灰姑娘又回到了在家里做女仆的生活,直到(回到当下的叙事)屋外响起了敲门声。白马王子手里拿着水晶鞋,站在门外的台阶上。电影的画面跳转到这对新婚夫妇盛大的婚宴。两个人拥抱,同时打出演职员名单。

同样是这些事件,按照不同的方式来组织安排(情节设计)就会生成全新的叙事。另外一个电影版本的前二十分钟,我们看到舞会上的王子显得百无聊赖。突然他的面容一下子变得明亮起来——他看到了灰姑娘。他们一起跳舞,然后午夜的钟声响了,她慌乱地逃走,而他左手抓着她的水晶鞋。心碎的王子痛苦地哀叹着,在他的城堡里走来走去。几个星期过去了。在家人的鼓励下,王子决心去寻找水晶鞋的主人。在影片接下来的五十分钟里,我们看到王子和他的随从们整个冬天都在他的王国里艰难跋涉,他们相互争吵,抱怨着糟糕的天气。最后,他们偶然来到了灰姑娘的家。先是她的两个丑陋的姐姐尝试穿上水晶鞋,借由这一细节透露出灰姑娘艰难的生活处境,王子在厨房里发现了灰姑娘,并立刻为之倾心。他向她求婚,她接受了,他们拥抱在一起,画面淡出。

在第一个虚构的电影版本中,王子的寻找过程是以暗示的方式表现,而非直接刻画。在第二个版本中,灰姑娘的女仆生活只是被顺便提及,而不像第一个版本那样被更加完整地描述;灰姑娘和王子结婚的情节也是如此。在不同的版本中,有些故事情节以自然时间顺序表现,而另一些则以闪回的方式表现;一些事件被拉长了,而另外一些则被压缩了。在热内特(1980)看来,这正是叙事的关键要素:对事件加以安排,使之从话语当中凸显出来,对它们的时间长度、发生频率和次序予以控制。

　　对于热内特而言，叙事分析还包括对视角进行考察：我们是通过谁的目光看到了这些事件？谁的声音将人物和他们的行为告诉我们？(Genette 1980：186) 让我们再换一个方式来想象刚才提及的同一些事件，这次从一个特殊叙述者的视角来进行描述，一个我们可以称之为"好心肠先生"(Mr. Good) 的邻居。或许这位先生会把灰姑娘看做一个天使，但也可能认为她是一个白痴，或者乳臭未干的黄毛丫头。根据他向我们传达他自己对事件的主观看法的方式，以及他自我表述的方式，我们可以决定是否把他看做一个可靠的目击者和叙述者。或许会有不止一个叙述者，每一个叙述者都对事件提出了各自不同的见解，在这种情况下，可能在话语中会有一些线索，向我们表明，有一种意见比其他的见解都更加可信（或者更加具有误导性，或者更加幼稚）。那么，根据查特曼对于叙事结构的看法，如果好心肠先生将他所了解的事件转述给他现实生活中的另外一个人物（比如他的妻子），这一叙事话语就有了一位叙述接受者 (narratee)，以及一位叙述者 (narrator)。[1]

　　拨动叙述者和叙述接受者之间的琴弦，影响我们赖以认知故事的真实性的，是隐含作者 (implied author)：建立了"叙事规范"的结构性存在 (Chatman 1978：149) ——注意，这是一种结构性存在，一种查特曼所表述的文本中的组织原则，而非一个真实的有血有肉的作者。叙述者可能是隐藏的、非实体化的，和隐含作者紧密相关的，但是这并不意味着作者和隐含作者可以互换，因为：

　　　　隐含作者并非叙述者，而更像是一种发明叙述者及叙事当中

---

[1] 对于查特曼来说，叙述者与叙述接受者是可选择的 (Chatman 1978：51)，而另外一些叙事学研究者未必认同这一看法。另外，在一些情况下，叙述者与叙述接受者是隐藏的而非公开的。

的其他任何要素的原则。我们根据这一原则选择特定的方法将众多卡片分类叠放，让这些事件发生在这些人物身上，呈现为这些文字或图像……它没有声音，没有与之直接交流的方式。它无声地指引我们，通过整体的设计，通过所有的声音，通过它选择用于告知我们的所有方式。(Chatman 1978: 148)

隐含作者在叙事文本当中处于具有控制力的"输出地位"。在接收的一端，则是隐含读者(implied reader)：信息传递的对象和"叙事本身的预设读者"。在整个叙事过程中，不断有线索和标志提醒隐含读者他们应该怎样去理解获得的信息。例如，叙述接受者是"一个隐含作者借以告知真实读者如何成为隐含读者的装置"。(Chatman 1978: 150)因此，叙述接受者(在我们的例子中是好心肠太太)可能被描述为非常聪明的，也可能是糊里糊涂的；她可能会被丈夫告诉她的事情激怒，也可能听了之后哈哈大笑。当然，现实生活中的实在读者也很有可能拒绝作出隐含作者暗示他们做出的反应，拒绝以这种方式将自己认同为隐含读者。

总而言之，根据叙事理论，故事中的事件只有在叙事话语中被按照一定顺序安置排列，对我们才是有效的和可感知的。这种叙事话语是一种从隐含作者到隐含读者的传播形式。比较详细地介绍这些术语是相当必要的，因为游戏和叙事之间的差异必得通过这些概念才能得到说明。

叙事理论与《博德之门》

即使是那些包含了相当叙事成分的电脑游戏，也不能顺畅地套入任何现有的叙事模式。为了使之符合叙事结构的某种模式，而对令《博德之门》那些使其成为一款游戏的部分视而不见,是非常荒谬的。反言之,由于存有对游戏应该是什么样子(以及因此游戏研究应该是什么样子)的先入之见,而忽视游戏的叙事功能,同样不利于全面认识游戏。要理解这两种元素在电脑游戏当中的共存,可能需要我们重新思考何谓一般意义上的"叙事"。与此同时,我们可以检视《博德之门》的不同面向是如何吸收了传统叙事模式的因素,又使之复杂化,或逸出这些模式的。

1. 故事事件与游戏

如前所述,叙事包含一系列故事或内容层面上的事件,而这些事件在话语或曰叙事层面都将被重现。在从故事层面向叙事层面移动的过程中,故事事件的时间特征会被重新安排。事件可能会被拉长、缩短、重新排序、翻转、重复或者删节。《博德之门》是游戏,它是用来玩的,因此它包含实时行动和一些由玩家所触发的新事件。[1] 但是它也包含了一些过去的事件——已经被安排好,在特定的时间和地点向玩家重新讲述的事件。

《博德之门》坚持讲述故事。在那些由玩家控制,可以存档之后继续玩直至玩过关的事件下面,有一道按照传统方式建构的叙事基线,无论玩家怎样活动,都始终保持着被设定的顺序。例如,在玩家寻找一个村落的路上,这个团队将会遇到一个名叫明斯克(Minsc)的角色。如果玩家(以游戏主人公的身份出现)同意帮助他去营救"他的女巫"迪海拉(Dinheira),这个角色就会加入队伍中。可怜的迪海拉此刻作为人质被囚禁在兽族的堡垒中。明斯克和迪海拉的关系是在玩家到来之前就预设好的。他们的境遇、身世和性格是由游戏重述给玩家的,不

---

[1] 参见居尔(2001)和埃斯克里宁(2001)对这些问题比较完整的讨论。

可更改。同样的，兽族堡垒的所在，其建筑和居民，包括在其中发生的事件和相关的存在物，都是在时间和空间上被设定的，在进入玩家视野之前就已经存在。这些要素都符合，或者至少极其类似于传统叙事。

不管怎么说，是玩家来决定是否选择明斯克做队友，也是玩家来决定是否去营救迪海拉。玩家安排去兽族堡垒的行程，可以选择一条直抵堡垒的道路，也可以选择更具探索性的路线（这样就可能发生更多不同的事件）。抵达目的地后，由玩家来发明或者尝试不同的策略攻入堡垒。换句话说，是玩家决定一些特定的事件是否会发生，以及如何发生：在这样的时刻，玩家就是做出情节安排的人。这就意味着，这些事件在严格的意义上说不能被认为是叙事。

《博德之门》中还有另外一些方面是跨越叙事和游戏的界线的。比如，在游戏过程中生成的事件，立刻通过屏幕上的场景和动画形象的动作，向玩家予以描述或"回告"（told back）。游戏中还有一些文本框，可以向玩家传达屏幕上的行动、事件、得分和对话。在以下的例子中，玩家所操控的角色"可恶的琼"（Bad Joan）攻击了一个倒霉的贵族，并将其当场杀死：

> 可恶的琼——攻击贵族
> 贵族——遭到 5 点伤害
> 贵族——死亡
> 我方的声誉减少 2 点
> 我方的经验值提高 15 点

滚动的文字解说类似热内特所说的同步叙事（simultaneous narrative）。同步叙事不同于"传统的过去式的叙事"，而是一种"与行动同步"的叙述。热内特引述体育解说作为例子，认为这是"此类叙事最为完美的即时形式"。（Genette 1980：216—217）游戏在这一方面显然和叙事非常类似，但是同样不完全遵循传统叙事的模式，因为玩家可以操控事件的进程。但是玩家不能完全按照自己的意愿设计这些事件。所有的行动和发生的事情都被他们的语境所限定：被游戏的物理属性和规则所限定。是游戏决定了大反派的身份，也是游戏使主人公不可能救活葛立安，不能加入沙洛佛克和他一起为非作歹。同样是游戏本身，决定了角色能够使用魔法鞋和传送门，而不是飞机或者摩托车。

简言之，在《博德之门》中有很多种不同的事件。一些是高度符合传统的叙事模式（被设定好的事件，重述给玩家）。另外一些只是部分符合（比如同步叙事）；还有一些——比如那些实时发生，然后立刻被抛至脑后或玩过关的事件——只与传统的叙事有很少的联系，或毫无关联。

2. 信息输出者与（混合的）信息

根据查特曼的论述，叙事话语是一种交际性传播。在一个叙事文本当中，信息由输出者（隐含作者）传递给接收者（隐含读者）。隐含作者形塑了这一行为的整体意图，并将信息传达给隐含读者，在这一过程中，或许会利用叙述者和叙述接受者。

在其专著《虚拟文本》中，阿瑟斯对查特曼的模型加以修改以使之适用于对一款基于文本的动作冒险类游戏《警戒线》(*Deadline*)进行分析。阿瑟斯注意到，与传统叙事不同，在游戏中玩家有能力安排事件和决定行动，因此他用一个从戏剧理论中借来的术语"情境"(intrigue)来代替查特曼的"故事"和"叙述"。

> 虚拟文本提供的并非叙事情节，而是制造出一系列动荡不定的活动，由使用者让其生效。但是文本中仍然存在一个建构性的因素，在某种意义上起到控制或者至少是激发行动的作用。我愿

意用"情境"这个新的术语来命名这一因素,它指的是一种隐秘的情节,使用者在其中作为一种不知情但是自愿参与的对象起着作用。(Aarseth 1997:112)

基于此,阿瑟斯提出在情境当中存在着多样的"输出者"和"接收者":"情境的营造者"(intrigant)和"情境的承受者"(intriguee)。情境的营造者是查特曼所说的隐含作者和叙述者的联合体。阿瑟斯将情境的营造者描述为"对于一个叙事文本中的叙述者的替代",他认为情境的营造者"作为情境的建筑师,可以替代性地比作隐含作者,是最终决定游戏中的事件和所有存在的总策划"。阿瑟斯的论述同样涉及一个包容性的接收者:"情境发生作用的对象可以被称为情境的承受者,它对主要角色(或者'傀儡')的意义,类似于叙述接收者,或者叙事学家们所说的隐含读者。"(Aarseth 1997:113—114)

当然,《博德之门》与《警戒线》这样基于文字的游戏有很大的不同,对于这种以图像呈现的角色扮演类游戏而言,将各式各样的信息输出位置和接收位置束缚在集合性的伞状术语下,无助于问题的分析。如果瓦解游戏当中这一信息传递体系,削足适履般地套用查特曼的模型,或阿瑟斯版本的查特曼模型,那么这个模型所掩盖的东西一定多于它能够解释的。

联系到《博德之门》的"故事",很难不把游戏的主角和玩家混为一谈,但是这并不意味着二者可以等同,或它们的联合是注定的,或玩家的位置是固定不变的。需要注意的是,这里所说的玩家是指"隐含玩家"(implied player,类似于查特曼所说的隐含读者),而非一个实在的玩家——隐含玩家乃是一种文本结构,是游戏当中的一个点,一个实在的玩家经由这一点遭遇游戏文本的各种可能性(因此,对隐含作者进行描述不同于对实在玩家的行动作出预言或规定)。

有时游戏只用一个包容性的"你"指称玩家和游戏的主角,基于这一视点玩家与主要角色被整合为同一命名。但是，在另外一些场合（比如统计栏中），任何虚拟的伪装都被剥去，此时"你"只代表玩家被直接命名和授权，需要做出暂停游戏，决定如何分配资源和经验值之类的决策。与之类似，有时候由其他角色将一些事件的信息告知游戏的主角，此时游戏的主角表现为一个叙述接受者。但是在另外一些时刻，游戏主角是作为叙述者存在的——比如主角在日志当中以第一人称来记叙故事，或是在游戏中的事件与主角的主观视点相关联的时候。有时游戏中的事件是由主要角色来触发的，而另外一些情况下玩家是从别的视点了解到游戏世界中的事件（比如通过次要角色或者游戏提供的角色履历介绍）——在这种时候，玩家就不依靠游戏主角作为叙述者来获取信息。有时玩家被告知一些事件，这时玩家的地位相当于隐含读者。而在另外一些时刻，玩家策动或组织事件，决定角色的特征，此时他的地位则接近于隐含作者。游戏提供所有这些可能性。有时这些可能性被同时提供，而另外一些时候（或另外的场景中）它们以单独的形式存在。

这表明，较之生硬地将一个游戏文本中的多种信息输出和接收位置统合在同一命名下，更加有效的做法可能是将之看做一系列各不相同的多个位置，而每一个都可能在不同的时刻，借助游戏的各种方面，提供或强加给玩家。换言之，玩家并不是被限定在一个类似于查特曼所说的信息输出者或接收者那样的特定位置上：隐含玩家是移动不居的，而这并非仅指它们在游戏世界中不断探索前进。他们还在《博德之门》提供的不同的可能性和不断变化的视点之间移动。实际上，这种流动性——在文本中的不同位置之间转换的能力——可能是《博德之门》这样的电脑游戏之所以吸引人的原因之一。

查特曼和阿瑟斯的模型确实有助于解释我们在玩《博德之门》的时候发生了什么，但是（正如此前的章节讨论过的）《博德之门》是一款电脑版的桌上角色扮演类游戏。因此，其中是否存在一个指定的"隐含信息输出者",比阿瑟斯所谓"情境的营造者"或查特曼所谓"隐含作者"更加适用、更有描述能力,这是值得探讨的。传统的角色扮演类游戏由一个游戏主持者(Game Master)来指挥,或简称为GM。这位现实中的GM以叙事设定场景,为玩家们编写剧本(并将玩家们提供的信息吸纳进去)。GM还运用骰子和游戏手册来裁定事件或战斗的结果(给予奖赏、分值、惩罚、死亡或提升)。在其电脑改写本中,一般认为,游戏主持者,连同其场景设定与情节讲述、骰子和仲裁,都被整合进一个文本结构中去,这就是"隐含游戏主持者"(the implied Game Master)。不可否认,这一隐含GM较之真人GM更少可通融变化的余地,因此这样的类比性是暂时的。这意味着隐含GM并非一个足够坚固的模型可以无差别地引入其他游戏当中,但这仍然是一个非常有用的概念,借助它我们可以考察《博德之门》的结构。

在查特曼的模型中,叙述者是隐含作者的一个渠道,但是叙述者并不拥有与隐含作者一样的权力。和隐含作者一样,我们的隐含GM有权经由不同的渠道传递不同的信息。隐含GM安排了不同的中介,他们的功能各异:有些传递出娱乐性(游戏导向)的信息,而另外一些则传达出叙事性的(和再现性的)素材。这些中介并不互相矛盾,相反,它们共同协作——它们是共谋的。这一多样性得到了信息传递的接收者(依次是读者、观众和玩家)的潜在行动的回应。这两个宽泛的范畴在游戏之外以两种最为常见的方式被游戏的粉丝创作复制:游戏攻略(walkthrough,以娱乐性为导向的,命令式的)和同人小说(强调叙述,暗示性和描述性的),在第六章和第七章我们还将作进一步探讨。伯恩(2003)指出,电脑游戏倾向于将玩家置身于某种必须服从命令的紧急状态之中("去做这件事!去那里!"),而热内特的《叙事话语》(*Narrative Discourse*, Genette 1980:161)一书则提出一种指示性和描述性的叙事观念:"既然叙事的功能并非确定秩序、表达愿望、设定环境,等等,而只是简单地讲述故事,以'报道'事实(真实的或虚构的），它的某种语气，或至少其典型性的语气，严格说来就只能是指示性的。"

　　隐含 GM 在游戏文本当中，指挥着各种各样具有交际性的中介。这样，隐含 GM 占据了一个信息输出的位置，类似于查特曼所说的隐含作者。就《博德之门》而言，隐含 GM 较之查特曼所说的隐含作者这一概念的优势在于，它在提供叙事转化的同时，也提供娱乐性议题。而较之阿瑟斯所谓信息输出者（情境营造者），其优势在于 GM 更容易与游戏文本中的其他中介区分开来。这一点很重要，因为即使隐含玩家一跃而占据由 GM 所提供的作者般的信息输出者地位——比如在策划事件或塑造角色的时候——他／她也不能在那里长期盘踞，或是越俎代庖地扮演一个绝对的"作者般"的角色。这是因为，由玩家策动、谋划和安排的事件仍然必须与游戏文本的范畴相一致（除非有人作弊，也就是引入一系列新的状况），而这些状况仍然由隐含 GM 来裁决。

叙事的限度

　　叙事理论追问的是，故事情节是从何种角度被描述的。我们是通过谁的眼睛目击了叙事当中的事件，又是谁的声音在传递信息？（Genette 1980：186）在研究游戏中的叙事问题时，同样有必要追问是谁在策动事件。谁来决定事件的持续时间、发生频率和次序？

　　在《博德之门》中有非常简单直接的叙事元素，以一种玩家无法操控的形式存在。这些事件以过场动画、非玩家控制角色的对白和角色简介的方式被编织在一起（在时间和空间上都得到妥善的安置），并与玩家发生联系。正是借助这些形式，玩家了解了游戏主角在烛堡被抚养长大的少年时代，以及他／她与葛立安的关系。这一叙事素材证实了大反派沙洛佛克的身份、主角身世之神秘、各地的历史和居民的特质。

大量此类叙述的确是以"过去时的传统叙事视角"(Genette 1980：217)展开的，而在游戏当中，这一部分能够相当令人满意地以一种别样的媒介传达出来。正如叙事理论所指出的，"它们具备一种与承载叙事的技术无关的独立性，可以从一种媒介转换到另外一种媒介，却不丢失其本质特征：一个故事的主题可以为一场芭蕾舞服务，一部小说的主题也可以被搬上舞台或银幕"(Bremond，转引自 Chatman1978：20)。

而从另一方面说，游戏中的实时事件是一个动作一个动作展开的，玩家操控游戏以赢取（或输掉，或重复）战斗，或翻越山峰，或与商人交换佩剑。资源得到积累或被用光，目标被达成，战斗打响了，策略得到检测。队友被杀死或复活或被替代。这样一些游戏中产生的事件在发生的当时即被告知玩家，或在它们发生之后，通过游戏的文本框通知玩家，就好像在体育比赛中，解说员将比赛状况告诉观众。然而，不管多么相似，游戏叙事的这些组成部分绝不是像传统叙事理论所说的那样，在叙事话语的结构内部稳定地存在。一方面，这些事件可能会被保存，也可能不会。另外一方面，至少在一定程度上，是玩家决定了这些事件的发生。这些元素最终不会服从或遵循传统叙事模型——考虑到《博德之门》乃是一款游戏，似乎也没有理由期待它们会这样。

玩家可能不把《博德之门》玩完，也可能他们会尽可能跳过那些讲故事的部分。一个玩家可能把游戏提供的所有文本都读完，查阅所有队友的简介，打开（点击）散列在游戏世界中各图书馆中的所有书籍。而另外的玩家可能忽略故事的讲述，消灭所有潜在的队友，而热衷于一次又一次穿越地图上的同一区域，杀死不断重生的怪兽，完全不在意游戏的结局。一个玩家穿越游戏世界的路线，可能和另一玩家大相径庭。一个玩家所操控的角色或许能言善辩，另外一个则或许热衷于残酷的巫术，还有人更迷恋野兽般的武力。然而不管我们玩得怎么好，葛立安都将遭到伏击并被杀死，不论我们如何设定主角的性格特征和精神承受力，游戏都会告诉我们，葛立安的死给他/她造成了重大打击,并使之陷入悲痛之中。

尽管我们能够在《博德之门》当中将游戏操作的层面和叙事层面的情节区分开来,但是在实际游戏过程中,两者是交织在一起的。一旦游戏开始,每一个存储点都会映照出此前大量相关联的机会、玩家的行动、环境设定和叙事内容,所有这一切都共同发挥作用。每一次读取游戏,游戏角色都处于一个独特的境遇之中,面对一系列外部环境,服从于具体的状况,这一状况所反映出来的,是由玩家的游戏操控、谋划和选择所积累而成的复杂综合体。游戏需要玩家以多种形式参与(读、听、看、玩)。它既包含了静态的界限与结构,又为创造性的操作提供了空间。这就意味着,《博德之门》为玩家提供了难以计数的位置以探索、占据和游移其间。对于它所提供的流动性,我们将在下一章节予以探讨。

第四章 游戏与快感

戴安娜·卡尔

《博德之门》是一款游戏,它自有其游戏规则、冲突、由玩家操控的要素、目标、机会以及可以量化的结果。除此之外,它还包含再现性的元素,如人物塑造、叙事材料,以及细致而精美的游戏世界。将游戏的这些方面区分开来不仅是困难的,甚至可能显得矫揉造作。尽管并非人人喜爱,但仍有一个庞大的玩家群体被《博德之门》深深吸引。电脑游戏那种引人入胜的快感可以与很多精神上的投入状态相联系,例如沉浸(immersion)、卷入(engagement)或"心流"(flow)[1]体验。而这些潜在的精神状态并非仅仅依赖游戏的可玩性,或是其再现性的因素。相反,恰恰是这些不同属性的综合以及玩家在这些不同属性之间的切换,使得玩游戏成为一种难以抗拒的经验。

如前所述,角色扮演类游戏源于桌游。《博德之门》的背景设定、战斗体系、游戏规则和角色生成的模板都是来自《龙与地下城》。[2] 玩

---

[1] 心理学家米哈里·契克森米哈赖(Mihaly Csikszentmihalyi)将心流定义为一种将个人精神力完全投注在某种活动上的感觉;心流产生同时会有高度的兴奋及充实感。——译注

[2] 准确地说,这款游戏是基于《专家级龙与地下城》第三版(威世智公司 [Wizards of the Coast], 2000)。《博德之门》能够在最多六人的局域网中联机运行,(转下页)

家在游戏一开始，要对主要角色的外貌和能力作一系列的选择。而后《博德之门》为玩家和主要角色提供了一组同伴。升级（通过积累经验值来提升技能）是游戏的关键。团队中的成员都可携带一系列的物品，随着战斗、探险和交易，他们可以不断获取魔法道具、珠宝、魔法斗篷和魔法靴、护身符、武器、符咒和药剂。不难看出，管理分配团队成员的武器、行李、技能和经验值将花费玩家大量的时间和精力。

在战斗当中，这些战斗者的能力值、武器和防具都会被游戏引擎纳入计算当中，电脑内部好像有一只骰子，即时地裁定玩家团队的队员们遭受了多少伤害，以及对敌人造成了多少打击。《博德之门》在游戏规则方面的这种简要概括，提示出玩家在作出决策的时候必须考虑哪些变量。对一些玩家而言，由于对桌游非常熟悉，对于这些规则就像第二天性一样容易掌握。而另外一些玩家，则会感觉糊涂而不明就里。但即使是一个粗浅涉猎这一游戏的新手都会注意到，与防具、力量和敏捷度联系在一起的那些数值会产生非常重要的效果。随着玩家不断学习，他们会变得更加有效率，而随着玩家和他的团队不断升级，游戏生成的怪兽也会越来越凶猛，敌人将越来越强大。

的确，不花费大量精力关注游戏中的升级系统和人物设置，也可以享受《博德之门》的乐趣，但是如果想要了解角色扮演这一游戏类型，以及这一类游戏所提供的快感，对这一整套程序加以了解则是必要的。玩家总是面临选择，而且大多数选择都具有战略性的重要意义。任何一个单独的玩家，在面临这些选择时是谨慎把握，还是漠然处之，是感到愉悦，还是因之烦恼，当然都只是关乎个人偏好。特定玩家实现那些潜在游戏体验的方法取决于其情绪、预期、专业知识与品位。去探究具体的玩家所作出的不同选择是非常合理的，而不同的文化因素、社会因素和心理因素都可能影响到他们的选择。本章所关注的，

（接上页）但是这里仍将之看做单机游戏加以讨论。

与其说是具体玩家对于电脑游戏的回应做了些什么,还不如说是,"电脑游戏究竟要驱使玩家去做什么"。

角色的生成

《博德之门》提供给玩家的大量选择都是关于主要角色和他/她所能操控的队友的。在游戏开始之前,玩家首先通过一个"角色生成"的环节来创建主要角色。对游戏的这一部分做出解释,最好的办法是借助一份简明扼要的游戏攻略。

《博德之门》开始于角色生成画面。屏幕的左侧(像是刻在黑色的石头上)罗列出八项需要设定的类别的列表。"点击"任何一个类别都会跳出来相应的介绍,在游戏手册上有更为详尽的说明。列表上的第一个类别是性别。玩家必须确定自己为男性还是女性,但是这"仅仅是一个审美意义上的选择,不会在任何方面影响到角色的属性"。下一步是从要从游戏提供的众多肖像中为角色挑选一个形象。这些形象在外貌特征和肤色上都有显著的不同(但是如果你创建的是一个男性角色或白种人角色,可供选择的余地会更大一些)。这些形象类型化的特征都相当明显,并且极富幻想色彩。它们明确表现出各自的特征:精灵或是矮人、狡诈的、高贵的、粗暴的或是胆小的。[1] 在游戏的"自上而下"视角(或"等距视角")中,游戏进程中屏幕上的实际人物形象非常小,不可能辨认出他们的脸。但是,游戏进行时,被玩家选定的肖像将会出现在屏幕的右侧,来表现角色,并且作为切换界面的简捷入口。

选定面部长相之后,玩家需要为自己的角色选择"种族"。种族在

---

[1] 还可以选择使用玩家自己载入的形象,如果愿意的话。

本质上近似于"托尔金式"世界中的分类，有六个种族可供玩家选择：人类、矮人、精灵、侏儒、半兽人（一种矮人族）和半精灵（一半精灵，一半人类）。从此时开始，玩家的选择开始具有战略上的意义。正如一行字幕指出的："你的角色所属的种族将决定其基本能力如何，以及它具有怎样的先天技能，比如夜视。"这些都将成为玩家下一步为角色选择"职业"时的考虑因素。职业即是指角色所从事的行当。每一种职业都有其不同的能力——德鲁依（druid）掌握特定功能的魔法，游吟诗人富有魅力并且老于世故，小偷则可以开锁。游戏提供了八种初始职业，而如果将多重职业、双重职业和特殊职业也算在内，总数就达二十六种之多。

比如说，如果玩家决定创建一个精灵族的角色，其基本能力就决定了会有一些特定的职业可供选择，而另外一些则不可选。因为每一种职业的首要条件都能够与不同种族的额外技能相匹配，所以一个已经打算好从事某种职业的玩家，可以选择那些提供了与这一职业相配的天分的种族。比如说，玩家一旦选定种族为精灵（精灵的敏捷度很突出），可能就会选择小偷作为自己的职业（小偷的首要条件是敏捷度）。当然玩家也可以选择违背角色的天性。比如说，侏儒具有较高的智力，但是智慧相应地被削弱。智力是做魔法师的首要条件，而智慧是做牧师的首要条件。因此，如果打算做一个魔法师，那么选择侏儒作为角色的种族是合乎情理的选择，而如果一个侏儒族角色的职业是牧师，那将是一个很有意思的选择。

需要玩家进行选择的下一个类别是"阵营"（alignment）。游戏手册对阵营的描述是"角色对待社会和宇宙中各种力量的基本态度"（第89页）。每一种阵营都由两类元素组成：一是角色的道德观（善良、中立、邪恶），二则关乎角色是否能坚定地遵循自己的前一个选择（守序、中立、混乱）。下一个选择的项目是"能力"。玩家在此可以选择主角的精神特征（智力、智慧和魅力）和物理特征（力量、体质和敏捷度）。

能力值随之由游戏给定,"其计算方式有如你为每一种能力扔了三个骰子,并经过角色所属种族特征的调整"(游戏手册,第9页)。玩家可以选择在一定程度上改变这些数值。在"能力"这一类别中作出的选择会影响到"技能"这一项玩家可供分配的点数。在选择"技能"的环节,玩家可将点数分配给那些有益于角色所从事职业的技能。在分配完成之后,游戏会指导玩家选择对于这一角色最为趁手的武器。然后玩家要选择角色的外观。用调色板来决定肤色、衣服和头发的颜色(不要求和之前选定的肖像相配)。接下来,玩家要为角色选择声音。角色终于创建完成,最终需要做的,就是给它起一个名字了。

比如说,通过以上的模板进行一系列选择,可以创建一个叫做Lottie的角色。她是一个精灵,职业是小偷。Lottie的智力和魅力值都很高,擅长开锁和潜行,但是对探测陷阱不很在行。这意味着她是一个令人信服的领队,但是她很容易将自己的团队引入极度危险的境地。Lottie的道德阵营是"混乱、正义",因此在环境适合的情况下,她很可能会表现良好。她的敏捷度很高,但不是很强壮。这会影响到她抗打击的能力,也将限制她能够携带的物品的重量。作为一个小偷,她不能够配备金属防具,这将导致她在战斗中很容易受伤。作为补偿,她很善于隐藏自己,并且精于使用远程武器,而在使用短剑的时候能够增加熟练度,这就使她能够从背后偷偷刺伤敌人。除了这些基本的法则,游戏还设定了一套对魔法和物理伤害的防护、斗志及名誉的等级,这些在游戏手册当中都有详细的说明,而玩家则可根据自己的需要对这些方面予以关注或漠视。游戏开始的时候,Lottie的形象显示在屏幕上,蓝色的脸、绿色的头发,衣服是淡紫色的。而不同的选择则会产生完全不同的另外一个角色。

角色、特征和游戏

正如 Lottie 向我们演示的，一个角色的创建是一系列选择共同作用的结果，看上去，其中一些选择是出于娱乐或策略上的考虑（职业是小偷、魔术师还是战士，所使用的武器是弓箭还是剑），而另一些选择则反映出美学和再现性方面的诉求——比如角色的名字、声音、肤色和服饰。然而实际上，这些选择使娱乐层面和再现层面的诉求变得模糊了。比如说，是选择一个漂亮的精灵还是选择一个粗糙的侏儒，既包含了审美层面和故事层面的偏好，又涉及战略方面的考虑。[1] 正如我们已经提到的，游戏自己生成的一些角色后来才加入到核心角色的队伍中来。[2] 在讨论这些角色的时候，玩家既从他们的战略价值角度对其进行评估，又关注他们的个性和相互间的关系，正如下面这一某游戏论坛的帖子所表现出来的：

> 是的，是的，她有时候会使用"蠢牛头"（buffle-headed）之类的词语，但这并不妨碍她在战斗中很有用啊！在煤矿，谁杀死

---

[1] 一个玩家在采访当中坚持角色只是工具而已，他们的外观如何并不重要。而正是这同一个玩家抛弃了他正在使用的一个角色，仅仅因为他觉得该角色的胡子很难看（黑色的八字胡）。八字胡在两方面令人感到恼火：一是，它非常容易在开玩笑的心态下被加到主角的脸上，但是却无法剪除；二是，它是如此醒目以至于使人难以忽略。这款游戏是《无冬之夜》（Neverwinter Nights, 2002）。在另外一款游戏中（《冰风谷传奇》[Icewind Dale, 2000]），一个玩家创建了一个团队，领队是人类，而其他队员则由半兽人和侏儒构成。后来这个团队被抛弃了，因为玩家觉得"这个阵容看上去像是学校的郊游"。这两个例子都是关于娱乐层面和再现层面的结合所造成的不可预测的结果。

[2] 这些角色通常被称为"非玩家角色"，尽管实际上他们的行动也在玩家的控制之下。区别在于，这些潜在的队友并非由玩家创建，而是由游戏自身生成，随着游戏的进程来到主角身边，并参与到主角的探险中来。

的敌人最多？是爱蒙[1]。那些兵不血刃的战斗通常要归功于谁？是爱蒙。她和她的那把弓有着令人难以置信的威力。至少在游戏开局阶段，她和主角的关系使她成为你最好的朋友。向爱蒙脱帽致敬，我将随时欢迎她来加入我的队伍。（Booje 2001）[2]

西摩·查特曼的概述（Chatman 1978：111）告诉我们，文学理论家倾向于从特定人物的性格特征与其行为之间的关系来分析人物。在一个叙事文本当中，诸如忠诚、易受欺骗、懦弱和笨拙这样一些性格特征，使特定的人物形象与其他人物区分开来。一个人是有勇无谋还是小心谨慎，都会在他/她的行为表现中透露出来——比如在赌博或开车的时候（Chatman 1978：138）。如果一个人物只有简单的性格特征，以一种可以预知的方式呈现出来，他/她就被称为"扁平的"（flat），而一个更加饱满的人物则具有复杂的性格，其行为方式也显得更加难以揣测。

另外一位文学理论家茨维坦·托多罗夫（Tzvetan Todorov 1977）指出，不同类型的叙事会以特定的方式将性格和行为联系起来。他进而指出，真正耐人寻味的不仅仅是性格和行为之间的联系，而是对性格的辨识与其在行为上的表现之间所存在的暂时性间隙，以及该性格有可能导致的行为的范畴。托多罗夫的区分可以用于不同的电脑游戏类型。比如说，那些具有数个非常突出的特征（他们饥饿，他们喜欢吃草莓）并以单调而偏执的方式表现出来（比如他们尽可能多地吃草莓）的化身，将完全不同于另外一些化身，后者具有大量多样化的特征（比如，从勇敢到偷窃癖的各种内容），在执行一系列可能的任务所采取的各种行动中，也许会表现出来，也许根本不予表现。在《博德之门》这

---

[1] 一个由游戏提供的队友。
[2] 此帖由 Ninja Master Booje 在一个关于虚拟女性的讨论中发出，参见 www.womengamers.com，2001 年 2 月 21 日。

样的角色扮演类游戏中,角色——至少那些可操控的角色——都属于后者。

关于人物的文学理论可能在一定程度上适用于分析化身,但是游戏角色并非传统意义上的人物,因为他们是被玩家操控的,而且可能是被错误地操控的;玩家的选择将会影响到化身的行为方式。一个游戏角色由文本所描述的性格特征(不管是勇敢、敏捷还是富有领袖魅力)可能在某个玩家的操控下会相当明显,而在另一个玩家的操控下则几乎无法辨认。不论该化身是由游戏提供,还是由玩家创建,这种情况都会出现。在其他类型的游戏中,这样的情况也同样会出现。比如说,在一款动作冒险类游戏《古墓丽影》中,一个玩家可能会操控化身劳拉·克劳馥(Lara Croft)持枪飞快闯过一座座神殿,贪婪而富有攻击性。而在另外一个玩家的操控下,劳拉可能会走完所有的路线,小心翼翼而富有好奇心,在每一个角落和缝隙处仔细搜寻,以期发现什么蛛丝马迹。在这两种情况下,化身的设定性格和可以选择的行为是相同的,但是玩家的风格和喜好决定了其内在的可能性怎样被表达出来,或怎样被压抑。但是玩家的影响只在一定范围内发生作用。如果劳拉不是那么冷酷或者说热衷冒险,她可能就待在家里了;如果化身没有被设定为可以唱歌或者变戏法,那她就不能做这样的事。通常在一款三维动作冒险类游戏中,身体动作特征(化身如何移动、跳跃、快跑、旋转、攀登和搬运物品)和游戏世界的地形地貌紧密相关。悬崖的崖面和鸿沟的存在,即要求一些特殊的动作——化身因此需要一些特别的属性。比如在动作冒险类游戏《古堡谜踪》(Ico)中,游戏同名儿童主人公艾柯(Ico)必须从一个古堡当中逃脱出来。他攀登了很高的高度,并且穿着凉鞋摇摇晃晃地穿过了峡谷。他的性格特征,比如坚毅和勇敢,一部分是通过背景环境"讲述"出来的。

在等距视角的《博德之门》中,角色塑造由另外的方式实现,尤其是因为作战团队在即时行动上存在着更多的限制。例如,角色不能够跳跃、攀爬和奔跑，尽管他们可能会找到魔法靴，借以提高移动的速度。主角由游戏本身加以描述——以文本的形式（告知你是年轻的、暴躁的，或有悲剧宿命的）或者通过其他角色的对话。在空间中灵敏的即时活动在此被技巧的多样性、管理菜单的复杂性及升级体系所取代。而与其他电脑游戏相同，只要玩家决定去扮演某一角色，该角色的行为都将反映其性格。一个玩家可能选择创建一个温柔虔诚的德鲁依作为主角，但却存心在游戏当中令小心谨慎的牧师变成一个极富侵略性和危险性的存在。

这样一来，在电脑游戏中，玩家的"写入"（input）和游戏所提供的特征描述之间的互动可能会引发不可预测的行为，与某个角色表面的扁平性发生矛盾。因此，仅仅按照设定的属性和特征去描述一个游戏化身或角色是错误的。不管受到怎样的限制，不管游戏角色看上去多么有限、扁平、俗套或陈旧，玩家的参与意味着他们至少在一定程度上将是不可预测的造物。[1] 玩家干预游戏角色的性格与行为之间关系的自由当然只是一定程度上的：让劳拉成为一个既不对人射击又不盗取物品的无害者是可能的，但是除非她拔枪，否则不可能在《古墓丽影》中长时间存活。同样，我们在玩《博德之门》的时候，可以拒绝所有的潜在队友，让主角成为一个和平主义的孤胆英雄，但是若不组建一个包括多种技能和特殊技艺的团队，并杀死一定数量的攻击者，我们在游戏世界里就寸步难行，更不用说积累经验值提升等级了。

《博德之门》中，僧侣博学多闻，通常隐藏在图书馆中；矮人非常

---

[1] 游戏中化身的外表、身份和经历并不能决定他将如何行动。在《博德之门：黑暗联盟》中，游戏角色都是老练而勇于冒险的类型。他们的第一个任务是清除一个城市下水道里的老鼠精。我曾经见过一些玩家在进行这个回合战斗的时候，发现化身们在可脱掉的防护装备下只穿了很少的内衣。因此，他们并没有消灭这些老鼠精，而是让化身们穿着内裤和头盔，在水坑里面上蹲下跳，而玩家一边歇斯底里地哈哈大笑，一边哼着洗澡的时候唱的那些歌。

粗鲁；精灵很漂亮；兽人则不讲道理。然而游戏主角的灵活性在于，任何可加以评判的设计都将面临不同视角的审视：一个诡诈的刺客既可以是盟友，也可以是必除之而后快的敌人，这取决于核心角色是否与之结为同盟。一个非玩家角色既可能提供帮助，也可能一见面就开始攻击，这取决于主角自己的名誉。而根据玩家的喜好，年轻的爱蒙既可以成为忠诚得力的队友，又可以被当做眼中钉而迅速、粗暴地遣散。因此，从某种意义上说，在《博德之门》中确定角色的性格特征的权力取决于游戏和玩家的持续互动。玩家从包含多种可能性的菜单中确定主角的身份，这暗示核心角色的特征是任意指定的。简言之，角色本身就是"玩"出来的。

这种表面的灵活性有其限度。例如，如果玩家尝试扮演一个"坏人"，就会很快发现，特定特征与行为对于得分或前进是必需的，同时游戏还会对其更为极端的行为设置限制。在被问及是否曾经扮演过恶人角色的时候，一个玩家提到了下述发现：

> 只是短暂尝试过。扮演一个（和游戏）为敌的角色是完全不切实际的，因为你时刻处于城市警卫的攻击之下。实话说，我觉得游戏的这一设计是一个缺点。作为邪神（Lord of Murder）的后代，规规矩矩地玩游戏看起来相当讽刺……我只好飞快地读取之前的存档，继续扮演我所设定的"好人"的角色。（玩家 SD，电子邮件）

我曾经操控一个被我命名为"可恶的琼"的角色去探测这一限制，我希望她成为一个忘恩负义的凶手，但是我几乎立刻就遭到了阻挠。以邪恶的方式去玩《博德之门》的第一章，几乎没有对游戏的计划产生任何影响。如果我坚持杀死"错误"的人，我所操控的这个主角就会被力量远远超过自己的游戏角色杀死。对话当中的选择也会施加限制，因为它们是由游戏提供的。在大多数谈话中，都会有三个可供选择的答复，一个显得亲切而好奇，一个显得高尚，一个则粗鲁而恶毒。如果主角过于粗鲁暴力，就没有人会为她提供帮助。唯一能够让"可恶的琼"真正成为恶棍的方法是遵循某种权宜之计——让她以美德作为伪装，来摆布别人。很显然这样一来她将是相当恶劣的，但是同时也意味着，她的这种恶劣的性格只存在于玩家的观念之中。

除此之外，游戏还会在"可恶的琼"的精神上施加限制：绝不能允许她弑父。如果"可恶的琼"想要杀死她的监护人葛立安，他就会严厉地训斥她以保护自己。正如前面的章节指出的，根据游戏情节的安排，大反派沙洛佛克将埋伏在烛堡附近将葛立安杀害。因此支持沙洛佛克是不可能的。同时因为这一致命的伏击是发生在过场动画当中，也不可能对其加以干预。一旦葛立安被杀死，画面就转到"可恶的琼"为之震惊痛苦的场景——即使她曾经尝试杀害葛立安，并且想要和杀害他的凶手一起亡命天涯。

在角色塑造方面，《博德之门》既为玩家提供了设定好的状态，又提供了大量相互关联的可变因素。其中一些可变因素是出于娱乐性的考虑（物品和技能），而另外一些则更多是为了再现效果。一种温文尔雅的性格可能看起来是出于再现层面或叙事层面的考虑，但实际上它具有操作层面的意义，因为它将影响到其他游戏角色对待主角的态度（是提供帮助还是施加攻击）。《博德之门》的各种角色是游戏的娱乐性因素和再现性因素相互交织的缩影。而《博德之门》的娱乐性和再现性两个方面对于吸引玩家都是至关重要的。

沉浸、卷入与"心流"体验

《博德之门》拥有绵长曲折的情节、丰富多彩的对话、各式各样的敌人、吹毛求疵的队友和复杂的物品体系。游戏对玩家提出了很多要求；恰恰是它们使游戏充满乐趣。不同的游戏制造出不同的快感，《博德之门》不可能符合所有玩家的口味，这个游戏的粉丝们也不会为同一个原因喜欢这款游戏。

在论文《〈虚拟城市〉的符号学》("Semiotics of *Sim City*")中，泰德·弗里德曼（Ted Friedman）从定位和移动的角度谈及玩游戏时的认同感：

> 我们可以将玩《虚拟城市》的过程看做不断变换身份认同的过程：你对身份的认同取决于你是在买地，还是在组织警力，或者铺设道路，或者做任何什么事情。我想，这是这个游戏的一部分。这种从一个角色跳转到另外一个角色的模式，暗示着至少在一定程度上存在的分裂，但却被平滑的，甚至让人感觉恍惚的游戏过程给掩盖了。统摄着这些功能性转换的，是更具总体性的认同：将这座城市看做一个完整独立的系统。(Friedman 1999: 5)

尽管两款游戏大相径庭，弗里德曼提出的这一看法在一定程度上也适用于《博德之门》。《博德之门》的玩家同样将游戏系统看做一个整体，但是在这一游戏系统中，玩家还必须关注一系列次级系统，那就是各种角色（他们的行动、武器、物品和技能）。因此，游戏要求玩家在不同的时刻，为了不同的原因去"进入"或"脱离"某一身份。在一般情况下，玩家会从有利的等距视角观察游戏世界，并引导在屏幕上展开的事件。他们可以钻进一位队友的背包里，打开并阅读一封信或者一篇日志，然后又跳出来观察当下的地形，或者以地图模式观察整个游戏世界。玩家可以浏览一本在僧侣的房间里找到的书，也可以仔细检查一个特定角色的各项数值。战斗的标准程序则是暂停游戏，快速浏览每一个队友的物品清单，选择合适的武器，适当地给他们下达指令，使用咒语以及那些能够疗伤或增强力量的药剂。游戏界面经过精心设计，使熟练的玩家甚至在下意识间就能够快速地在游戏画面、菜单选择画面、日志界面和地图模式之间转换。而新手则面临着一个必不可少的学习过程。

尽管要反复变换视角，玩家还是被深深吸引了："光阴似箭"。那种全神贯注的投入并不因游戏的等距视角而遭到削弱，也不会因"选择、点击、选择"的机械游戏操作而受到干扰。玩家是移动的：他们探索游戏世界，在不同的菜单、画面、变量和数据中跳转，而不会有任何不连贯的感觉。换句话说，玩家的迷恋并不依赖于游戏所提供的"真实的"三维空间，也不会因为在游戏的娱乐性层面和再现性层面之间跳转移动而发生变化。并且，使玩家全神贯注的因素并不是一成不变的，因为随着玩家越来越熟悉游戏，提高了游戏的熟练度之后，关注点会发生转移。

运用"沉浸""卷入"和"心流"体验的理论能够帮助我们更加深入地探讨玩家对于《博德之门》的迷恋。沉浸涵盖一系列的冥思般的或无意识的状态，涉及被送入或浸没某一文本中的感觉（Murray 2000：98）。沉浸这一概念，根据其借用自哪个领域（文学理论、虚拟现实分析或临场感理论 [presence theory]），而有不同的面向。临场感理论是关于不同技术手段（从电话到虚拟现实）所能唤起的使用者的"在场感"。根据隆巴德和迪顿（Lombard and Ditton 1997：1）的论述，这些技术手段"是为了提供给其使用者一种幻觉，使他们将间接经验当作真实的"。他们将沉浸看做一种将在场概念化的手段，并进而将沉浸分成两个方面：感知层面上的和心理层面上的。[1]

感知层面的沉浸指的是技术和经验能够在何种程度上垄断使用者

---

[1] 玛丽-劳尔·瑞安（Marie-Laure Ryan 2003）已经提出了沉浸的其他模式，包括空间层面、时间层面和情绪层面。

的感觉。比如说，在电影院里，灯光暗下来，观众也被要求保持安静。在虚拟现实的体验中，参与者的耳朵、眼睛和手可能都会涉及。而心理层面的沉浸，指的是玩家"在精神层面投入游戏世界当中"（McMahan 2003：77）。玩家通过其富有想象力的投入，逐渐被拉进游戏世界里。《博德之门》是在个人电脑上运行的，而非在一个虚拟现实的环境中。游戏以等距视角呈现给玩家，而非三维画面。此外，在游戏过程中必须吸收大量信息，并熟练操纵（娱乐层面和再现层面上的）各种变量。由于以上原因，在《博德之门》中，心理层面的沉浸是看上去更加切题的形式，即便游戏的音效和视觉的设计也同样激发了感官和知觉上的沉浸。心理层面的沉浸和感知层面的沉浸之间的差异，或许能够帮助我们理论性地认识不同类型的游戏各自吸引其玩家的方式。但在这里，我们的目的首先是考察玩家在某一款游戏中获得的快感和痴迷的状态——探究玩《博德之门》时心理层面的富于想象的沉浸与投入之间的关系。一个由道格拉斯和哈格顿（Douglas and Hargadon 2000，2001）提出的模型使之成为可能。

道格拉斯和哈格顿借助文学研究和来自认知心理学的图式理论（schema theory），从另外的视角考察了沉浸感的概念。在文学研究当中，沉浸感是指那些通俗小说或类型小说的读者所享受到的放弃批判思考的全神贯注。而对于图式，他们是这样定义的：

> 图式使我们能够感知周遭的事物并进行有效的处理，这一能力有赖于此前通过阅读、个人经验和别人的建议而建立起来的对类似事件的已有知识储备。（Douglas and Hargadon 2001：154）

在道格拉斯和哈格顿看来，在文本中，"只要故事、背景和界面保持统一的图式，玩家的审美体验就能在很大程度上保持（一种）沉浸的状态"（Douglas and Hargadon 2001：158）。比如在阅读一本小说时，读者就能够陷入一种愉快且恍惚的全神贯注中。只要遵循一些或者一种图式，这些小说就能够深深吸引读者。

卷入（engagement），顾名思义，是一种经过更多思考的批判式的参与方式。当读者面临不熟悉的题材，或者文本很难左右其反应时，他们被驱使着一再重读和反复斟酌其中的信息以清醒认识文本，就进入了所谓卷入的状态。卷入涉及文本中要求额外关注和阐释技巧的部分，这些地方要求对文本的外部所指予以探究。在卷入状态下，"梳理文本的认知需求是断断续续的，必须在相互抵牾的图式之间来回穿梭，在文本当中探索推进又常常返身回顾，且经常不得不在令人费解的段落停下来"（Douglas and Hargadon 2001：156）。卷入包含对多种图式的考虑，不管这些图式是来自文本自身还是超越了文本。道格拉斯和哈格顿是这样概括这两种状态的：

> 沉浸的快感源于我们伴随某种熟悉图式的退潮和涌动而完全专注于其中。卷入的快感则来自我们从文本之外的视点去识别一件作品如何将相互矛盾的图式翻转、连接。（Douglas and Hargadon 2000：1）

《博德之门》中一些娱乐性的因素使卷入——相对保持距离且富于策略的立场——成为必要，而其他对于游戏的操控则需要沉浸式的探究和思索、点击和选择。同样，游戏再现层面的一部分因素也需要沉浸感：欣赏游戏的布景、更换角色的服装或者阅读对话中描述性的部分；而另外一些则需要玩家的卷入——比如当情节出现新的波折，或者一个特定角色重新出现，因此需要解释、回忆、填充各种各样的"断裂"之时。游戏完全将其操作系统与再现层面的"外衣"结合在一起，而沉浸和卷入两种状态又助推了这类结合。《博德之门》的玩家在沉浸式的、自闭般的专注和卷入式的、批判性的疏离之间滑动。因此，不可能认为卷入比沉浸更重要，反之亦然；这两种状态是相互补充的。游戏之所以诱人，不在于它能够使玩家陷入或卷入或沉浸的状态，而是因为它允许玩家在二者之间移动。

当屏幕上的场景要求即时的、固定的反应时——比如思考、凝视、阅读、击打、探索、行走、修补、刺杀、行军或猛攻——就促使玩家进入沉浸状态。而当玩家无法解决手边的问题，陷入犹豫不决和反复斟酌以谋求解决之道，不得不与屏幕上的行动逐渐拉开距离（暂时的、认知层面的距离或其他）时，就需要进入卷入的状态。这种僵局可能是由于一个遗忘的名字或密码造成的，也可能是由于角色的特性（比如因为其阵营或道德倾向），一条迷失的小路，或一个强大的敌人。[1]寻求解决之道，一开始意味着使团队的行进暂停，或者重复某个动作，或者重新走一遍他们走过的道路。如果全不奏效，玩家就可能将视线从游戏画面中转移开，去查一下地图画面，重新读某一封信，重新从化身的日志当中获取信息，或者读取之前的存档。如果仍然没有进展，玩家就可能去查阅游戏手册，向朋友求助或者去网上查游戏攻略。比如下面的疑问就是在一个网络论坛上发现的。

> 我从第5层那个鬼魂所在的那条路离开了杜拉格之塔（Durlag's Tower），但是我还需要回去。看起来我没有办法回到第3层了，因为此前通往那三个幽灵出现的房间的两道门，是通过扳动一个头盔打开的，而那个头盔现在不在那里了……你知道怎么打开它们吗？或者有别的路可走吗？[2]

---

[1] 相反的情况也是值得考虑的：如果玩家不喜欢游戏的叙事主题，如果"故事情节"太过混乱，或者如果游戏的操作太过简单或太过复杂，玩家就既不可能进入卷入状态，也不可能达到沉浸状态。

[2] 引文来自百威尔公司网站上的一个公共论坛，在写作此文的时候，这个论坛仍然很活跃。在这里能够看到很多《博德之门》和《博德之门 II》的玩家（转下页）

显然，在这一点上，该玩家是从"外部"关注游戏中的事件，并且完全从游戏以外谋求资源。在游戏中，鼠标的重复点击、物品栏的重新安排、田园般的风光（不时能够听到鸟鸣）和故事讲述促使人沉浸其中，而情节的逆转、性格突变的角色和不断增加的怪物则使人的注意力转入卷入的模式。在《博德之门》中，这两种可能的关注状态，不是相互排斥和冲突，而是相互依赖。玩家在这两种多少有意识的关注状态之间的游移成为游戏快感的基础。两种状态之间的转换丰富了各自所能够带来的满足感。

玩家就以这样的流动性和安逸心情在各个界面之间切换，而游戏世界也借此塑造玩游戏的体验。因此，随着玩家全力以赴于控制键盘，进行升级、指挥和资源分配，《博德之门》提供给玩家的体验是会发生变化的。随着玩家越来越熟悉游戏，完成常规行为所需要付出的努力也会发生改变。正如史蒂文·普尔已经注意到的，在一个设计合理的电脑游戏当中，"玩家感到游戏非常流畅的原因之一是，其肌肉记忆使按键、使用游戏手柄、扣动扳机和踩脚踏板都成为下意识的动作"（Poole 2002：182）。但是要想顺利通过《博德之门》，所需要的不仅仅是精确度和反应速度方面的进步，因为在角色扮演类游戏中，要想升级，还得能够收集到相关"信息"并加以运用：这是一个认知的过程，而非感觉运动的过程。不论游戏开始时（比如说）关于角色或者魔法咒语的复杂选择会显得多么困难，经过一个学习的过程，这些都成为一种在阐释性的认知层面类似于"肌肉记忆"那样的东西，逐渐降低对玩家有意识选择的依赖。随着玩家越来越彻底地了解游戏，他／她与游戏既定条件之间的关系将会发生变化。《博德之门》的环境设定、叙事和游戏操作的一些特定层面将不再需要那么专注的思考，卷入的状态就

（接上页）（有时候明显很沮丧）寻求帮助。这个帖子是由 Syiss 于 2002 年 11 月 11 日发布的。参见 http://forums.bioware.com/viewforum.html?forum=19.

转为沉浸的状态。而与此同时，游戏为了平衡这样的转换，使玩家不断遭遇新的情节逆转和挑战、更加强大的怪兽和更加复杂的形势，以使得玩家不得不更新其卷入状态。

随着游戏难度不断提高，游戏的任务越来越艰巨（但仍然是可以达到的），玩家的应对能力也不断进步，而游戏总能与玩家的水准相匹配。这是"心流"体验的前提条件。玩家总是说自己"处于理想状态"（in the groove）（Poole 2000：182）或者"处于巅峰状态"（in the zone）（Jarvinen et al. 2002：22），这样的感觉可以与"心流"理论（Csikszentmihalyi 2002）联系起来。如果某一行为涉及不断升级但仍可以应对的挑战、选择、决定、风险、反馈和可以达成的目标，心流体验就可能出现。那是一种极其愉快的，最佳的状态，是专注、幸福感和高度投入的统一。心流体验和多种行为相关，其中包括电脑游戏（Bryce and Rutter 2001；Myers 1992）。道格拉斯和哈格顿将心流体验和沉浸与卷入联系起来讨论，为的是论证"既然心流体验涉及我们应对挑战能力的提升，使我们能够又快又好地处理问题，它就徘徊于以沉浸和卷入为两端的连续统一体之上，同时利用二者的特征"（Poole 2000：6）。包括《博德之门》在内的很多电脑游戏都有利于造成心流体验的状态，而在特定语境中，甚至能够在处于初级的、边缘的或外围的情境中获得心流体验（Marr 2001）。这或许能够帮助我们解释一些玩家从与游戏相关的行为中获得的快感，比如制作游戏粉丝网站，创作相关的艺术作品和小说。

沉浸、卷入和心流体验的概念或许能够帮助我们解释游戏给玩家所带来的部分快感。但是，尽管我们能够在理论上将游戏文本中的不同方面与这些感知方式或曰感知状态关联起来，但在实际情况中，我们却很难证实这些状态的确发生，或者清楚证明游戏中的某些特定的方面产生出这些状态。这表明，将游戏中的快感理论化会遭遇到方法上的困难。如果分析者坚持保持其批判性的距离，则他们对于游戏的体验一定是片面的。而依靠其他途径，比如观察玩家，或者在一场游戏结束之后对玩家进行访谈，也同样不能够解决问题。所有对于游戏体验的表述都是褊狭和不完整的，因为对活生生的经验进行文本化和表述的过程，不可避免的都是选择性的。

结论

玩《博德之门》意味着操纵一队随特定条件（游戏规则、界面指令和有限的选择）不断成长的角色。主角由"数值"来加以描述，他的特征是诸多虚拟选项的组合，并由玩家予以操控。同时，玩家行使自己的特权既可以使主角与原本设定的性格特征背道而驰，也可以与之相一致，或者对后者漠然视之。

对于游戏世界中战略变量的管理和不断增加的挑战的筹划应对，要求不同的关注方式。玩家从全神贯注的沉浸状态转为更多深思熟虑的卷入状态。因为电脑游戏提供了一种具有临场感可供参与的环境，也提供了反馈和不断增加的、令人着迷的挑战以及情景化了的目标，它们可能激发玩家们的心流体验。这说明，《博德之门》中，玩家的快感不应归结为来自哪一种单独的文本性因素（不论是娱乐层面的还是再现层面的）。相反，令时间在不知不觉中飞逝的，正是各种可能性的综合，是玩家在多种可能性之间的运动，是既定与可变、本能反应与深思熟虑、简单与困难之间那些有趣的交替。

第五章　空间、导航与情绪反应

戴安娜·卡尔

玩家可以选择不同方式进行导航（navigate）并探索游戏世界，而这会让他们在游戏中的情绪体验有所区别。本章中，将借助对于《异域镇魂曲》（*Planescape Torment*，Interplay 1999）和《寂静岭》（*Silent Hill*，Konami 1999）这两款反差极大的游戏的分析，来探讨这些命题。表面上看，两款游戏不乏相似之处：状如僵尸的敌人、暴力对抗、探索、冒险与死亡。然而，二者毕竟属于不同的游戏类型，因此它们采用不同策略，以产生与其所属类型相称的游戏效果。

《异域镇魂曲》是一款角色扮演类游戏，其曲折蜿蜒的结构反映出其类型根源。《寂静岭》可以被看做一款动作冒险类游戏——或者更准确地说，是一款三维恐怖生存游戏。[1]《异域镇魂曲》促使玩家以特定方式进行思考和探险，反映出上文讨论过的角色扮演类游戏普遍具有的特点，而《寂静岭》系列的成功直接取决于它使玩家感到恐惧的能力。每一种游戏都根据其所属类型的意图设定其游戏世界中的导航模式，并以此模式使该游戏类型日益丰富；而每种游戏的玩法又可催生玩家特定的情绪反应。《寂静岭》的化身哈利（Harry）和《异域镇魂曲》

---

[1] 参见克日温斯卡（Krzywinska 2002）关于恐怖及恐怖游戏的分析。

的化身无名氏（The Nameless One）以不同的方式供玩家驱使，而二者与他们所处游戏世界的关系，也成为我们借以思考游戏类型特征的另一个因素。

《异域镇魂曲》与《寂静岭》

《异域镇魂曲》与《博德之门》颇为相似。两款游戏皆由黑岛工作室开发，都由 Interplay 公司发行，并共享同一个游戏引擎（百威尔公司的无限引擎）。[1] 在《异域镇魂曲》游戏开始的时候，主角无名氏在一间阴森的停尸房里恢复知觉。僵尸殡葬师在停放着尸首的床板之间蹒跚着分解尸体，解下肮脏的绷带。这看上去像是恐怖电影的镜头。但《异域镇魂曲》实则致力于设置悬念，而非激起恐惧。游戏的核心目的在于揭示主角的身世之谜。无名氏是一名重伤而不死的失忆者。关于他身世的第一个线索来自他背后的文身，是由一只叫做"死亡号角"（Mort）的浮在空中的头骨提供的。尽管无名氏这一主角并非由玩家创建，游戏仍然提供了一些机会可以令玩家参与人物性格的养成，比如决定无名氏的阵营、物品和职业技能。

《异域镇魂曲》开始于法印城（Sigil），这是门之城（City of Doors），有众多通向难以预料的不同世界的门。游戏中的怪物与其说恐怖，不如说是丑陋，但它们对于自己怪异发臭的身体颇为自得。这是一场怪物展览，一个漫长的故事，一个动物园和一架饶舌妖魔的陈列柜。玩家被放置在景色特异、循环出现的曲折道路当中，在游戏世界中的每一点进展都要依靠谨慎的思考和敏捷的反应。甚至让化身"被

---

[1] 此外，《异域镇魂曲》和《博德之门 II：安姆阴影》都被 PCZone 列为有史以来最好的角色扮演类游戏（2002 年 7 月，PCZone 排行榜）。

杀死"也不失为一种有效的策略。化身是不会真正死亡的，只要他不被焚烧或吃掉，就会一再从太平间的尸床上醒来，但是死亡的震惊体验会让已经得到的记忆碎片再次散落。游戏当中的任务和子任务极其繁杂，因此化身随身携带着一个日志本，可以为玩家自动记录游戏进程。游戏自动生成的角色不断加入无名氏的队伍，并带来很多意想不到的复杂道具。玩家可以鉴定工具，还可以购买魔法文身或破译符咒。

与之相反，《寂静岭》节奏紧张，但是角色数量不多，情节进程沿线性发展。一场车祸之后，游戏的主角哈利在北美的一个小镇上醒来，发现他的女儿雪丽（Cheryl）从副驾驶的座位上消失了。他深入大雾之中，叫喊着她的名字。跌跌撞撞地穿过染满血迹的小巷，遭遇成群的僵尸蝙蝠和被剥了皮的狗，在原本应该通往镇外的道路上，地表陷落，形成一个巨大的裂痕，让他无法通过。女儿失踪了，而且很可能处于某种非常可怕的危险当中。而镇上大多数居民，不是已经被杀死，就是变成了不停发出呻吟声的杀人僵尸。

不同于《异域镇魂曲》旨在烘托"冒险"气氛的音乐，《寂静岭》更多地使用一些使人焦虑的富有暗示性的音效，诸如脚步声、翅膀拍打的声音和坏掉的水管发出的声音。当怪物临近时，哈利随身携带的那台令人不安的收音机，就会发出嘶嘶的静电电流的声音。正如乔纳森·里（Jonathan Ree）指出的那样，幽灵般的噪声成功地让我们感到毛骨悚然，因为"较之视觉，听觉的错乱所营造的空间不确定性更令人焦虑"（Ree 1999：46）。《寂静岭》的目的在于使玩家感到恐惧，而令人不适的声音从游戏世界当中流溢而出，渗透到电脑屏幕之外我们真实生活的空间里来。

《寂静岭》有其内在的连贯性，其目标非常明确：保存性命，摆脱攻击者，进入到下一个空间中并寻找女儿雪丽。虽然游戏空间是三维的，但提示语、关键线索和谜题都将玩家引向一个特定的方向：往前走。没有多少对白，谈话都在过场动画当中。游戏画面中也很少有文

第五章 空间、导航与情绪反应 83

图 4 《异域镇魂曲》，无名氏在谈话。(Interplay 出品)

图 5 《寂静岭》的主角哈利。(蒙游戏开发者 Konami Corp 的好意，允许我在此使用)

字。游戏菜单非常简单，药品和弹药等资源不需要过多说明，数量有限。化身哈利也是给定的游戏角色。他会在游戏过程中得到一些配件和武器，但是因为他并不在力量和经验方面有所成长，所以其能力的提升主要依靠玩家技艺的增长。《寂静岭》通过描述来建立因果关系：它提供一系列谜题让玩家解决，有条件地让玩家前进，并因为这样的线性结构，在游戏中始终能够保持一定的节奏和紧张感。网上的评论描述《寂静岭》是"长久以来最有趣也最令人感到恐惧的游戏之一"。[1]

导航：迷阵、根茎与迷宫

在《全息甲板上的哈姆雷特》(*In Hamlet on the Holodeck*) 一书中，珍妮特·穆瑞 (Janet Murray 2000：130) 描述了互动文本中空间导航的两种模式：迷阵 (maze) 和根茎 (rhizome)。根茎这一概念来自德勒兹 (Deleuze) 和瓜塔里 (Guattari) 的哲学思想，指的是像土豆这样的块茎的根系可以向任何一个方向发芽生长。穆瑞指出，在迷阵当中探险意味着在向唯一的出口有条件地前进，而在根茎般的环境当中，并没有特定的方向比其他方向更有利。迷阵的不足之处在于，玩家只能够被引导到预先设定的唯一出口，而根茎的缺点则在于结构的缺失。因此，在穆瑞看来：

> 单一路径迷阵的预定性和根茎结构的不确定性都不利于玩家在游戏过程中获得快感。作为一种可参与的叙事形式，游戏当中的迷宫具备处于二者之间的潜质。故事当中必须要实现的目标应

---

[1] 引自"僵尸女孩"(*Zombie Girls Net*) 网站上一位用户的评论，网址为 http://www.zombiegirls.net/other/silenthill.html。

该足够强大，以引领玩家前进；而同时设定开放式结局，令玩家可以自由地探索。(Murray 2000：135)

因此，游戏中复杂的迷宫模式应该兼具迷阵最好的层面和根茎自由的一面。在不同的情况下，游戏中的空间设置可以加强其迷阵的一面，或其根茎的一面，并在不同程度上将二者的特性结合起来，以使玩家获得不同的游戏体验。我们可以将《异域镇魂曲》看做根茎般开放式结局的代表，而《寂静岭》则相对而言更像迷阵般的结构。这两款游戏分属于不同类型，各自产生了不同的情感，并为达成各自的游戏目的而有效采用了不同的导航模式。

在《寂静岭》当中，玩家以特定次序被引导到特定位置，解决问题以打开游戏的下一个阶段。只有在此前的游戏阶段取胜，才能够继续前进，事件是依次展开的。路径或有分岔（游戏的结局有多种可能），但向最终结局前进的驱动力始终像潮水般推动着玩家。游戏意在令玩家感到强烈的刺激、紧张和恐怖，而这种情绪又被其较为直接的玩法所助推。玩家在《异域镇魂曲》中的前进同样是有条件的，但其对各级游戏目标的混合和积累相较之下更为无序。游戏将玩家抛入根茎状的迷阵之中，令玩家得以不断偏离主线、旁逸斜出地去探寻失落的记忆与碎片化的历史。每个玩家都能够以迥异于他人的独特路线穿越游戏，获得成功。

除了哈利以外，《寂静岭》还塑造了众多各有特性的角色。而《异域镇魂曲》中则充满了对照，每一张新的面孔都"必然涉及……一个新的故事，解释这一新角色何以在此出现"(Todorov 1977：70)。在《异域镇魂曲》中，玩家每遇到一位非玩家角色，都会读到关于其眼睛、手指、穿着的细致描述，说明其从何而来，以及散发出怎样的气味。细节如此众多，以至于造成一种夸张的效果。而对于细节的夸张恰恰强调了《异域镇魂曲》对于虚构与幻想、丰富感性知觉，以及纯粹的陌生感的关注。无名氏在游戏中穿行，不断深入自己的过去。游戏中居民的台词十分丰富，使玩家永远有新奇的内容可供探索；而寻找真相的任务也推动玩家一再进入那些变动不居的地理空间。游戏吸引着玩家一次又一次地检视游戏空间及其中的角色。

《异域镇魂曲》的核心任务是寻找丧失记忆的主角过去的神秘身份，但必须完成一定数量更小的任务才能达成这一目标。因此玩家无法专注于某个单一的探索方向。支线任务可能会让玩家如无头苍蝇一般兜圈子，但是只有完成这些任务，才可能积累经验值，进而升级提升角色的技巧与能力。穿越游戏空间的过程，同时也是主角在"等级"系统当中穿越攀升的过程，这两个层次的积累紧密地联系在一起。这是角色扮演类游戏的特征。在大多数动作冒险类游戏（比如《寂静岭》）当中，游戏主角所在的游戏空间位置，即等同于他的等级。而在角色扮演类游戏当中，游戏主角的等级取决于他的经验值。经验在此成为一种策略性的、索引式的商品。

在《寂静岭》中，重要的是即时反应能力和准确性。敌人或障碍即时出现，哈利的目的就是活命，要么选择战斗，要么选择逃生。只有当化身处于存储点（在一些登记处或不同建筑的门道中可以找到它们）时，才可以进行游戏存储。这种将存储点作为对象固定于游戏世界中的做法，将时间与空间中的特定点连接在一起。时间性因此被秩序化，正如在空间中的前进被附以必要条件。这些特征限制了3D游戏空间的开放性。游戏中的动态"镜头"和漫长甬道，要求玩家依靠敏锐的洞察力才能够前进，如果玩家绕着同一个障碍物无止境地兜圈子，该空间将很快显得无趣，缺乏惊奇感。哈利和游戏中其他角色的交流都发生在过场对话中，而这并不受控于玩家。当怪兽被杀死、门锁被打开，或谜题被解决，没有人可与哈利交流，也没有多少可看的东西。玩家被要求继续前进。

在《寂静岭》中，游戏世界充塞了整个屏幕；而在《异域镇魂曲》

中，屏幕被游戏图标和菜单按键镶框于其中。《寂静岭》中的空间向哈利有保留地打开。当玩家走进一个房间时，无法立刻一览无余地看到屋中所有，而总是感觉会在什么地方落入陷阱，或有什么东西会从背后偷袭。相比之下，《异域镇魂曲》的（自上而下的）等距视角显然更少感官上的刺激，但却更便于观察和搜寻。游戏在玩家的注视下完全敞开。玩家也无需到特定地点存储游戏，而可以随时（包括在战斗中）暂停，梳理思路。

《寂静岭》中哈利会随着玩家敲击动作按键而攻击敌人；但在《异域镇魂曲》的战斗中，每一回合玩家都通过"点击—选择"的方式来展开动作。《异域镇魂曲》当中的战斗也不仅仅为了生存，而可能获得各种各样的战果，包括经验值和战利品。玩家团队通过赚取经验值升级，得以提高多方面的威力和技能，而游戏世界也会随之改变，使对手变得更加残暴、顽强和富有威力。一旦遇到游戏生成的角色，玩家即可通过对话选项与之交流，其动机可能是策略性考虑，也可能是一时心血来潮或仅仅出于好奇。玩家对答复的选择，将会影响到后来的对话和行动，将之引向一个特定的方向。非玩家角色可能会攻击化身，也可能会提供有用的建议，他们可能会解决或开启一个新的任务，也有可能教给化身一种特殊的职业技能。

《寂静岭》紧凑、如迷阵一般的结构，致力于使其玩家感到恐怖。它始终（或强或弱地）保持紧张的状态，拒绝因解释说明而使玩家分神或放慢速度，而选择以跨文本的简便方式在游戏中插入那些饱含情绪的画面与事件。游戏通过在过场动画中借助对特定电影的指涉和恐怖电影的惯例来对小镇的创伤做出有限的说明。这使游戏简洁有力，节奏很快。例如，在一个空荡的家庭内景中，响起了一个小女孩对她怪异暴虐的母亲的恳求声。这一音效似乎是对过去事件的不断回放，仿佛《惊魂记》（*Psycho*，Hitchcock，1960）和《心魔劫》（*Sybil*，Petrie，首映于 1977 年）的组合。游戏设定在日常空间当中——咖啡馆、加油站、学校或医院——而场景之常见，使诡异的事情发生时，不安更为强烈。

　　罗宾·伍德（Robin Wood 1997：190）早已指出，一般而言恐怖效果的生成总是基于"一个简单而明显的基本公式……怪物使常态遭到威胁"。但所谓"常态"，怪物，以及二者之间的矛盾关系却常常复杂多变。《寂静岭》显然符合伍德的恐怖公式。常态被怪异之物威胁并摧毁。这个与游戏同名的北美小镇看上去极为普通，但是正如哈利在一次过场动画中对另一些游戏角色所说，"一些离奇的事情正在发生"。无辜的镇民陷于危险之中，镇上的学校与医院已成地狱。哈利必须要营救女儿，对抗邪恶。塔妮娅·克日温斯卡（Tanya Krzywinska 2002：212）曾指出："在多数恐怖游戏中，玩家无论做什么，都会扮演一个正义的化身。作为一种预置的超验性力量，道德总是神秘地伴随着玩家穿越游戏迷宫的历程。"尽管在《寂静岭》中道德感的存在显得有些模糊不清，但是正义与邪恶的二元对立从未被彻底清除过。

　　《异域镇魂曲》则并不将游戏建立于"常态"遭到破坏的前提之下——从一开始，这里就无常态可言。其中的食尸鬼和僵尸并非使常态遭到破坏或发生剧变的因素，而是本来就土生土长于这一世界。它们并非外来的闯入者。化身及其队友并非一定要恢复某种特定的二元道德秩序，因为《异域镇魂曲》的宇宙观与《龙与地下城》相类似，在后者的道德体系当中对"阵营"的选择涉及两种坐标轴。其中一种标准以善、中立和恶来标识，而另外一种标准则以守序、中立和混乱来衡量。玩家以其行为的一贯性在这一道德体系当中确定自己的位置。

　　尽管同样关注僵尸、死亡、失落和肉身转换，但《异域镇魂曲》和《寂静岭》之间显然存在着重要差异。这些差异反映出它们各自所属类型的特征，又被游戏不同的导航结构加以巩固。

游戏文本与遍历函数

埃斯本·阿瑟斯为包括电脑游戏在内的赛博文本（cybertexts）提出了一种类型学（一种分类体系）。他提出，文本这一概念，应广义地定义为"传递信息"的客体。在他看来，文本是通过"符号串"的形式来传递信息。而"呈现于受众面前的符号串与存在于文本之中的符号串并不总是一致，因此对二者加以区分就极为必要"。呈现于受众面前的符号串被称为"脚本单元"（scriptons），而存在于文本之中的符号串称为"文本单元"（textons）。即是说，文本单元乃游戏所提供的所有潜在信息；脚本单元则是不同玩家将游戏中的信息"玩"出来，使之呈现于屏幕的方式。而"使脚本单元自文本单元当中显露或生成并呈现于文本使用者面前的机制"，则被称为"遍历函数"（traversal function）。(Aarseth 1997：62)

由阿瑟斯提出的遍历函数分类法为我们提供了一套有效的工具，去深入探讨《寂静岭》与《异域镇魂曲》导航形式之差异。阿瑟斯列举了遍历函数的七种变体，但为简洁起见，我们只讨论其中几种可以让这两个游戏表现出明显差异的模式：活跃性（dynamics）、可确定性（determinability）、可访性（access）与连接性（linking）。

"活跃性"这一遍历函数与文本单元和脚本单元呈现的数目和稳定性有关。就此而言，《异域镇魂曲》较之《寂静岭》更加活跃而少停滞，因为《异域镇魂曲》当中任务更多，而且其中只有一部分是强制性的。而复杂的道具、会变异的化身和多种对话选择的可能，也为游戏的活跃性增色不少。在脚本单元这一层面，两款游戏都为玩家提供了诸多选择，但《异域镇魂曲》的文本单元更为丰富，因此玩家选择和组建脚本单元的可能性无论从范畴还是从数量上而言，都成几何数增长。

两款游戏在"可确定性"的层面也存在极大差异。对可确定性，阿瑟斯作了如下定义：

> 关于遍历函数的稳定性……在一些冒险类游戏当中，对给定状况的相同反应总是导致相同的结果。而在另外一些游戏当中，随机函数（类似于骰子的功能）使结果不可预测。(Aarseth 1997: 63)

尽管很难量化，但我们论及的这两款游戏在偶然性方面确实有所不同。《异域镇魂曲》采用了《龙与地下城》的一些规则，因此在游戏引擎当中潜藏着一个虚拟的骰子。基本上，作战团队当中每个角色的各项数据是随机的。在战斗中，角色的力量、防守等级、对敌人的杀伤点数及其武器是额定的，决定这些数据的是那个内在于游戏引擎的骰子。《寂静岭》无疑也以其独特的方式突出了偶然性和运气的作用，但是更加隐蔽，而且一般说来，重复的动作往往能够导致相同的结果。哈利不会发生什么特别的改变，除非他因为受伤而变弱，或因为得到治疗而重新变强。《异域镇魂曲》中的不确定因素更为丰富，因此偶然性就更有其发挥作用的余地。

阿瑟斯的分类当中提到的"可访性"与"连接性"，在这两款游戏当中同样有着明显不同的表现。可访性关乎玩家是否能在游戏中任意一点进入游戏文本。显然在两款游戏中，可访性都受到控制（虽然可以作弊或使用攻略），但正如上文所述，在《异域镇魂曲》中可以在任意时刻存储和读取游戏进度，而在《寂静岭》中只有特定地点可以存储和读取。《异域镇魂曲》往往通过对话当中的选项来连接游戏的不同空间与片段，除此之外，对于快捷通道（这些通向其他空间的门可以无视距离）的巧妙利用对于此款游戏亦相当重要。这些是游戏中不同区域之间的连接，它们有些是有条件的，需要依靠不同的魔法物品激活；有些则具有偶然性，玩家需通过行动或解谜来打开它们。就此而言，《异域镇魂曲》中的这些函数更加富于变化，远不如《寂静岭》中哈利的路线那么确定。

阿瑟斯提出的遍历函数类别及其变体有助于我们认知一款游戏当中界定其空间想象的要素。从任何层面看,《寂静岭》都更加稳定、有节制,也更富确定性。这些参数塑造了作为游戏根基的迷阵般的结构。与之相比,《异域镇魂曲》较富于开放性的遍历模式则表现出如根茎般的扩张趋向。

替身

两款游戏中,玩家的行动轨迹都受到可预期的奖励、目标、线索和支线情节的影响。《寂静岭》以使其玩家感到恐惧为目标,游戏强大的控制力和迷阵式的结构使它能够产生并保持足够的张力。《异域镇魂曲》则旨在使人产生一种开掘历史的感觉,玩家们相对自由地在此庞大而奇异的虚构世界中漫游探索,不断深入无名氏遗失的过往。它的根茎式结构显然对这一游戏目标的实现助益颇大。两款游戏的空间模式和导航方式都有助于制造其所属游戏类型所期待的特定情绪反应。玩家总是依靠化身进入游戏空间,因此对于游戏中诸元素如何影响玩家和化身之间关系的建立,应有所考察。笔者并非试图对这一关系作穷尽式说明,而是希望探讨在不同游戏类型中,玩家和化身的关系以何种方式呈现差异。

电影理论家用西格蒙德·弗洛伊德(Sigmund Freud)关于恐惑(the uncanny)和类我(the double)的阐述来探讨当观众看到电影中运动的身体时,如何产生生理感觉。比如莱斯利·斯特恩(Lesley Stern 1997)就指出,当看到荧幕上的人物从高空坠落、被抛出或表演特技动作时,观众会产生肉体上的移情作用。在瞬间的想象中,我们的身体与他者的身体同在,对他者身体的运动作出回应。紧接着是短暂的违和感,一种产生恐惑的断裂感,因为我们会意识到这只是在观看,而非亲身演练。但在醒悟的同时,"影响依然持续,我们感到恐惧、兴奋,为之颤抖"(Stern 1997)。

或许化身同样可以起到触发恐惑共鸣的作用。玩家敲击按键,化身就随之行动:跳跃、翻滚或按下开关。当化身头部遭受撞击时,所有玩家都会感到恐惧;当屏幕上虚假的离心力作用于化身时,玩家也会不由自主倾斜身体;而当化身堕入悬崖,每个玩家都会感到畏缩。这说明在玩家与化身之间,确实存在某种"认同"(identification)。电脑游戏研究者很难简单地以电影认同的模式去解释此类现象。电影认同理论是凭借从精神分析学中抽离的模型发展起来的,其核心前提是观众在荧幕前的专注静寂。而玩家与屏幕上事件与人物的关系则恰好相反,建立在玩家采取行动的基础上,这一差别是任何关于"各态历经认同"(ergodic identification)[1]的理论都应加以考虑的。此外,不同的电脑游戏会通过不同的视角、模式、渠道、菜单选择、输入和输出设备来安置玩家在游戏当中的位置,这就意味着任何企图以单一模式就化身和玩家之间的关系予以分析的努力,都必然导向谬误。

但无论是在《异域镇魂曲》当中,还是在《寂静岭》当中,化身都是玩家在游戏世界当中的特使,因此在某种程度上都可以说是玩家的另一自我。玩家与化身之关系在不同游戏当中有着不同设定,由此促生的情绪也不同。借助弗洛伊德对恐惑和类我的研究成果,我们得以对哈利和无名氏之间的差异作更深入的探讨。在弗洛伊德看来,"类我源于对自我消亡的抵抗……而当这一阶段被超越,'类我'的意义就发生了改变:由不死的保证,变成死亡的神秘预兆"(Freud 2003:142)。

所幸我们无须对弗洛伊德理论的正确与否加以讨论。有价值的是

---

[1] 在阿瑟斯看来,"各态历经"这一术语的含义是指,在某些文本中,读者必须付出卓绝的努力,才可能穿透文本。(Aarseth 1997:1)

他提供的两种"类我"形式：一种使人感到宽慰；另外一种则使人恐惑不安。我们可以在不同的电脑游戏当中（或同一款游戏的不同时刻），看到这两种形式的再现。不过，我们讨论的这两款游戏对于自身将带给玩家怎样的体验是很明确的。《寂静岭》是一款恐怖游戏，因此恐惑性类我更能达成游戏效果；而尽管在《异域镇魂曲》中也不乏令人不安的类我形式，但相信同盟型宽慰性类我在此游戏中一定更有用处。

如前一章所述，因为《博德之门》是一款饱含信息的、等距视角的角色扮演类游戏，因此玩家在游戏时更多是心理层面沉浸，而非感知层面沉浸。《异域镇魂曲》同样如此。而《寂静岭》是一款 3D 动作冒险类游戏，它不依靠文字文本，而更多依赖视觉和动感使玩家沉溺其中，唤起的是感知层面的沉浸。让我们回顾一下沉浸这一概念，它是指游戏令玩家产生一种在场感——一种切实感觉到自己身处游戏世界之中的感觉（Lombard and Ditton 1997）。而沉浸分为两种：感知层面的沉浸是指游戏体验垄断了玩家的感觉，而心理层面的沉浸是指玩家全神贯注地投入到想象中的游戏世界里去。不同的沉浸方式会影响到玩家与化身之间的关系。[1] 玛丽-劳尔·瑞安曾对虚拟现实作出如下论述：

> 头脑可能会从外部构想世界，而身体总是从内部加以体验。因此对于身体而言，虚拟现实的互动性只是使玩家沉浸于一个已经存在的世界；而就一个精神层面的过程而言，沉浸即是在接受者与这一世界之间建立起一种创造性的从属关系。（Ryan 1994：34）

当然，将玩家的身体层面和精神层面断然加以区分并无多大意义，但根据瑞安的理论，不同的游戏（及其所依赖的沉浸方式）确实可能以不

---

[1] 在我看来，《寂静岭》和《异域镇魂曲》采用不同的沉浸方式，会使游戏吸引玩家、邀请玩家参与的方式呈现差异，而二者所唤起的乐趣和风格也势必有所不同。

同的方式来设置玩家的位置，或内在，或外在。

如《异域镇魂曲》这样包含多重细节信息，并在游戏中夹杂大量说明和冗长描述的游戏更容易引起心理沉浸，并在玩家和游戏之间建立起一种——如瑞安所说——"创造性的从属关系"。正是《异域镇魂曲》的复杂界面在玩家与其游戏中的化身之间建立起一种特别的联系。等距视角和游戏主角本质上的复合性在感知和行动两方面都大大消解了玩家与化身的同一感，因此玩家与屏幕中世界的距离看似更为"遥远"。但游戏以另一种方式令玩家沉溺其中：大量描述性文本的阅读，以及关于玩家对游戏主角、其作战团队及其物品的巧妙运用的细节信息的缓慢积累。

玩家决定着无名氏的成长，并且游戏激励玩家对他的成长与命运承担责任。玩家必须围绕主角的特性不断作出选择：职业、技能、记忆与队友。根据游戏设计，角色的成长反映出玩家的偏好——正如游戏手册所说，"从始至终，你所操控的人物将适应专属于你个人的游戏风格"。

在游戏中，无名氏逐渐收纳伙伴，形成团队。玩家在前进过程中不断遇到由系统预先生成的候选人，并选择是否将其纳入队中。一旦成为团队一员，这些角色就处于玩家的操控之下。无论就视觉而言，还是就等级、职业、种族而言，这些队员彼此之间都大相径庭，但玩家却有权使用他们每个人的资源。对每位队员的物品进行重新分配，将之交付看上去更适合的人，这甚至是一种战略必要。尽管表面看来每个队员都各有特点，但是从统计的角度而言，他们之间并无差别。每个队员都不过是玩家掌控的一系列屏幕参数和道具组合。他们是一系列可操作的变量的集合，并将接受磨炼以在团队当中扮演独当一面的特定角色。因此，可以说角色扮演类游戏中的另一自我（在此或为复数）是通过角色菜单来加以驯化的。每一位队员都部分地经过玩家的建构，因此可被视作一种已知的数值、资源，并进一步成为对抗游戏中敌对势力的力量。[1] 综合而言，游戏中的这些方面都向我们表明，在《异域镇魂曲》及类似结构的角色扮演类游戏当中，玩家和化身之间的类我关系更多表现为同盟型类我的劝说，而不是各种恐惑性类我。这也进一步说明了，宽慰性类我往往与心理层面的想象性沉浸相联系。

与之相反，威胁性或恐惑性类我在《寂静岭》这样的 3D 游戏中大行其道——某种程度上可能也正是由于这些游戏更多依赖感知层面的沉浸而非心理层面的沉浸。《寂静岭》中玩家操控哈利在三维空间中探险，并通过敲击按键触发其动作（跑、攻击）。比较而言，这款游戏更能吸引玩家在感知层面沉浸于游戏，因为玩家是跟随着一个在即时状态下奔跑、射击或攻击怪兽的角色穿越游戏空间，这一角色对玩家的操控直接作出反应。感知层面的沉浸意味着玩家和化身之间的关系更加紧密，不过也缺乏协商空间。

《寂静岭》唤起的感知层面的沉浸使这一线性游戏成功地提供了一种特定的情绪氛围，那就是恐惧。3D 游戏化身塑造出一种特殊的画面效果：它实际上作为玩家的替身深入游戏空间之中，这也会引起更为强烈的恐惑共鸣。在角色扮演类游戏当中玩家可以操弄化身的各项数据，而在动作冒险类游戏中玩家很难介入对化身内在属性的调整（因此也无需太多说明性文本存在）。或许正是 3D 化身带来的恐惑刺激着我们的欲望，去穷尽其物理潜能。这些高难度的物理技能补偿了玩家和化身之间恐惑性类我关系引发的焦虑。

然而，并非所有的 3D 游戏都以超人作为化身，并以恐惑的效果作为其反衬。《寂静岭》中哈利的正常十分触目。他只是一个普通人，不懂功夫，射击技术也毫无过人之处，甚至在下楼梯时都会被绊倒。或

---

[1] 弗洛伊德将宽慰性类我关系和自恋联系在一起。在克里斯蒂娃（Kristeva 1989）看来，自恋者是在被驱逐出母亲的世界之后通过抵制恋母情结而建立起自我的主体意识。这种对另一种状态的渴求会在富于创造性的精致的幻想世界中找到共鸣，正如《异域镇魂曲》所能提供的一样。

许这反过来意味着游戏重新运用了对哈利的操控促生的恐惑战栗,借此将游戏中门廊和街景所营造的诡异感最大化。在《寂静岭》当中,玩家与化身之间的类我关系并未通过角色超人的能力得到沟通与净化。不安始终存在;弗洛伊德所谓"死亡的神秘预兆"如阴影般跟随我们,烛照游戏当中的黑暗世界。

结论

《异域镇魂曲》的内涵如此浩繁深奥,以至于游戏的范畴和目标都显得较为分散模糊。玩家通过描述进入到具体的情境,解决问题,然后获得更多的描述,而非不断杀戮,或从一个空间到另个空间。其限度是难以捉摸的。玩家在游戏中不断升级,积累任务,结交同伴,获取日志、魔法书,将符咒逐步复杂化。甚至一个小小的选择都会有复杂而难以预测的结果,可能将玩家引入事件或战斗当中——当然,也可能一无所获。《异域镇魂曲》拒绝被单一化地确定,甚至拒绝被理解。面对这样一个杂乱无章的文本,如果你试图将之固定,只会引起它的反弹;当你想要概括它的时候,它又必然蔓延开去。它自有其"紧迫"时刻以及遭遇战,但它同样渴望被欣赏,渴望玩家率领团队深入其中。

《异域镇魂曲》拒绝被匆忙对待,而《寂静岭》恰恰相反,它催促着玩家从一个地方到另一个地方,去解决谜题,抵达终点。至少在一定程度上,它是可完成亦可规划的。《寂静岭》旨在唤起一种特别的力度与速度。它想要使它的玩家感到恐惧,并且凭借其简单直接的游戏风格成功地达到了这一目的。《异域镇魂曲》和《寂静岭》有着不同的游戏目标。它们依据所属游戏类型的特点,分别选择根茎式结构或迷阵式结构作为空间漫游的形式,并塑造化身,以之与游戏世界和玩家构成互动,在某种意义上增强了游戏本身所提供的特定快感。

第六章　角色扮演

安德鲁·伯恩

史克威尔公司出品的《最终幻想7》(1997) 是一款极为成功的日系角色扮演类游戏。1997年，在它刚刚开始发售48小时之内，就成功卖给了几乎全日本所有的 Playstation 玩家，同年晚些时候在美国的发行情况也毫不逊色。[1] 本章我们以《最终幻想7》为个案，探讨角色扮演类游戏的关键要素之一：化身。

化身是"血统"(descent) 的梵语词，意指神在人间的化身。而玩家正是通过化身参与游戏，扮演游戏的主角。《最终幻想7》的主角——化身克劳德·斯特莱夫是一个神秘的雇佣兵。他身着皮衣，脚穿巨大的靴子，使用一柄和他自己一样长的剑。可是他却长着一张怪异的孩子般的面孔，数字朋克 (cyberpunk) 风格的金发下面，一双蓝色眼睛大而明亮，颇为符合日本漫画"畸形美学"的风格。(图6)

以下是《最终幻想7》的一位17岁英语玩家 Rachel 在我们的调查访谈中对克劳德的形容：

基本上，你操控 (play) 的这个角色，看上去非常酷，像都市

---

[1] 参见 *UK Playstation Magazine*，1997年第12期。

图6 克劳德·斯特莱夫——《最终幻想7》的主角。（经史克威尔艾尼克斯［英国］允许使用）

风景一样，你必须，嗯，他发现……嗯，因为他发现，因为他开始有一些闪回的破碎记忆，因此他要逃出来，而且我认为他逃离城市是因为他遭到了追踪，而且，嗯，他必须击败这个大公司并且试图，嗯，哦，萨菲罗斯，他是邪恶力量的头儿，而你必须行动起来，试着阻止他，因为他在试图饲养怪物。你可以通过收集物品来使用魔法或干别的，还可以运用你的武器，而且……

Rachel 使用"这个角色"一词，表露出在叙事中将虚拟角色作为主角操控的观念。然而，克劳德不仅是游戏当中的主角，还是玩家在游戏中的化身。本章将探究这两重功能是如何构建的，玩家又是如何体验的。以及为什么 Rachel 口中"你操控……"这样的表述，非常准确地揭示出玩家和化身之间的关系。

我们尤其要探究这两重功能如何与游戏的两个基本要素结合在一起，即此前几章已经讨论过的游戏的娱乐层面与再现层面。我们已经指出，游戏是遵循一系列规则运行的系统的集合，会制定特定目标、策略和障碍等。本章中我们将指出再现同样是一个系统，并思考这一系统如何与游戏系统相吻合。游戏系统即游戏当中基于一定规则建立的系统，通过游戏引擎的程序运作而产生；而再现系统指的是游戏如何呈现这一世界，包括视觉与听觉方面的游戏世界，以及覆盖于游戏系统上的所有叙事和角色。如我们将要解释的，玩家的化身/主角是在两个系统当中运行，对化身的理解将帮助我们认识这两个系统如何协作，共同制造了玩家的游戏体验。本章我们将关注叙事体系，它是再现系统的一部分。具体而言，我们将集中关注该体系当中的一个重要部分：游戏主角的叙事功能和她/他的行动之间的基本关系。我们将会看到该体系与游戏系统的内在联系，其中游戏主角作为一个可操控的角色，借助某些设定的功能来带领玩家穿越游戏世界。

社会符号学视角

本章的分析运用了前几章中使用过的一些叙事理论，但也有新的角度，来自社会符号学。在媒介研究中，符号学理论常征引罗兰·巴特（Roland Barthes）、克里斯蒂安·麦茨（Christian Metz）等曾对视觉媒介做出过分析的理论家。但社会符号学理论还同时吸收了韩礼德

(M. A. K. Halliday)社会语言学理论中的一些想法(1985)。在韩礼德看来，语言可以被视为社会行为的一种形式，而语言分析就是为了揭示词汇、语法等语言要素的社会功能。将社会符号学运用到视觉媒介研究（如 Kress and van Leeuwen 1996）中时，就产生了"图像语法"(grammar of images)的概念，它采用韩礼德关于一切语言中都包含的三个主要功能的理论框架：再现性(representational，再现这个世界)、互动性(interactive，允许文本的作者和读者之间的沟通，以及文本中虚构人物与读者之间的沟通)、组织性(organizational，使文本各要素连贯一致，由此组合起来以进一步实现它们承载的含义)。

其中前两个功能与我们在此前几章中探讨的再现元素和娱乐元素有着明显的联系。因此，关于再现性，我们可以以《最终幻想7》的叙事为观察对象（并且在本章中，我们将具体观察作为叙事元素之一的游戏核心角色）。关于"互动"，我们可以观察游戏系统，以及它如何使玩家被吸引并参与游戏当中。我们预期这两个系统在游戏文本中以迥异的方式运行；同时还将考察社会符号学理论能否帮助我们将二者的关系理论化。

随着社会符号学进一步发展，产生了多模态理论(multimodality theory，参见 Kress and van Leeuwen 2001)，它关注的是文本如何将不同的符号模态——如讲话、书写、声音和图像——组合在一起，以及这些模态彼此之间如何发生联系。游戏显然是多模态的文本，因此我们应该思考，动画、视觉设计、音乐、文字文本和声效等多种沟通模态的联合如何实现了前述的三个相鼎立的主要功能。

在再现功能的层面上，社会符号学理论引导我们集中关注语言学当中称为及物性(transitivity)的体系：行动者(actor)为达成一定目标(goal)如何开展行动(actions)，或简言之，谁对谁做了什么。这是叙事学理论家杰拉德·热内特(1980)构建其理论体系的基础观念，他提出叙事是动词语法范畴的延伸，与行动有关。在本书的第三章中，我们已经关注过热内特叙事理论的一些内容。在此，我们关注其理论的另一方面：作为叙事的核心，行动如何运作，以及它如何建构起语言中被称为"及物性"的符号体系。

前述 Rachel 的表述说明：在游戏的及物性体系当中"行动者"这一元素是分裂的。有时她依照惯例用第三人称表述克劳德（"他要逃出来"），但有时对行动者的陈述又转而指代玩家（"你必须行动起来……"）。这些人称代词可以看做命名核心角色的重要能指（signifier）。一方面，克劳德是"他"，正如奥利弗·特维斯特（Oliver Twist）或罗宾汉（Robin Hood）在各自的叙事中经常被指称的方式一样。另一方面，他是"你"，但作为文本核心人物的他却永远无法得知自己获得了这样一种命名。[1] Rachel 的讲述表现出"他"和"你"之间的摆动，也正因此传统意义上的游戏主角和玩家在语法上得以结合。

下面要追问的是：如果克劳德是两种意义上的行动者（传统意义上的角色和化身），他开展了什么行动，这些行动在两种状态下是否有所不同？对于后者的回答是肯定的，但是让我们稍后再回到对化身再现功能的讨论。

接下来的问题将延续热内特的理论。在将动词视为叙事的基本构件之后，他对语言的语气体系作了进一步观察。通常认为这些体系可被归为三类：直陈式（indicative，做出陈述）、询问式（interrogative，提出问题）和祈使式（imperative，给出命令）。本质上说，如果常规叙事只是直陈式的，那么游戏叙事的不同在于它还提出问题并给出命令。我们将其视为文本互动功能的一部分，即游戏如何在它和玩家之间建立起一种关系。

---

[1] 除了在利文斯通（Livingstone）和杰克逊（Jackson）的冒险类游戏书《战斗幻想》（*Fighting Fantasy*）中，这类书籍在多个方面是角色扮演类游戏，尤其是基于文字的网络游戏或泥巴游戏的先驱。

正如我们在第三章已经注意到的，热内特认为叙事的自然语气是直陈式。但 Rechel 对克劳德的表述，在指涉化身时的语法处理方面清楚地表明，虽然在叙事的某些部分，是以熟悉的直陈语气表述男主角的行动（"他逃离城市，因为他遭到了追踪"），但在其他时候，玩家会成为主角，这里游戏表现出祈使的语气（"你必须阻止他[萨菲罗斯]，因为他在试图饲养怪物"）。从其互动功能来看，游戏不仅提供了叙事性陈述，而且告知玩家需做某事——事实上是将玩家自身拉入到及物体系当中。社会符号学理论将其视为文本互动功能的一个方面，因为它在文本和受众之间建立起一种联系，在此情况下这种联系乃是一种需求（demand）关系，即文本告知玩家需要去做某件事情。和常规文本的不同在于，玩家将会采取行动，而这事实上也对游戏发出了进一步的命令，要求它作出相应反应。另一不同之处在于通过承受这样的挑战，游戏的互动功能和再现功能融合在一起了。这种融合指向"互动性"的社会符号学定义——在我们看来，从这一角度做出的定义比通常情况下对这个词的定义更为准确。

角色扮演类游戏的确提供了热内特经典模型意义上的叙事表述。对此，我们可以提出一些熟悉的问题：主角是如何构建出来的？她/他从其他哪些文本或作品中衍生而来？她/他表现出哪种叙事功能？她/他代表哪种观点？而另一方面，和所有游戏一样，RPG 游戏向你提问并指示你行动。如果叙事要求自愿搁置怀疑，游戏则要求自愿遵循以规则为基础的系统。所以我们应该回到及物性的问题，探究玩家如何投入到角色的行动当中；并且回到语气的问题，探究文本和玩家之间的关系如何产生和建构。接下来的两节将对游戏主角和化身各自的功能分别加以讨论。

克劳德——大英雄

　　Rachel 使用"角色"一词，指出克劳德作为游戏再现系统的一部分，承担了故事主角的功能。如果在热内特的意义上将叙事理解为动词主导语言（verb-writ-large），克劳德就是那个"动词"的执行者。其叙事功能（作为一名英雄雇佣兵，反抗冷酷的神罗 [Shinra] 公司和萨菲罗斯）是流行叙事中典型的英雄角色，而且就诸多层面而言，是弗拉基米尔·普洛普（Vladimir Propp 1970）所分析的民间故事中的模式化角色类型。克劳德作为游戏主角的一个重要特点是由日系 RPG 游戏的一般结构决定的：尤其在《最终幻想》系列中，游戏的主角是固定的，而不像《博德之门》中那样，玩家可以在视觉效果、能力和定位等诸多选项当中组合搭配，来创建角色。在这方面，克劳德更像一个传统的媒介角色，而且如下一章我们要讨论的那样，他能够以这种形式进入粉丝文化（fan cultures）当中。

　　如与民间故事的类比所揭示的，克劳德这样的角色不会凭空产生来满足 20 世纪商业化大众娱乐的需要，而是在相当大的程度上利用了民间文化、口头叙事和罗曼司等传统形式。至少从中世纪开始就已经产生了许多上述形式的幻想作品，它们通过精心构建的寓言故事，为日常生活中的过渡仪式（rites of passage）和苦难提供了情感慰藉、道德论争及心灵拷问。伊泽惠里（Eri Izawa 2000）讨论了日本动漫和《最终幻想 3》的角色如何利用了日本民间传说的史诗主题，以历史上军阀事迹为基础的英雄传奇，以及受神道教和佛教启发的超自然故事。虽然克劳德这一角色的历史原型对于玩家，至少对于大多数非日本玩家而言是陌生的，但在粉丝写作（fan writing）当中能够明显看到对故事和其角色传奇品质的认知，正如下面一段由粉丝创作的克劳德背景故事中所体现的：

当时萨菲罗斯拥有任何人未曾见过的无与伦比的力量。在尼贝海姆[1]的人们看来，他是活的传奇。所有的孩子都曾梦想和伟大的萨菲罗斯一样强大，但克劳德是唯一一个梦想加入"特种兵"（SOLDIER）的人。（Innocente 2002）

珍妮特·穆瑞（2002）借用20世纪初期学者们对口头文学传统结构的揭示，以更为广阔的视野，在电脑游戏角色和荷马史诗中的英雄之间建立起一种颇具启发性的联系。她指出，就其架构而言，游戏角色的建构模式同荷马史诗中阿喀琉斯（Achilles）的建构模式非常相近——这是一种将传统美学客体的基础完全移植到游戏当中而做出的比较。

我们可以在外貌、道具和行为方面对口头叙事和游戏当中的主角作一定预测。文本的活力来自诗人如何运用即兴发挥的天赋将各种程式连缀并改编；而在游戏当中，是来自玩家如何将设定的指令连缀成游戏段落以达成期待的目标。在Rachel的表述中可以看到这样的即兴工作，比如她如何探索《最终幻想》的游戏世界，如何照顾生病的克劳德，以及如何同他一起战斗。在游戏和口头叙事当中，文本都是由诗人/玩家即兴编织。事实上，最好用文本事件（text event）这一术语来说明在特定的时刻或版本中再现、叙事和情绪反应之间的具体联系。正如沃尔特·翁（Walter Ong 2002）提醒我们的，文本（text）一词源自拉丁词汇texere（编织）；他同样提出，狂想曲（rhapsody）可能是对口头表演的一种描述，源自希腊语rhapsodein（缝合）。

将游戏与口头叙事相类比的另一个有用的观点是，它们都将另外一个角色置于文本和读者之间，那就是表演者。现场表演口头叙事的诗人并非作者；文本早已存在于传统当中。一方面，作为表演者的诗

---

[1] Nibelheim，北欧神话中的"亡者之国""雾之国"。——译注

人是真正的读者,将隐含读者(见本书第三章)现实化;另一方面,他/她是文本和受众之间的中介,能够以一定方式对文本加以改编或再创作。在游戏当中,玩家既是表演者,也是受众:他们有能力在文本固定元素的基础上进行一定程度的即兴创作,但另一方面也充当了受众的功能,接受文本并加以形象阐释。

翁(2002)关于"口头叙事的心理动机"的分析提出了几个要点,可以视为电脑游戏的特征,并且有一些还可以更为广泛地应用于现代流行叙事。这包括:第一,大英雄(heavy heroes),口头叙事需要高于生活、模式化的英雄,能够程式化地建构,易于被受众识别和记住,并展现出一两个关键特征;第二,口头叙事总是涉及斗争(agonistically toned),它围绕着外化为肢体或语言争斗的某种冲突;第三,它是聚合的(aggregative)而非解析的(analytical)——叙事片段被不断添枝加叶并层层累积,而非层次分明地组织在一起。第四点与第三点相关,口头叙事相当繁冗,就修辞而言是重复的,它以不同方式多次重复同样的事情,以保证观众能够获得该信息,并为表演者赢得组织叙事的时间。最后,口头叙事是富于感染力和参与性的,表演者和观众都沉浸于叙事之中。在翁提供的一个非洲叙事的案例中,叙述者最终由第三人称改为第一人称,借助讲述中语法上的改变,他将自己认同于男主角 Mwinde。

若按穆瑞(2000)的建议将克劳德与荷马《伊利亚特》中的希腊英雄阿喀琉斯相比较,我们会发现二者之间存在着明显的相似之处,两个角色显然都适用于翁的分类方式。克劳德是模式化的,他像阿喀琉斯一样,总是以同样的方式战斗,总是穿着同样的衣服,并同样部分地受控于神(玩家)。阿波罗给予阿喀琉斯力量,雅典娜用美酒和蜂蜜来滋养他,赫菲斯托斯(Hephaistos)还赐予他优质的铠甲。而克劳德则是由神一般的玩家(和游戏系统)给予生命值并用武器、防具和魔法来装备的。他是"大英雄":极其迷人、善于使剑并有着谜一样的身世，如阿喀琉斯一样，他是普通人和超自然能力的结合。他的行动总是涉及斗争，问题总是以肢体冲突或克服实体障碍的方式来解决。他在充满重复冗余的世界中移动，操控他的玩家需要一次次重访同样的地点直至获得下一步的指示，或者与同样的怪物重复战斗直至玩家了解它们的弱点。

然而，和阿喀琉斯一样，克劳德从任何角度来看都不是头脑简单四肢发达的战士。作为强壮的勇士，阿喀琉斯拥有一个美丽的爱人（他的爱人帕特洛克罗斯 [Patroklos] 在《特洛伊》中陪伴着他），恰是古希腊文化中力和美两方面的结合，这在现代文化中仍旧可找到无数衍生版本。克劳德兼具两性特征的美貌经常被玩家提及，并在某些形式的粉丝艺术中发展成为同性恋想象，正如我们在第七章中将会提及的。关于《最终幻想7》的一个极具见解的分析指出，克劳德确是极具角色扮演意味的动作英雄——他实际上是一个焦虑缠身的青少年，幻想自己是拯救世界的勇士（Moby 2002）。笔锋一转，这位网络杂志《RPG梦想家》（*RPG Dreamer*）的编者进一步指出，克劳德的行为是一个对玩家的隐喻，正是通过这位主角所塑造的角色扮演机制，玩家被带入到游戏的幻想性角色扮演当中。

当然，在某些重要方面，电脑游戏与口头叙事的传统相去甚远。这种商品化的电子媒介文化，跨越不同文化背景，在全球受众群体之中频繁穿梭，依赖于诸多特定技术和文学实践。我们并不认为当代电脑游戏是口头叙事传统的某种简单延续，而是说前者包括后者的部分特征，比如叙述模式和角色类型，以及富于表现力的即兴修辞。在这些方面，电脑游戏是被翁称为高科技社会"次级口述"（secondary orality）的案例之一，它是口述文化这种思维模式的进化，基础是文学和以技术为媒介的文化。

因此，我们还可以将克劳德放在漫画英雄的传统当中来加以讨论，对于这款游戏而言主要是日本漫画的传统，但这一传统又归属于更为宽泛的全球流行传媒，根源在于20世纪早期的美国漫画。在这一传统当中，我们会发现一些超越都市平庸生活和道德沦丧之外的具有双重身份的超级英雄，穿着与克拉克·肯特（Clark Kent，超人的真实姓名）和布鲁斯·韦恩（Bruce Wayne，蝙蝠侠的真实姓名）的西装截然不同的服装，拥有文艺复兴式肌肉的身材。他们为现实生活中身形瘦弱如蜘蛛侠彼得·帕克（Peter Parker）的那些人们提供了理想的灵感之源。战后日本漫画中的超级英雄，及其在日本动画、真人电视和电影中的衍生影像直接受到美国传统的影响。他们同样有着夸张的英雄力量和身体结构，以及双重身份，但增加了日式元素，如武术技能、武器、由怪物和核能工厂构成的敌人，以及超级英雄团队（Allison 2000）。《最终幻想》的设计者沿袭了这一传统；事实上《最终幻想7》的一位新设计者野村哲也（Testuyo Nomura）正是来自主流日本漫画界。

漫画与电影当中的视觉符号和口头叙事传统之间的一个重要区别是英雄人物在某种程度上更受制于视觉形象。尽管如此，他们仍努力表现出多样性和适应性。比如蝙蝠侠和超人历经多年变化之后仍保持着关键的标志性特征，但几十年来也不断在适应审美取向、社会关注和观众需求的变化。游戏当中的符号混杂产生了更为集中的多样性。克劳德的外形在《最终幻想7》当中在艺术和技术层面都有诸多变化——比如过场动画、游戏片段和包装等方面。此外，他的设计渗入粉丝文化当中，导致粉丝文化又反过来促成游戏的改进和发展，催生了更多变化，这将在第七章中加以讨论。

如上所述，游戏采用了传统口头叙事和现代流行的超级英雄叙事中的诸多元素。但《最终幻想》不仅是一个故事，更是一款游戏。虽然克劳德可以在游戏再现系统的层面作为超级英雄主角来加以认识，但是在游戏系统当中，像任何RPG游戏的主角一样，他都是符号和技术机制的体现，玩家经由这些机制来在文本的起承转合之中展开行动。那么，这些叙事性的元素又是如何与技术层面的游戏系统相融合的呢？

克劳德——数码傀儡？

游戏再现系统中极具特异性的主角、大英雄克劳德，其实质是由游戏引擎的实体模块来驱动，以游戏系统内的编码作为骨架。在这一方面，像所有 RPG 游戏都试图使其主角保持一定不确定性一样，他是史蒂文·普尔所说的"一张相对空白的画布"（Poole 2002），玩家可以在其上构筑自己想象当中的结构。他只是一个木偶，提线之人是我们。当按下 Playstation 的手柄按钮或电脑键盘时，我们就参与和控制了这个程序。

因此，克劳德只是一个符号资源包，方便玩家进入游戏系统，通过他来穿越相互连接的结点、景观和事件。他是一组经济数值（economies）：生命值、命中率、经验值、武器和可量化的魔法，这些属于《最终幻想》系列中所谓的物品系统（materia system）。他是动觉语法（kinaesthetic grammar），由有限的动作——谈话、走、跑、跳、拾取、战斗——构成。我们通过按 Playstation 手柄上的方向键（对于 PC 版游戏而言是电脑键盘上的按键）来控制他，以便更为直接地参与他的行动（这点与《博德之门》等用鼠标控制游戏不同）。克劳德是一个数码傀儡，任由我们操控——虽然是在游戏引擎所预设的限定之下。

因此，克劳德既是大英雄也是数码傀儡。虽然这里我们为论证所需而将这两点置于相互对立的两极之上，但它们之间其实是相互依存和相互渗透的，正如再现系统和游戏系统也相互影响一样。例如，大英雄是一种按照规则和程式建构出来的理想主角，其行为是可预测的，而其性格是程式化的。然而，将克劳德这样的文本建构视为一种固定的对象却可能导致我们忽视玩家—化身这一重联系，甚至是忽略普遍意义上的文本的含义。游戏并非一系列进程所组成的客体。显然，它开始于文本的设计和生产：这本身即是不同沟通模态的复杂组合，它利用了图像、声音等多种元素,以及那些取自近期或久远文化历史当中的叙事模式,并依托于不断强化的《最终幻想》系列游戏引擎。但它也是文本与读者(在这一情况下,是玩家)的遇合。将玩电脑游戏和口头叙事表演放在一起比较的其中一个原因是我们可以由此将文本视为一个事件,而非一个固定的客体。此外,玩游戏的过程是不断叠加的——有很多文本事件,各不相同,与作为文本资源或"潜在文本"的电脑游戏之间存在着动态的关系。玩家即是一种动态的文本元素,他的手指与技术和化身赖以存在的字符串一样,都是游戏系统的一部分。而且,正如我们将在第七章当中讨论的,玩家同时也是一种文化资源,是阐释者,也是粉丝艺术和粉丝写作当中对游戏资源进行改编的人。

化身的操控

作为大英雄的克劳德和作为数码傀儡的克劳德提供了不同形式的符号资源使玩家体验游戏。大英雄克劳德在很多方面源自传统叙事,并通过非互动模式(视觉设计、音乐、动画)构建出来,主要供玩家"阅读"(通常通过再现系统)。而以互动文本形式构建的数码傀儡克劳德则主要供玩家操控(通常通过游戏系统)。

玩家既是化身,又不是化身,这是游戏体验的核心;在 Rachel 所讲述的游戏体验当中,人称代词的变化直接表现出这种模糊关系。而这种模糊性又可以推衍到玩游戏这一行为当中所包含的符号和社会意义。文化研究常强调能动性(agency)这一概念,这是读者主动阅读时所具备的积极素质,因此我们可以认为对化身行动的操控程度可以等同于更为广泛意义上的掌握文化权力的程度。然而,正如佩里·安德森(Perry Anderson 1980)所说,能动性包含两个相反的含义:其一,我们是自主有力的社会行为者；其二，我们仅仅是他者的再现（例如FBI的探员 [agent]）。两种含义均能在玩家与化身之间的关系当中解读出来。一方面，我们可以选择为玩家可以参与文本的程度达到前所未有的地步而欢呼，比如布伦达·劳雷尔（Brenda Laurel 1991）就极其乐观地认为在数字游戏当中，观众走上了舞台成为演员。但另一方意见认为，玩家只能接受并操控由国际公司设定的游戏文本决定提供给他们的角色，其中充斥着男权叙事以及萨顿–史密斯（Sutton-Smith 1997）所称的好勇斗狠的男性中心主义修辞学。因此，《最终幻想7》当中的玩家能动性的问题因此变得相当暧昧并富有争议。（第十章当中我们将在更多细节上回到能动性问题。）

如上所述，翁（2002）通过叙述者讲述Mwinde故事时人称代词的变化证明了口头叙事的参与本质，揭示出从客观讲述故事到认同主角的移情表演的转变。与此类似的是，Rachel对克劳德的描述也有类似人称代词变换的特点。当强调再现系统时，克劳德是"他"；当强调游戏系统时，克劳德是"你"。前者的特征表现为给予性（offer）结构（直陈语气），后者的特征表现为需求性（demand）结构（祈使语气）。

玩家对给予性/需求性结构的双重参与相互影响，产生动态感和对虚拟角色的认同。但是，随着游戏在不同时刻在给予性结构或需求性结构上的转变，玩家的参与方式也将发生变化。战斗场面可能是最为偏重需求性结构的情况，此时游戏系统似乎成为游戏的全部，生命、攻击和魔法的数值变得至关重要，游戏的时间弹性也变为即时对抗。

Rachel对战斗的描述提供了一些关于玩家能动性如何建构的线索：

> Rachel：在战斗当中你必须学习做出点儿选择，必须学习如何设法击败怪物，必须学习怎么用道具——从每一场战斗当中获得经验值，你就能成功地打造自己的角色，会觉得那非常棒——所以，嗯，在你塑造角色一段时间之后，你会知道如何更加有效

地使用每一样东西——镜头角度也非常酷。

安德鲁·伯恩：在战斗场面中？

Rachel：没错。

安德鲁·伯恩：镜头角度有什么不一样？

Rachel：因为镜头在变焦——正对着你的角色，用不同的角度——有时是仰视怪兽，有时是侧视或俯视，实在非常精彩。

安德鲁·伯恩：你对此感觉如何？

Rachel：刺激！因为这像是，对了——游戏所做的是，在它真的扭转到战斗场面中时，有一个小片段，音乐和节奏都发生了变化，真的会让你觉得非常兴奋。

在玩家和游戏之间的关系中，能动性清楚地表现出来，反映出 Rachel 对游戏需求性结构的投入。在其表述的第一部分，行为者，即她所述句子的主语，是玩家（"你"），你开展的行动是祈使命令的体现，如重复了三次的"必须学习"。这些都清楚地反映出她对游戏系统的投入。但在其表述的第二部分，主语变成了文本（"它"），说明的是文本的行动：它"变焦"，"用不同的角度"，"有一个小片段"，"扭转到"。玩家成为这些行动的目标："（它）让你觉得非常兴奋"。这似乎更关乎给予——此处文本的行动有如传统的电影，其目的是吸引观众并激起他们某种特定的情绪反应。

多模态的给予与需求

虽然 Rachel 的案例准确地表现出游戏文本的双向互动功能——你对它做些什么，它也反过来对你做些什么——但需求/给予结构并不能如此简单地被区分。它们是怎样一同运作的？它们又是如何多模态地被实现的呢？

文本产生的需求由文本当中的不同模态通过相互组合以不同方式实现。例如，Rachel 特别提到战斗场面当中的音乐，她准确地描述了音乐节奏的变化（速度加快），节奏变成 4/4 拍，并混以包括战鼓声在内的 midi 声效（《最终幻想》的音乐全部由植松伸夫制作，乃游戏音乐设计中的典范）。对于玩家而言，游戏当中的音乐就像是一种命令、一种战争号召。同时，导入战斗场面的旋转图像与音乐结合在一起，产生一种眩晕混乱感，让人感知到危险临近。当进入战斗画面（图 7），玩家会看到游戏角色列队对抗敌人，图表式的战斗数据显示在屏幕下方，进攻角色的能量槽像温度计一样，最初是满的。这种特定图像作为一种视觉上的需求表达，有效地对玩家发出指令，让玩家等待并做

图 7 《最终幻想 7》当中的战斗场面。（感谢史克威尔艾尼克斯［英国］授权使用）

好准备。当能量槽再次补满，黄色箭头就出现在相应角色头顶，表示他／她现在可以进攻——相当于发出"现在进攻！"的视觉命令。

在文本的再现系统中，进攻的方式非常像是一种从句的构成，其形式遵循严格顺序。当黄色箭头出现时，就点击"OK"选择角色——行动者。接下来选择攻击的方法，这一个细化的过程，决定角色将具体做些什么——比如，是挥剑、发出闪电，还是投掷手榴弹。最终，一只白色的手一样的图标出现，玩家可以移动它来选择要攻击的敌人——目标。这一特定顺序是由限定元素构成的传递结构，构成很多此类游戏典范式的"受限语言"（restricted language，参见 Halliday 1989）。[1]

就玩家—化身关系而言，此时玩家具有双重功能。一方面，玩家与化身融合在一起，二者皆为行为者，都进行了攻击。但另一方面，玩家又像是一个操纵木偶的人，拉着化身的线，甚至是某种类型的作者，作为建立在规则基础之上的因果结构的一部分，以一种受限语言进行书写。正如我们在本章讨论过的，这些文本元素的可用性（availability）对于玩家而言，意味着它们既是再现系统的一部分，也是游戏系统的一部分：两种功能结合在一起，而玩家则据以写出句子，成为叙事的一部分。然而，应该注意到这种叙事片段是受到限制的：战斗场面在结构上是与游戏当中更大的叙事相分离的，并且不对其产生影响。

镜头元素同样有助于文本互动，以特定方式将玩家置于行动和角色之间（Burn and Parker 2001）。鉴于在游戏的其他部分，镜头通常置于角色上方固定的位置，这里我们却被置于较低处，好像和角色并肩作战。俯冲的镜头有时甚至将我们置于比角色更低的位置。这种感觉

---

[1] 韩礼德以合约桥牌为例提出"受限语言"的概念（Halliday 1989）。我们将在第八章再次提到这一观点。

就好像我们身处角色们所在的战斗之中，帮助他们恢复生命值或重装武器。与文本当中那些需要一定行动的功能不同，虽然这同样是在给定条件下展开的，但却融合了我们的反应，改变了我们行动时的感觉。从效果上说，它去除了需求性结构所产生的木偶操控者的感觉。如果我们被赋予了操控能力，同时视角又高于角色所处的位置，从远处拉线操控木偶的感觉会相当强烈。在需求性结构处于最紧张的时刻，将镜头摇低和拉近能够使玩家不失时机地与角色接近。

在战斗场面以外，当我们跟随克劳德穿越米德加德[1]的黑暗城市空间和色调柔和的乡村内陆时，给予而非需求性质的结构被多模态地强化了。正如伊泽（2000）在《最终幻想3》当中发现的，这些段落的音乐节奏上没那么紧张，在流畅的旋律之下采用较为随意的节奏，或常规二拍的节奏，往往用以表现令人愉快的角色或地点，或唤起莫名的忧伤。无论何种情况，音乐总是暗示你处于某一给定（offered）事件和情绪之中，如果有需求的迹象的话，它更多是诱导而非紧急命令。虽然属于游戏再现系统的一部分，但这种音乐的诱导是与游戏系统并行的，促使你发出行动。

与之相似，你是在一个固定的镜头环境下穿越游戏世界进行探索的。在这里你被以等距视角置于行动之上，化身和其他角色看上去是矮胖的多边形形象。如此设计让这些角色与玩家之间产生一种距离感；或者说，可能在游戏的这些部分，各种角色更像是木偶或娃娃，由此发展出一种类似饲养电子宠物的关系，让玩家像对待、培养宠物一样地对待化身。对比而言，高角度的固定镜头在空间和视觉两方面强化了给予性结构。它使玩家与游戏稍作分离，并提供一种稳定性。

然而，对游戏世界的探索感得自一种更弱的需求形式——诱导而非命令——这同时取决于符号设计以及玩家的感知。按照第三章介绍

---

[1] Midgard，北欧神话中人类的国度，即尘世。——译注

的区分角度，《最终幻想 7》似乎提供了迷阵和根茎两种空间导航的模式。我们的访问对象之一 Ben 指出："《最终幻想》的问题之一是……它其实是线性结构，但他们使它看上去并非如此。"实际上，他说，"你只有一个地方可以去"，所以游戏世界所表现出的所有经验都与叙事有因果关系乃是一种幻象。这回应了关于《最终幻想 7》的评论中的类似观点："作为典型的日系 RPG 游戏，游戏是极度线性的。你可能毫无感觉，但你的确处于被引导的状态。"（van Cleef 1997）相反，Rachel 的游戏体验则更强调根茎状模式："它太棒了，因为你可以探索任何地方，而且你永远也不会感觉到无聊，因为，基本上，只要你四处翻看，就可以找到很多东西。"

游戏的形态在这一方面——以及它允许玩家发挥能动性的程度——似乎相当模糊。就其效果而言，探索游戏的要求可以被视为一种需求的形式——"去吧！"然而，如上所述，这是一种弱化的需求，更像是诱导或者请求，玩家会将之作为对自身能动性的一种强调而非剥夺。这就是为什么虽然 Ben 似乎将游戏视为一种紧迫的命令（谜题需要被解决），但是 Rachel 却将之阐释为一种语气较弱的需求——一个有待探索的根茎状世界，而只有在游戏进程或战斗的关键时刻才呈现为强烈的需求。

最直接响应游戏需求性结构的时刻——战斗场面，或障碍迷宫节点——是玩家最可能以第二人称报告其游戏体验的时刻。这是游戏系统所驱动的诸多层面的集合，此处化身是最为空洞的，最像是玩游戏这一动态行为的承载物。他们的特征非常简单，被简化为一把剑或变化的生命值和经验点数。

这种形式的参与和翁（2002）所说的口头传统当中的斗争模式极为相似，但却与游戏再现系统所提供的给予性结构相对立，后者在玩家的表述中表现为第三人称的讲述。正是通过再现系统，游戏角色得以被填充——游戏的过场动画与对话为我们补充了克劳德的部分个人历史、他阴暗的过去、他作为雇佣兵的不确定性、他朦胧的爱情故事，以及他与萨菲罗斯的矛盾关系。

因此，对于游戏的体验貌似是在关涉主角——化身的两种不同方式之间摇摆。我们时而操控克劳德，时而观看因他而展开的故事。但正如 Ben 和 Rachel 的评论所暗示的，不同玩家可能会对这些不同立场作出不同评价，甚至会立场鲜明地倒向一边。显然，这不仅关系到玩家如何参与到游戏当中，或如何理解游戏的图像和叙事，还关系到玩家如何发挥想象力去认可和改造游戏。为进一步探讨这些问题，我们需要将注意力更为直接地转向玩家本身。

第七章　文本再创作：网络上的粉丝文化

安德鲁·伯恩

和很多角色扮演游戏一样，《最终幻想7》在全球范围内拥有大量忠实的玩家和粉丝。上一章中，我们从游戏当中玩家与角色互动的角度来审视游戏体验，并探讨如何分析这一互动过程。但玩家和游戏的"盟约"并不随游戏结束、电脑或游戏机的关闭而终止。玩家仍在继续思考、想象乃至幻想与游戏有关的事件、景致和角色。那些极其忠诚的粉丝走得更远，他们参与网上粉丝社区，活跃于论坛、艺术画廊、写作小组及其他形式的游戏延伸活动并为其添砖加瓦。

粉丝们围绕《最终幻想7》这一款游戏所展开的形式多样的创作活动怎样高估都不为过。书面形式的作品有各种形状和尺寸，有些论坛的讨论则从知识的角度出发专业地关注游戏当中一些非常细致的层面，如植松伸夫的音乐、野村哲也的美工等。粉丝们的名字往往由游戏当中角色的名字延伸而来，他们还为其设计出视觉化形象，并根据游戏中的角色形象和故事制作微型动画电影。

从许多方面看，这都是粉丝群体中典型的表达性、社会性行为，在很多大众媒介当中都有迹可循，我们可以从这一角度出发对其展开分析和研究。最近使用这一模型进行研究的最知名著作或许应该算是亨利·詹金斯（Henry Jenkins）的《文本偷猎者》（*Textual Poachers*,

1992）。在这本书中，他展现了权威媒介文本如《星际迷航》的粉丝，是如何将乐趣延伸至文本之外。粉丝们改编或重写文本的方式各异，既有写作，也有歌曲和插画等。此类粉丝活动（或粉丝创作）只是从某些角度倒叙展开原作，试图尽可能与其保持一致，复制某个角色的精致外观或复写其特定行为的巧妙细节。但在另外一些情况下，粉丝创作可以戏剧性地改写原作，以表达粉丝或粉丝群体的特殊趣味。耽美（slash fiction）作品（由性别与性别之间的斜线[slash]而得名，如男/男）或许可算是最具戏剧性的改写方式。此类作品的创作者一般是女性，她们关注的焦点在于原作并未明确表现而由粉丝想象、插入的人物之间的同性恋关系。一个经典的例子是一篇讲述电视剧集《星际迷航》第1部中斯波克（Spock）和柯克（Krik）之间同性关系的故事。詹金斯认为，对这种同性恋关系的想象源自"企业号"飞船上坚固的男性友谊和男性占多数的环境，尽管这类媒介文本的价值观绝不会按照这样的主题去明确发挥。

　　上一章运用的多模态理论提出了一系列问题来探讨粉丝创作和游戏之间的关系，尤其是《最终幻想》当中的此类关系。首先，游戏的特性使粉丝和游戏之间的关系较之粉丝和其他媒介文本之间的关系有何不同？围绕电视剧集（如《星际迷航》）的粉丝创作很大程度上表现为写作和图画的形式。尽管原始文本是电视剧集，但对大多数粉丝而言文字和图像都是仅有的可加以利用的符号学模态。我们需要思考的是，从活动画面到书面文字和静止图画发生了怎样的转变，哪些是被允许表达的，而哪些被遮蔽了，等等。游戏作为一种多模态文本，综合了视觉设计、动画、音乐、对话和文字等多种形式。但是，这种模态的复合性对于粉丝来说是不可实现的，因此我们所期望发现的应该是他们通过一系列的改写或挪用将作品转化成可利用的模态——大部分呈现为写作和绘画。据此，我们需要再次追问这种符号转换是如何发生的，它又是如何代表粉丝们的群体趣味的。

然而，游戏并非仅仅由再现系统构成，也由包含规则、量化障碍和经济体系的游戏系统构成。正如上一章我们讨论过的，在游戏的需求性结构（搅动因果链条、推动你跨越失事列车或迷宫实验室的解题关卡，使你陷入紧张的情绪之中，让你迷路和让你在面临众多敌人的时候产生焦虑感）和给予性结构（安排前后语境、风景、背景故事、动机和心理，将读者—受众拉入文本的移情网络和想象性延展空间之中，和传统叙事中的运作方式一样）之间存在一种辩证关系。正是二者的结合提供了 Rachel 所描述的那些快感，而在以游戏为核心的粉丝创作当中，二者将以相当不同的方式结合在一起。

所以本章想要讨论的问题是：游戏的粉丝们是如何使用游戏系统的？他们是忽略它，仅仅将注意力集中于故事与人物，还是会寻找某种方式再造游戏系统来表达他们对游戏的喜爱呢？又或者他们会设法将二者结合在一起，正如他们再玩游戏时做的那样？同时，我们将会考察是什么推动粉丝们从事这样的活动——他们的社会兴趣何在？以及他们从中得到了什么？

接下来我们将考察三种类型的文本：一篇由某位粉丝撰写的《最终幻想7》"游戏攻略"；两篇关于克劳德的创意性写作；以及由一位业余作者创作的以萨菲罗斯和克劳德为主角的日本漫画。

游戏攻略作者

这篇攻略的作者是 Kao Megura（2000），他因其详尽专业的游戏知识而极受推崇，被广泛誉为独立的网络权威。一般攻略并不关注游戏的再现层面，所以该文本省略了关于克劳德和萨菲罗斯的背景故事、克劳德的爱情生活、他的有英雄气概的外型，以及烘托克劳德和其他游戏角色的主题音乐等。攻略的兴趣点完全集中于游戏系统的程序性需求。与之相应，它本身也几乎被建构为一个指令性的动作，文章是以第二人称讲述的，祈使语气占据着主要地位：

> 离开火车后，检查最近的守卫尸体两次，你可以获得两个血瓶。然后向北走，你会被一些守卫袭击。用剑杀死他们，你可以赢得一个血瓶。然后左拐出去。现在，和你的队员（Biggs、Wedge和Jessie）交谈，说出你和巴瑞特（Barret）的名字。径直往西北方向那扇门走，然后带头进入隔壁房间，直抵电厂的中心。(Megura 2000)

此处并没有出现第六章Rachel的描述中那种在第二人称和第三人称之间的摇摆。一以贯之的第二人称使用彰显出描述的重心乃是游戏系统，在此系统中玩家和化身紧密相连。Megura攻略当中的"你"既是玩家又是克劳德。

对这位游戏粉丝而言，游戏快感似乎与他在面对障碍迷宫时表现出来的详尽的专业知识有关，这是一种探索游戏系统本身的快感。在此表达中，任何偶然性事物都被忽略，或者说被一笔带过。玩家将其偏好发展到这种程度的社会动机显然与下述事实紧密关联：他在玩家当中赢得的地位成为他辛勤工作的回报。但他对此的态度显得相当矛盾。一方面，他人对这种地位的认可显然让他很得意："我想起有些人将这些FAQ（Frequently asked questions，意为常见问题解答）翻译成了西班牙语、葡萄牙语和其他语言。如果他们可以将翻译的链接发给我，我会把它们加在这里。"另一方面，在网上和有些人沟通会激怒他，因为这些人对跟游戏有关的最简单的问题都无法理解："我不会回答与这款游戏的具体玩法相关的任何问题。这不是因为我是个混蛋（哈哈，我知道），而是因为我收到的那些问题白痴得难以置信。"

尽管这篇攻略看似是技术性的、不带任何感情色彩的文本，它背后的动机却充满激情。Megura 的在线留言讲述了他写作游戏攻略的简史：最开始写作攻略是为了提供一种准专业的参考，却因厌倦感和幻灭感而终结。促使这种转变发生的部分原因可能是一些杂志未经他的许可而擅自采用和盗印了他的成果：

> 难以表达我对那些人的厌恶，他们仅仅为了增加杂志的销量就擅自盗用了我的解答。我写这个只是因为我想帮助别人。因此二月份我不打算继续写了，以免它被那些本应有责任感的成年人毫无廉耻地利用。

看上去他的幻灭感似乎部分产生于从爱好向专业知识转变的过程中，在这期间知识产权愈发成为一个问题（粉丝作家多数都非常关注知识产权和版权问题，但这通常是因为他们自己在改写原始剧本时经常处于触犯著作权的边缘）。但这种幻灭同时也源于那种为粉丝社区服务的理想主义愿望。

Megura 最终停止了他的解答服务。成为专家会带来一个意想不到的副作用，就是一些菜鸟级玩家总是提出一些让人生厌的幼稚问题。而同时，他实际上也已经被游戏本身搞得筋疲力尽，显然患上了某种粉丝审美疲劳症。

> 我并不想显得很粗鲁，但有时候真的很烦。我知道解答里有一些我一直没有抽出时间去更正的错误——翡翠武器对你的装备同样具有杀伤力，对微型战士无效，你无法获得会飞翔的陆行鸟，不在第二张和第三张光碟当中的角色如果没有Gameshark[1]代码就

---

[1] 金手指的一种，作弊工具。——译注

无法使用，巴哈姆特零式[1]可以在宇宙峡谷（Cosmo Canyon）中得到……这些都写在解答当中但是却没有人注意……而我做这件事已经超过一年了！哎呀，我对《最终幻想7》已经感到厌倦了！

这段文本有自相矛盾之处，作者的厌倦当中吊诡地包含着他对细节的迷恋——那些使他成为游戏攻略专家的细节；那激情洋溢的五个分句列举出在游戏的不同节点什么可以做而什么不可以做。这使他感到厌倦这一说法显得像是一个谎言。

这种社会角色与第八章所讨论的男孩玩家群体中的"高手"这一角色相类似。在男孩们以合作的方式玩《凯恩的遗产：噬魂者》（*Soul Reaver: Legacy of Kain*）的时候，团队当中产生了一个"高手"，其职能是引导其他人；但是他专注于通关的做法将会以牺牲游戏的其他方面（或对游戏的全面认识）为代价，包括（最重要的）游戏的叙事层面。正如我们下面将要指出的，可借助韩礼德的《调控模式》（*Regulatory Mode*, 1970）来概括男孩们对话的特点：在对话中他们试图通过祈使句控制彼此的游戏行为——这种模式同样也是游戏攻略的特征。换言之，在玩游戏时，最重要的考虑是回应游戏的需求性功能，而男孩们的对话的语法结构实现了这一点。我们可以将 Megura 这类攻略作者的社会动机视为《噬魂者》玩家中"高手"的某种进阶版本：在玩家群体中，他们因为擅长通过简洁有效的指令使玩家通关而获得社会地位。他们将进一步为自己建构起一种作为专家的事业，但在这一过程中，他们一方面使用痴迷的业余爱好者那种激动的、过量的语言，一方面又采用专业人士冷淡、疏离的语调。

---

[1] Bahamut Zero，一种技能的名称。——译注

虚构文学写作者

与上述情况不同，多数粉丝文学作者无视游戏系统而专注于游戏的叙事层面。粉丝文学的一种特殊形式是剧透文（spoiler），这种文章把故事梗概讲述给那些没有体验过游戏文本的人。以下是来自"最终幻想圣地"（*Final Fantasy Shrine*）网的一篇粉丝剧透文摘抄，其中以文学的方式讲述了克劳德的故事：

克劳德的往事之谜

《最终幻想》当中最大的谜团之一就是克劳德的往事之谜。他是萨菲罗斯的复制品吗？甚至，他是人类吗？这都很难说。在此我将列出证据，力图解开"克劳德是谁"这一谜团。注意，此为终极解密，如果你想为自己保留一点神秘感的话，请立刻绕道。

最初克劳德确实是从尼贝海姆出发去参加"特种兵"组织。但他身体虚弱，一直一无所成，只是一名普通的士兵。在此期间他和一位名叫扎克斯（Zack）的"特种兵"成员成为了好朋友。凑巧的是，他们俩都被安排陪萨菲罗斯去尼贝海姆调查魔晄炉。克劳德觉得自己很失败，不想被朋友和邻居们认出来，所以直到抵达家乡的时候还一直戴着面具。但是他曾经停下来和他的妈妈说了几句话。当他们到达魔晄炉的时候，克劳德一直留在外面保护着蒂法（Tifa）。在里面，萨菲罗斯发现了杰诺瓦（Jenova），他的心灵开始渐渐觉醒。他将自己关在图书馆中查阅了大量文献，最后一怒之下一把火将村庄夷为平地。扎克斯和克劳德跟随他进入了魔晄炉，发现萨菲罗斯正在鞭打蒂法。扎克斯驱走了萨菲罗斯，而克劳德将蒂法搬到一边，履行了幼年时保护她的诺言。扎克斯和萨菲罗斯作战，力不能敌，被击出房间，身负重伤。萨菲罗斯离开了房间，一手持剑，一手拿着杰诺瓦的头颅。扎克斯恳求克劳德杀掉萨菲罗斯，克劳德拿起扎克斯的剑，奋力追杀。当克劳德接近萨菲罗斯的时候，萨菲罗斯一剑刺中他的胸部并把他挑到空中。他以为克劳德已经死了，就从后面将他放下来。突然，克劳德抓住剑刃举起了萨菲罗斯，用力把他扔进了液体魔晄里。（这意味着你一直追随的萨菲罗斯只不过是宝条[Hojo]手下的一个克隆品。）克劳德瘫倒在地。科学家发现了他们，把他们放进玻璃管当中，在治疗他们的同时在他们体内植入了杰诺瓦的细胞。克劳德反抗过，而扎克斯没有。其间克劳德和扎克斯紧紧地连在一起，这就是为什么克劳德拥有扎克斯的部分记忆，能够用扎克斯的视角看待自己。这也能解释为什么他会有魔晄之眼。科学家们用魔晄水给他淋浴以加速他的恢复。最终扎克斯和克劳德在进食的时候逃跑了。他们离开尼贝海姆逃到了米德加德。他们打算在那里加入雇佣军来谋生。然而，就在快到达城市的时候，他们被一大群神罗士兵发现了。扎克斯被立刻击中身亡，而身受重伤的克劳德则活了下来。他设法到达了米德加德，在那里慢慢痊愈。五年之后，他在火车站找到了蒂法，她刚开始将他误认作扎克斯，因为他们的神情举止是如此相像。（这是他们复原时连在一起的结果。）最后，她说服克劳德加入了"雪崩"（AVALANCHE）。这之后的故事无疑你已经知道了，而且已经玩过它。有些人认为一个住在贫民窟管道里的萨菲罗斯克隆体实际上是扎克斯，但我并不同意，因为我没有发现确凿的证据来支持这个假说。

  这就是关于克劳德过去的全部事实。现在你应该知道克劳德是一个普通的人类，他从未加入过"特种兵"组织，而且他确实杀死了萨菲罗斯。

(http://www.angelfire.com/mn/midgarff7/cloundpast.html)

由于这已经不再是一个游戏,需求性功能被消除了。攻略的功能是发挥专家的智慧来引导新手通关,而这篇文字的目的则并不在此。它和游戏系统无关,而完全围绕着游戏的叙事系统展开:这是对于空缺的填补,发展出一个流行叙事中形象饱满的大英雄,这是一种沟通多种给定内容的行为,其主导性的语气完全是声明式的。我们也可以将这一文本视为围绕游戏当中对玩家具有重要意义的时刻而进行的一次重构。尽管作者一再强调这是克劳德背后的"全部真相",但实际上其叙述是高度选择化的。文本从一系列复杂的过场动画闪回当中选择了一些时刻,为呈现完全以克劳德为核心的叙事,它大量忽略了其他方面,例如克劳德与艾瑞丝之间的关系。

在霍奇和特里普(Hodge and Tripp 1986)关于儿童观看电视的社会符号学研究当中,他们注意到一种类似现象:在复述电视动画片的时候,一些孩子会忽略完整的叙事结构,而将某些特定的时刻以一种合乎他们自身兴趣和关注点的方式连接起来,生成一个属于自己的版本。他们将这种形式的阅读定义为并列(paratactic),这是一个从语言学理论当中借用的术语。并列是一种语法结构,分句以链条状的序列相连,使用"并且""然后"等作为标志性的连接词。与之相对的是从属(hypotaxis),由从属性的结构组成,例如在一个复合句当中,一个分句可能是句子的主句,而其他分句在重要性上则次于它。霍奇和特里普认为大多数电视和电影叙事都是从属结构,由复杂的分层叙事结构构成,但读者会选择性地以并列的方式来解读它们。这种解读方式是破坏性的和不可预知的,结果可能会生产出和文本的表层意思、结构以及意识形态非常不同的意义。

以霍奇和特里普的观点来衡量剧透文,我们可以认为它是并列结构。它选择游戏当中的若干过场动画叙事,将之连缀在一起,使故事集中关注克劳德的英雄身份。它强调克劳德是一个人类主角,这是一个在《最终幻想7》的粉丝群体中引起广泛争议的问题。但是,玩家的目的并非霍奇和特里普提出的以一种可行的并列策略而进行的破坏性阅读，实际上，在对性别的再现方面，此文以传统的方式将克劳德表现为一名斗士般的英雄，这乃是女性粉丝群体对《最终幻想》系列整体评判时经常提出抱怨的一点。我们需要修正霍奇和特里普关于并列阅读方式的过于理想的观点。我们认为，这种阅读产生的文本阐释对应的是读者单一的成见，这与文本的再现策略是否存在密切的关系并无定论。

如果我们将游戏看做一个多模态的结构，游戏系统只是构成多模态结构的其中一员，这个文本就解开了游戏系统与叙事体系之间的联系。但这并非是粉丝作品自身的功能使然，在剧透文生成的基础——游戏当中，同样的事情也在发生。正如我们在此前几章看到的，游戏建构起一部分叙事的方法之一是插入过场动画，动画短片或全活动视频（FMV）。在《最终幻想7》当中，过场动画最明显的作用是讲述游戏背景故事：克劳德出生，他被精英部队吸收，他和萨菲罗斯的友谊（后来成为仇敌），以及他的爱情故事。在热内特的术语当中，这些过场动画乃是一种倒叙（analepsis），即叙事的一个构成元素，通过打乱故事时序来插入先前事件来造成一种闪回的效果。（Genette 1980）

有两点关系到本章意图，值得加以记录。首先，过场动画属于我们在第六章当中提到过的给予性结构——它们只作叙事性陈述，并无互动性，其存在价值仅仅是为了满足玩家的快感。事实上，在这些时刻，叙事和游戏是相分离的，以至于在斯蒂芬·普尔看来，过场动画恰恰证明了游戏完全不是叙事，游戏当中的叙事只是装饰性的，在结构上独立于游戏之外。（Poole 2000）正如此前章节当中我们提到过的，对此我们抱有异议；但是在《最终幻想7》当中，过场动画确实表现出作为核心的游戏和外层的叙事之间存在着分离。粉丝的剧透文写作仅仅是令这种区别更进一步，令叙事更加远离游戏系统而已。很明显，过场动画乃是游戏文本提供的一种原材料。玩家们可做出多种选择——一些玩家跳过过场动画，把它们视为游戏过程中一种让人分神的东西；

而另外一些玩家则认为过场动画很有价值，非常重要。(剧透文就是后一种价值观的创意性表达。)

其次，正如我们已经观察到的，过场动画乃是一种生动的动画电影。故此剧透文作者与詹金斯所说的《星际迷航》的粉丝拥有一样的资源和限制：他/她无法以同样的模态——运动的图像来发展文本，而不得不选择最为易行的模态——写作。由此造成的各种差异相当重要，在此我们仅强调一点。众所周知，一幅画能够描绘千言万语，所以运动的图像能够在保留丰富细节描述的同时表达简洁的总结。例如，作为上述剧透文基础的过场动画，向我们展示了萨菲罗斯飘扬白发的特写、其宅邸精美的楼梯、蒂法被萨菲罗斯袭击之后倒下的身体。然而，这些场景仍然建构起热内特所说的概略时距（summary duration）——它们很快总结出一系列事件。在写作当中这根本不可能做到，所以剧透文作者在用语言建构概略时距的时候，必须过滤掉大量细节。这篇文本透露出这种无可奈何，所以作者会尽力设置一些关于事件进行时细节的提示，特别是使用一些动词：鞭打、挑到空中、用力扔、举起。

诗人

诗歌是粉丝文化当中另外一种典型的创意性写作形式。其他经典媒介的文本——如《哈利·波特》《吸血鬼猎人巴菲》和《X档案》——的粉丝们也广泛使用这一体裁。下面要分析的这首诗是以克劳德为对象的：

镜像：克劳德·斯特莱夫

我因你而来。

你以战士为伪装，以英雄为假面，

向整个星球发出得意的笑声。

你无因的仇恨
折磨着灵魂。
坠入罪恶之中
征收它的税款。

你规划着自己的行动
似乎这只是一场棋局
而无关生死……

但是我为你而来,我们,为你而来。

你的罪行不会得到宽恕。

你将为你的选择付出代价。
那些无畏的、无奈的都将得以偿还。

记忆的盗贼、生命的盗贼、理想的盗贼……
你是如此冥顽不灵,
陶醉在你一手造成的混乱之中。

尽情享受它吧,我的故友

因为我们在寻找一个
将跌到山谷最深处的人:
那就是你。

就连你宝贵的杰诺瓦
也无法抵御我们的威力。

那些萦绕着你的影子
将拼写出你的失败。
那些嘲笑你的胜利者
将品尝复仇的甘甜。

战友的死亡，不会让我们迷失方向

最终，你将在我的刀刃前轰然倒地——

去承受她曾经承受的痛苦。

小心。

  没错，这是一首相当怪异的诗。写这首诗的时候我就快要通关了。所以我更多关注的是克劳德对他到底怀着怎样的感情——那个既可爱（无论如何，对我们女孩子而言确实如此）又邪恶的银头发的家伙，那个让人爱也让人恨的萨菲罗斯。=^.^= 那个让人爱也让人恨的萨菲罗斯。=^.^=

  (http://www.geocities.com/chocofearhers/themirror/cloud.html)

此处采用了抒情（而非叙事）诗体，产生了一种相当与众不同的参与和改造游戏文本的效果。首先，西方浪漫主义传统下的抒情诗通常是主观的、第一人称的文本，着力于强烈的情绪。显然，这里存在着某种程度的语言角色扮演，女性粉丝在诗歌当中以克劳德的口吻说话。虽然这是粉丝创作当中的常用手段（比如，哈利·波特，巴菲和幻境天使的粉丝也有类似的诗），但此处的特殊意义在于这种第一人称参与复制或者说平行表达了游戏系统所要求的玩家与角色之间的互动，同时，正如我们所见，它也表现出玩家的话语从第三人称代词向第一人称和第二人称的转变。

其次，这首诗相当直接地精心阐释了游戏主角的情感，这是游戏文本无法做到的——比如说，它无法通过面部表情来展示情感，而这位粉丝则赋予化身以电影般的情感效果，尤其是在表现克劳德和萨菲罗斯之间爱恨交织的关系方面。就此而言，这首诗如剧透文一样补充了游戏叙事，同样以简洁明确的语言表达出克劳德的荣辱感。

最后，游戏系统（此处仅指角色扮演方面的体验）和叙事都可以笼统归入情感结构当中，情感结构建构起萨菲罗斯的感觉序列而非行为序列——装模作样、憎恨、自负——并建构起克劳德相对应的情感——复仇的欲念以及因游戏结束前队友艾瑞斯的死而产生的悲伤。但是和很多人一样，这位克劳德的粉丝将萨菲罗斯想象为理想的敌人并乐此不疲；同时，以克劳德和萨菲罗斯之间的爱恨关系为跳板，这位粉丝产生了对两位角色（而不仅是克劳德）的欣赏之情，这种欣赏又被二者所陷入的道德纠缠强化。

如同所有粉丝创作一样，这可以被视为一种符号学意义上的转化。它采用了我们在第六章探讨过的玩家与化身之间的符号学联系中的一个层面——玩家采用主角的视角。在游戏当中，玩家以第一人称视角进入游戏，游戏角色背对着玩家，这使我们能够以与游戏角色一致的方向进入游戏——并将之转化为第一人称的语言。但是给予性结构与需求性结构的处理方式存在很大不同。尽管在游戏当中，以及第六章 Rachel 的表述中，游戏的需求性结构是将游戏系统的需求由游戏文本向外指向玩家，但这里的需求应重新向内回到文本当中，在萨菲罗斯身上，成为克劳德/粉丝的祈使句所指向的那个接收终端（无论是其语法上所体现出的还是其言辞间所隐含的意义）：你将付出代价；尽情享受它吧；你将在我的刀刃前轰然倒地；小心。

在最后一节当中，我们将看到文本元素经视觉媒介挪用而产生的不同可能性，这包含于对不同文化传统和符号实践的调动当中。但这些不同的方式却能够各行其道地实现相似的社会动机。

"三无"漫画家

在业余（同人）漫画创作的传统中（这里的"业余"是指非常熟练的独立画家），克劳德的视觉形象是一个常被借用的主题。这一传统始于女性，既是为了在男权主导的生产实践当中寻求表达空间，也是为了以理想的漫画形式绘制色情图片和建构叙事。这种漫画题材在某种程度上源于讲述美少男之间爱情故事的漫画传统，但其中"三无"（YAOI）这一特殊传统则更明确地专注于绘制色情图片，有意地压抑叙事而重点表现性行为——YAOI是日语单词"无高潮、无重点、无意义"的缩写。麦克利兰（McLelland 2000）也指出在美国耽美小说当中，有一种和"三无"平行的挑衅性放弃叙事的形式：PWP体裁（plot, what plot：情节，什么情节）。

曾有粉丝用"三无"漫画作品表现克劳德和萨菲罗斯之间的色情关系，其中英雄和反派分别表现为同性伴侣当中的受（uke）和攻（seme）。

在此需要提出两个重要问题。第一，视觉媒介提供了什么与剧透文和诗歌等文字媒介不同的东西？投合了何种社会兴趣？第二，因为这种类型的粉丝作品采用了和游戏一样的漫画美学，那么其中发生了怎样的符号学转换？二者之间又有何不同呢？

对于第一个问题的回答是：视觉模态。以游戏主角的视角为主观视角，通过第一人称在语言文字当中很容易实现，但在视觉图像当中则不可行。因此在漫画当中变成了对克劳德和萨菲罗斯的客观看法——这使得消除游戏系统的痕迹成为可能。就此而言，这一文本较之我们此前谈过的文本是离游戏文本最远的。然而，这种视觉模式可以表现出游戏角色精美的形象：实际上，有如游戏符号学意义上的特征一样，它也实现了可视化。游戏当中集中了对克劳德形象的不同设计——既有作为过场动画精心绘制的数码图像，也有游戏进程当中那种又矮又壮如玩偶一样的形象（在游戏发布的时候，这两种形象间的断裂感曾经使美国评论者感到沮丧）。后者（游戏当中玩偶式的形象）并未对任何我们所能够看到的有关克劳德的漫画产生影响。在任何情况下，漫画都是以过场动画当中更为精美的形象作为参照。对于此，我们也可以说漫画文本从游戏当中选择的材料，其实是与游戏本身关联程度最低的元素。

第二个问题关乎利用漫画形式与一个自身已经被设计为某种漫画形象的文本对话。显然，这就好像符号学意义上的材料——视觉符号、形式、意义，甚至质地——被借用，再加工，然后被从某一文本改编成另一文本。此外，这又不仅仅是一个简单的借用游戏原作改编为粉丝漫画的问题。游戏的视觉设计师野村哲也等人成长于美少年的漫画传统之中——这一传统源于早期漫画，其中的男孩角色从面孔看来性别非常暧昧，但却有着凶猛的战斗力。这类形象被认为"并非真正的"男人，而是一种奇幻的雌雄同体的生物。他们由日本女性创作出来，针对现实社会中存在的性别成见以及限制了女性的"狭窄生活道路"，用以表达不满情绪（McLelland 2000）。

这种从文本到文本的符号学借用与改编，可用不同方式予以理论分析。我们可以将之视为"互文性"的案例，传统意义上的文本边界在此被消解，符号在文本之间滑行。从巴特的"含蓄意指"（connotation，也译内涵）这一概念同样可以认识到这一点（Barthes 1973），在巴特看来，一个文本之中的符号总是携带着与它在其他语境当中的使用相关的承载物。根据他的理论，在一个语境当中发展出来的符号，在进入一个新的语境时，会成为能指的材料，用以表达新的意义，但同时又携带着来自更广阔的文化与意识形态语境的其他意义网络。

我们在本章和上一章中使用过的多模态理论提出过一个类似的观点，但在关于"出处"（provenance）的理论方面存在一些明显的区别（Kress and van Leeuwen 2001）。这种理论认同巴特所说，对于生产意义而言，符号资源或能指材料都是必要的。但是当一名雕塑家选择一块岩石作为雕塑的基本工具时——尽管他选择滑石还是意大利卡拉拉大理石显然会存在文化意义上的显著区别——会较少携带符号学的包袱。这种理论和巴特的理论在两方面存在区别。首先，克雷斯和范·鲁凡（van Leeuwen）对模态（mode）和媒介（medium）这两个概念作了区分——前者是指文本当中的沟通模态（在漫画当中，沟通模态是视觉图像），而后者是指物质媒介（纸、笔、电脑像素）。其二，他们强调了符号生产者的能动性及其背后的社会动机。所以，在漫画案例当中，我们可以将制作理想的精美视觉符号归于模态的维度，而将如何使用铅笔、钢笔和墨水的一系列精巧技艺，都归于媒介的维度，各自带有其自身的象征属性。事实上，如何使用物质媒介受到漫画粉丝的高度重视，他们建立了大量网站提供漫画教程。

关于"出处"的观点，为符号生产者不断将符号资源开发、重塑、转移成为新的资源提供了可能。传统的符号学理论提供的是一种客观、确定、抽象的系统，即使像巴特这样一位比大多数人都更关注社会使用的细微差别的理论家也是如此，相比之下，显然克雷斯和范·鲁凡的理论更接近漫画家们的工作。

在前述的粉丝"三无"漫画当中我们可以追溯到某种历史。富有线条感的发型和大眼睛是漫画的特定主题，尤其是在针对女性读者的少女（shoojo）漫画当中。这种公式化表达代表了由女性画家绘制的内部发行的业余漫画中美少年的恒久形象，这是一种另类且理想化的男子气概。我们会发现性别暧昧的美少年形象有着悠久的传统，在日本文化历史当中是一个相当异于同期西方历史的构成。

深受这一历史传统影响的野村所绘制的克劳德和萨菲罗斯，提供了两个视觉内涵丰富，能够吸引广泛受众的角色。对于玩家当中的男性青少年而言，主角美丽的外表、金属修饰的服装和庞大的武器系统无疑是他们的兴趣所在。尤其克劳德的视觉设计，让人联想到富有魅力的现代都市风格——迷彩服、靴子、朋克发型。同时，他雌雄同体的外表除了吸引着日本的同人漫画粉丝以外，也吸引了狂热的欧美漫画粉丝。然而，随着这些形象被"三无"画家作为原材料挪用，更深层次的改造出现了。在上述那幅"三无"漫画中，克劳德被拉起的T恤，被萨菲罗斯用戴着手套的手握着的勃起阴茎，萨菲罗斯性狂喜的表情，都是对游戏原作的一种明确的视觉补充，这样的视觉形象在游戏当中是不可能存在的。尽管游戏中含有使这种衍生品在叙事和文化方面具合理性的所有元素。

这种历史也是文化全球化的历史。钢笔和墨水的传统工艺替代游戏的电脑绘图，超越它们抵达野村的原图及其背后的漫画传统。同时这种类型的同人漫画疯狂地传入美国，被扫描到不计其数的网站上，成为美国的《最终幻想》粉丝进一步模仿、改编的原材料。无论日本的"三无"传统与欧美的耽美传统之间存在怎样的文化差异，两种文化都在永不止息的全球化交流和符号协商当中相遇了，不是融合，而是互相吸收、互相改编、互相想象。

结论

总之，我们发现，在围绕《最终幻想7》的粉丝创作当中，再现系统和游戏系统是彼此分离的。对游戏的复杂程序感兴趣的粉丝们致力于撰写攻略和提供作弊方法，将游戏系统的需求性结构转换成为典型的祈使句文本，将自己变成专家、半专业向导和导师。在这无法无天的世界中他们行走在对网络知识产权保护的灰色地带，所以并不总是被游戏的粉丝群体支持，也不被游戏产业从业者所认可。

与之相反，那些对游戏丰富而复杂的角色形象和叙事因素感兴趣的粉丝们，则致力于发展游戏的这类结构。尽管如那首诗歌所表现出来的,以再现系统复制对玩家与化身的第一人称认同是可能的,但更为常见的还是借助游戏再现系统所提供的可能性,生产出第三人称的视角、叙事和形象创作,并为了自己获得快乐而对其进行挑选、放大或转换。这些快乐至少与亨利·詹金斯在《文本偷猎者》中描述的一样广泛;在此我们也观察到与日本女性漫画相关的特定文化和性别趣味。以之作为案例,我们来讨论粉丝作品如何既在文化上是本土的、特殊的,同时又能够进行全球性的输出和改造,就和那些原初的游戏一样。

第八章　动机与网络游戏

安德鲁·伯恩与戴安娜·卡尔

《混乱在线》是一款科幻类的大型多人在线角色扮演类游戏（Massively Multiplayer Oneline Role Playing Game，缩写为MMORPG），游戏背景是名为鲁比卡的神秘星球。在游戏中，玩家接受任务、躲避危险动物的伤害，并用名为诺顿（notum）的稀有珍贵矿物质所培植的微能量来增强游戏角色的身体。和其他角色扮演类游戏一样，玩家以物种、技能、外貌和职业等一系列选项来塑造角色。角色通过完成任务或赢得战斗而获取经验值，提升专门技能。因为《混乱在线》是一款网络游戏，鲁比卡世界及其战斗派系、城市背景与荒漠风光得以在诸多玩家之间共享。技巧、友善度、敌意、愚钝程度各不相同的玩家们通过多彩的角色和聊天窗口即时互动。这款游戏是按月订阅的，但游戏信息、玩家指南和游戏论坛都发布在开发商的网站上，非订阅者也可以很容易地获取这些信息。[1]

很多电脑游戏都通过描述共享的文化活动来为玩家提供游戏背景，但类似《混乱在线》的在线多人游戏不可避免地具有公共性：这样一个相对稳定的图像世界，被上千玩家同时共享。并且像其他电脑游戏一

---

[1] 参见 www.anarchyonline.com。

样,《混乱在线》也是多模态的:听觉与视觉信息和游戏文本融为一体。玩家为游戏角色搭配服饰、添置装备并操控其行动,同时在电闪雷鸣的游戏背景或音乐制造的多变的情绪气氛下,与其他玩家即时打字聊天。因此,如果我们要分析玩家是如何玩这款游戏,就必须首先搞清楚这些模态是如何结合在一起的——比如,玩家相互沟通的聊天文字如何与其各自化身的生动形象相联系。

本章中,我们主要关注的是从玩家和游戏的互动特征中区分出来的三种动机(motivation)。首先需要对动机一词作进一步解释。在社会符号学理论中,动机这一概念是在技术层面上使用的,这源于与对符号本性的一些经典讨论。对符号属性的传统认识始于瑞士语言学家费尔迪南·德·索绪尔(Ferdinand de Saussure 1916/1983)的理论,在他看来,符号具有任意性——使用"tree"这一能指来表示某一范畴的植物,只是单纯因惯例如此,观察其他语言的情况我们会更清楚地理解这一点,比如在法语或日语当中,我们就用"arbre"或"ki"来表达同一意思。社会符号学理论对此表示异议(Hodge and Kress 1988;Kress and van Leeuwen 2001),认为符号产生的动机是因符号制造者的兴趣而赋予。对能指的选择总是出于某种社会目的的考虑:社会当中的行动者和交流者始终在寻找最合(由社会决定的)目的性的符号生产模态,并将不同模态以各种方式结合起来,这些不同的结合方式在一定程度上是由类型传统所决定的。当然,这些模态在使用过程中也会因符号生产者的动机而发生变形。

从社会符号学的视角出发,我们必须面对两个问题。其一是关于具体的符号:在能指与所指的结合当中,究竟能够揭示出怎样的社会动机?第二个问题针对更为普遍的层面,但可能更为尖锐:如果符号生产活动包含着强烈的社会动机,那么符号生产者的动机是什么?该动机又以何种方式与其社会语境相关联?本章更多关注的是第二个问题。在这一层面,我们对于"动机"这一概念的使用十分接近于日常用法：这个人为什么做出这样的表达？但第一个问题所带来的对语言意义更为具体的思考，也将不时回荡于我们的讨论之中。

为研究这些问题，我们的首要任务是自己学会玩《混乱在线》。我们花费了很多时间，但是在这个鲁比卡世界当中，我们总是感到迷失和混乱。这个游戏的难度一方面在于其规模庞大，另一方面更在于玩家们可以选择太多方式来参与游戏：加入玩家与玩家之间的战斗、参与临时性的战队或组建联合会，又或者将之完全看做一个角色扮演类游戏。因其变化万千，每个玩家的动机都不尽相同（甚至同一玩家在不同时期，动机亦会发生变动）。尽管如此，我们仍计划以下列三种宽泛的、相互作用而部分重叠的类别来探索《混乱在线》中符号生产和阅读背后的多种动机。

首先，我们认为应该包含再现动机。这一类别包含视觉形象、性格、表演、叙事要素。其次，我们认为存在娱乐动机。这直接关系到玩游戏本身，关系到必备的技巧、规则、竞争、数值统计和游戏目标。最后，我们认为存在与游戏的公共（communal）层面相关的动机。这一类别涉及《混乱在线》的社会性和共享性特征，以及一项事实，即这一游戏本身处于由其他科幻小说、扮演类游戏和网络游戏等构成的不同类型的群体之中。

再现动机：" 欢迎来到鲁比卡世界"

《混乱在线》以科幻小说为基础进行设定。在游戏网站上，鲁比卡世界的故事片段以各种形式呈现。定时更新的短文，如《从遗忘中返回》("A Return from Oblivion")会告知读者近来的政治动向，《混乱在线》的系列漫画也可以从网站下载。这些每周更新的故事"与游戏同步，并为游戏中的事件、任务、人物、地牢、怪兽、道具及其他玩家可能在游戏中遇到的内容提供了背景"。[1]

正如我们此前注意到的，在一个典型的角色扮演类游戏开始时，一般会给玩家提供机会，令其借助职业、物种、技能和身体素质等一系列模板去创建一个富于个人特色的游戏主角。而《混乱在线》将这一惯例用戏剧化的方式延续：当我们在2002年和2003年玩这个游戏的时候，玩家首先"到达"一个轨道空间站，一个从对讲机当中传出的声音欢迎玩家到达鲁比卡世界。由过场动画带他们通过空间站的走廊来到一个实验室，他们被邀请在这里通过重新排列DNA组合来生成一个下方星球的新生命。因为《混乱在线》是科幻主题的游戏，因此熟悉的分类（精灵、地精、人类）被替换为较为陌生的类别（solitus，opifex，nano，等等），但游戏角色能力上的长处必然由相应的缺陷来补偿或平衡的思想依然保留了下来。

玩家只能从有限的选项中进行选择，构建"语段包"（syntagmatic bundle）来塑造他们的游戏角色（在符号语言学中，"语段"的意思是符号的有意义的组合），但实际上这些少量的选择可以组合出很多可能。首先，玩家在四个不同的种族中进行选择，每个种族都有各自的优点。然后玩家选择性别（有趣的是，在《混乱在线》中看起来最具男性特征的种族被归于雌雄同体）。种族和性别的选择决定了玩家后面的选择，包括长相、身高和体重。当玩家在十二种不同职业（职业将决定角色的原始服装）中作出选择之后，选项会更加多元。然后玩家被要求键入角色的名字，如有雷同，会遭到游戏拒绝。最后，玩家要为新角色选择政治倾向（中立、忠于部落或效忠于某一团体）。这些选择将直接关系到背景故事，并对这位鲁比卡世界的新成员产生地理政治学意义上的重要影响。

这一明显被限定的选项的序列，或曰符号可能性的序列，通过组

---

[1] 参见 www.anarchy-online.com/content/game/story/episodes/。

图 8 《混乱在线》中表现层面的动机：Aisea 身着蓝衣，翩翩起舞。（经丰乐公司许可使用）

合使得生成众多不同角色成为可能。在游戏过程中，多样性与特殊性将进一步发展。玩家可以在完成任务的过程中赢得或购买衣服（礼服、防御头巾、靴子等）、文身和发现新的铠甲。在订阅《混乱在线》的几个月里我们创建和使用了不同角色，最初使用的是两个政治中立的武术家 Aisea 和 Nirvano。虽然我们此后在各种不同的性别、职业、联盟、体型和种族中不断尝试，但是它们成为我们花费时间最多的两个角色。

作为初学者，我们创建的角色看上去感觉有些古怪，或打扮有点滑稽，但是当我们开始玩游戏并与其他玩家发生互动时，我们的角色确实部分地呈现了我们在线下的自我。一方面，他们的表现反映出我们的偏好和决策。另一方面，当 Aisea 和 Nirvano 在训练场上犯错误或战死的时候，我们会感觉到公众的目光，有时还会觉得尴尬——换言之，那是我们的错误。当 Aisea 和 Nirvano 与鲁比卡世界中其他游戏角色站在一块的时候，我们很清楚地看到，在创建角色时，私下里作出的似乎很偶然的决定都显然产生了影响。比如，安德鲁选择创建一个忠厚而非胡思乱想的角色，因此他的 Nirvano 看上去是肥胖型而非肌肉型。结果，他发现当面对其他角色对 Nirvano 体重的贬损时，他自己会以一种超现实的立场将这一评价当作针对他自己的（本章稍后将论及这一点）。

久而久之，我们逐渐明白，我们借以创建化身的个人标准，远比我们最初所能意识到的更能暴露自身经历及偏好。我们在游戏中的选择与我们在现实当中如何看待对社会关系和身份认同的管理密切相关（不管这一感受是多么模糊或无意识的）。化身与现实当中的玩家之间的关系相当复杂（Taylor 2003：27，39）。在我们这一案例中则呈现出一定程度的含混，反映出我们对创建网络游戏的角色缺乏经验。但是我们猜测，对于所有玩家而言，现实生活的身份都会一定程度地反映在游戏行为当中，不论他们是否有意构建一个虚拟身份。

认真阅读游戏论坛会发现，一些玩家确实从一开始就针对"角色扮演"作了很多特定的选择。他们会在一个特定的背景和联盟中有意图地扮演一类角色。这可能包括设置选择特殊武器的能力，或具有战略价值的独特属性，但也可能包括建构一种虚拟的人格。

玩家一旦进入鲁比卡世界，就有很多方法来玩这款游戏。部分玩家愿意以完全角色扮演的方式参与游戏。这些自称为角色扮演者（RP'er）的玩家创建具有特定人生经历和背景故事的角色，通过角色的行为和话语参与到游戏共享的事件和即兴创作的情节当中。在《混乱在线》官方网站上有一个活跃的角色扮演者论坛，他们在此对游戏的某些问题展开辩论。经常提及的一些话题包括：角色扮演者与一般玩家之间的关系、如何以最佳方式开始角色扮演而非只是单纯玩游戏、如何辨认出一个身为角色扮演者的同道中人，或者扮演一个"坏蛋"的正确方法。

玩家和角色扮演者之间的区别是一个存在已久的问题，而且不只局限于角色扮演类游戏当中。1970年代末加里·费恩对北美角色扮演类桌游的研究发现在同一社群中存在着类似的分裂："有些游戏者（gamer）是作为他自己参与到游戏当中，而另外一些玩家（player）则选择在游戏虚拟的幻想中放弃自己的主体性，而成为一个真正的角色扮演者——他是在扮演角色。"(Fine 1983：207) 尽管我们并未采用和费恩相同的区分性术语，但二者的模式非常相似。

一个名为Vixentrox的论坛版主向新来的角色扮演者提供建议时（2002，12，31）说，在创建角色的时候，"一个简要的背景概括是个好的开始"，"如果你掌控多个角色……应使这些角色的性格互不相同。我的主要角色有个同父异母的姐妹。她们相互侮辱，极其厌恶对方。一个喜欢开玩笑，另一个却刻板严肃"。显然Vixentrox所提供的建议，并非通过游戏本身提供的选项来完成。另一位论坛版主Lillemjau（2003，01，05）则这样回应一个初学者关于角色扮演的提问："我建议你将角色置于历史背景和个人特性之间去谋求发展，给它增加一些好的或坏的习惯、长处或短处、喜欢做或不喜欢做的事情。这些细节会让你的角色在深度上更加有趣。"

正如Vixentrox和Lillemjau在论坛上所说，对于痴迷的角色扮演者而言，游戏所供以创建角色的模板相当初级。一个玩家对其游戏角色身份可能进行的诠释和表现将超越任何统计学上的属性。在此意义上，游戏所提供的角色创建资源正是克雷斯和范·鲁凡（2001）根据韩礼德（1985）理论所提出的"意义可能性"（meaning potential）系统。但是，游戏只提供资源和规则系统——这和语言系统的情况一样，对于语言使用者而言，利用其语言资源和规则说出什么，则无一定的限制。

角色扮演者会对其所操控游戏角色的个性和个人历史精心建构，一般玩家虽然不会如此"入戏"，但他们仍至少要选择游戏角色的长相。这些选择反映出对游戏表现力、叙事、美学和戏剧性方面的关注，而非游戏技巧和操作层面。但仍然存在一些与玩游戏直接相关的动机，我们称之为"娱乐动机"。

娱乐动机：游戏、目标与策略

和上述再现动机相联系的要素，可能未必呈现于屏幕上，或未必与游戏的本质相关，比如游戏角色的小传，或它的大量衣物。而当我们考察娱乐动机时，我们将直接关注那些使《混乱在线》之所以成为一个游戏的要素：战略、目标、即时事件、机遇、规则、技能的获得、探险与升级。但娱乐动机与再现动机之间的边界并非那么稳固或明确。正如我们所注意到的，玩家论坛上会讨论一些问题，诸如究竟是什么区分了角色扮演式地玩游戏（带有明显的叙事或戏剧性安排）和一般性地玩游戏，即玩家在游戏过程中将自己所操控的这个游戏中的化身更多视为一种游戏的工具还是一个活生生的角色。一些玩家认为，正如所有角色都具有特殊性（比如说是武术家、医生或技师），《混乱在线》的任何一种玩法都涉及在某种程度上扮演其各自的角色。实际上，娱乐层面和再现层面的特质通常都是界限模糊的。比如，我们并未以完全角色扮演的方式参与游戏，但我们确实花费了更多时间和游戏点数在游戏授权之外加强游戏角色的装备（而 Aisea 仅仅出于审美方面的考量，就丢弃了所有头盔）。

尽管动机相互重叠，但仍有可能对之加以区分。娱乐动机更强调玩家所操控的游戏中的那个化身作为游戏的一个元素存在，是一个具有战略价值的符号单元（就像一个棋子），而非一个角色。因此这类动机将如何玩作为主要考虑的内容。在《混乱在线》中，娱乐行为包括完成任务、基于战略考虑选择一种职业而非另外一种（比如狙击手要比武术家更好），或花费时间和精力积累经验值（通过达成目标）来使化身升级。

专业玩家可以轻松穿越游戏世界，但初学者只能步履蹒跚地移动他的化身。首先很难看到你需要的东西，也很难机智地与其他人作适当交流。我们的角色 Nirvano 和 Aisea 非常生疏地到处乱走，一次次重新开始，疯狂旋转或静止。而当我们想放弃游戏时，我们意识到自己甚至不知该如何退出。我们从菜单中选择"放弃"，被提示在放弃游戏之前必须先坐下——但我们并不知道如何坐下。所幸训练场上有很多不同级别的其他玩家，如果你学会输入基本对话（这并非听起来那么简单），可以向其他玩家寻求帮助。此外还有一种针对"新人"开放的聊天频道，里面有很多解决问题的方法。

正如游戏最初供以创建角色的模板有其局限性，新创建的化身的行动也是呆板机械的，要改变其僵硬混乱的状态，玩家对控制键的操作必须熟练到一定程度。为达到这一目的，玩家首先必须做大量的集中训练，令化身做简单的工作，如转弯或直行。对命令的反复使用很快使玩家对化身的操控达到一种无需思索的境界。化身凭借一系列技术潜能在游戏世界当中移动，而玩家在开发这些潜能的过程中发展出一种技能或流利的操作。正如你开车周游世界，既是一次感官旅行，又是一种社会展演，借助学习操作技巧来实现对潜能的开发。

玩家决定化身的行动，这些行动包括运用一些以技术为中介的能指。这些能指让我们想起韩礼德（1989）命名的游戏中的"受限语言"。他的例子是合约桥牌。在游戏规则的框架内，非常有限的几种能指（如一副牌中的四种花色）可以令其他类型的能指加倍增长（正如每种花色牌面的数值）。尽管存在一定限制，组合可能性的范畴、其与游戏规则相关联的方式，以及其实现方式都反过来由玩家之间的战

图 9 《混乱在线》中的可玩动机:角色 Japhis 的各项数据。(经丰乐公司许可使用)

略合作所决定,所有这些相结合以建立一项复杂的、具有创造性的同时又需要相当多技巧的活动。与无法预测的、无边界的自然语言完全不同,受限语言是一种计算机可以轻松处理的有边界的系统。因此,在计算机语言学当中,它也被认为具有全新的意义。

游戏规则以符号语言的方式表现为游戏当中的任务、角色使用的武器、奖赏和急救箱。玩家对这些规则作出回应,还可利用关于化身的行动的受限语言——跑、走、跳跃、朝特定方向行进——每一个行动远比看上去要复杂得多,因为它们并非是在空白背景下完成。游戏当中有景观、其他游戏角色和生物。我们的化身作任何移动都会产生一个结构体——多种信号的组合。"向前走一步"这一行为结合了游戏景观和其他游戏角色的行动。例如，若我们命令化身走出北地（Borealis）城门，我们可能"向前走"，此时三维游戏世界中的众多信息会立即聚集在这一简单的动作周围——我们将"看到"城外新的群山与湖泊的景观，音乐发生了变化，我们踩在地上的脚步声也将变成踩在沙地上的"嘎吱嘎吱"的声音。

仅仅在游戏世界中行走这一简单的动作，就包含了受限语言（化身的行动）和游戏世界及其内容这一更为庞大的语言系统的结合。原则上来说，后者是一种非受限语言，因为任何事物都可以被设计进游戏世界当中，而化身的行动则必须在游戏规则和原理可容许的范围内展开，并取决于玩家的手指。对化身旅程的"设计"乃是一个合作行为，主要由三种设计者协作完成。玩家设计了穿越一片树林的行走动作；游戏程序设计了环绕在角色四周的景观；而其他玩家则或多或少影响到我们的体验。而其他玩家的在场意味着，在我们已经讨论过的再现动机和娱乐动机之外，社会和公共因素也同样参与塑造着玩家的游戏经验。

公共动机：共享鲁比卡世界

我们论及的最后一类动机包含我们称之为"公共"因素的诸多动机的混合。此类动机包括一个游戏和其他游戏之间的关系、玩家由游戏之外带入游戏的期待，以及游戏本身的"共享"属性。

为了研究玩家对游戏的期待，我们招募到三个志愿者并为他们创建了游戏账号。在开始玩游戏之前，我们采访了这三位玩家（男性，青少年），询问他们在开始玩游戏之前对游戏的期待。我们印象最深的一点是他们对游戏某些方面的执拗，尽管他们此前并未玩过这款游戏。三个男孩都玩过其他网络游戏，根据以往经验，他们很有信心自己将在鲁比卡世界中完美地展现自己的能力。对于游戏他们有表达清晰的期待,包括他们想要参加的战斗、升级的最佳方法和如何创建最好的角色。采访之后,一位名叫提姆的男生开始玩《混乱在线》,他发了一封邮件给我们告知他如何创建和命名他的游戏角色。

名字:Belithralith——这是 Soulish(我的昵称)通过网络翻译器翻译为精灵语(elvish)的结果。

种族:nanomage——因为看起来有点神秘

性别:男性——因为我想跟我自己一样

职业:特工——对我来说只有一个理由:狙击步枪 :)

正如提姆邮件当中所表现出来的,他携带着诸多预期进入《混乱在线》这款游戏,而这些预期都是从关联文本以及其他游戏中获得的。男孩们对游戏当中潜在的探险和战斗部分有很浓烈的兴趣,但是对其中角色扮演的部分表示轻蔑。三个人都对游戏的"装饰"潜能表示厌恶。格外有趣的是,提姆用精灵语来为他的角色命名,这根源于《龙与地下城》的魔幻传统,而非《混乱在线》的科幻小说设定(精灵语是托尔金著作中虚构的语言)。包括提姆在内的所有志愿者解释他们对狙击步枪的偏好,都说是根据过去网络游戏的经验,主要是第一人称视角的射击游戏经验。而且,正如我们当初根据自己现实当中的情况设定游戏角色的身体状况和性别一样,提姆同样根据游戏角色和自己现实情况的联系对此类选择给出答案——"因为我想跟我自己一样"。

提姆对自己创建角色过程的解释包含了多种不同类型的动机。他对于游戏角色名字的选择为我们理解这一过程提供了一个具体的符号学意义上的例子。表面看来,这一名字的选择是索绪尔所论符号任意性的一个极好的范例——它看似是毫无意义的词任意地与一系列模糊惯例相联系的结果。但它实则是两方面动机激发的结果。首先,它是对提姆现实当中的昵称"Soulish"的翻译,这个昵称本身即是一种再现符号,大概与音乐或个人趣味有关。其次,作为精灵语的一个单词,它具有一般意义和历史层面两方面的根源:它必须"听起来"像是托尔金虚构的精灵语;而托尔金对精灵语的虚构又是建立在他对现实当中北欧语言的学术知识基础之上。在此意义上,Belithralith 一词并不简单是音位的任意选择,而是一个凝聚了社会动机的符号。

我们的志愿者对游戏的社会层面的期待非常有趣,尤其是关于性别的部分。当他们被问到会选择何种类型的化身时,他们选择男性、人类并且尽量与自己相似。但同时,男孩们认为从其他化身的表面"看到背后"(read past)是非常必要的,因为他们认为所有女性角色背后的玩家都是一些"肥胖的美国(男性)青少年"。很快他们改口说是"肥胖的美国中年男人"。男孩们以半开玩笑的口吻坚持这一观点。他们对迷人的女性角色的不信任表达出"网络猜疑"(Internet suspicion)的观念,源自对网络上性别欺诈泛滥的小心谨慎态度。而男孩们半信半疑的评价也显示出这类预期是基于"女人不玩游戏"之类的"常识",这是一种基于过去其他网络游戏经验的假设,并充分被商业游戏文化支持着。因此很显然,对于我们的志愿者而言,这一常识潜在地否定了对游戏中女性角色做出另类解读的可能性,即使他们彼时正在与一位女性玩家/访谈者交流游戏时也不能改变这样的思维定式。

在一款《混乱在线》这样的网络游戏中,其他玩家和他们的游戏角色也同时在游戏当中。他们可能在游戏过程中独来独往,拒绝与其他玩家互动,但是你却不能忽略他们的存在:他们会从你身边跑过去,在任务将要达成时阻止你,在商店里站在你身边,你能够"听"到他的话,他会问你问题或要求你加入他的活动。另外,升级也需要技能专业化,所以团队协作有战略上的吸引力。在探索这些可能性时,我们会发现与其他玩家的互动主要是通过两种模态(有时是脱节的)展开:化身的视觉层面(他们如何行动,他们看上去怎样);以及玩家通过打字而实现的即时聊天——有时是以角色的口吻,但更多的时候是跳脱角色之外。

首先,玩家互动交流的视觉模态基于个性化角色的视觉设计、动作、动画等。我们的化身使我们得以占据游戏当中的相应位置,建构某种形象(也许是富有男子气概的斗士,或小而无害的异族人,又或是温柔的帅哥)及与他人接触的形式。"意义可能性"(meaning potential)的特殊系统也包括化身的表情列表——挥手、点头、大笑、指点、跳舞以及各种各样粗鲁、幽默、富有表现力的其他诸多表情生动地表达出角色的情绪或特定交流意图。例如,当 Aisea 第一次在约定的时间和地点出现在 Nirvano 身边时,她挥舞手臂跳起舞来,精力充沛地向他打招呼。几分钟内,Nirvano 也立刻通过表情菜单向 Aisea 大力挥手致意,表演芭蕾并转身弹跳。化身的视觉模态应用了各方面元素,包括服装、身体、长相和行动,但并非无限变化的。玩家通过化身参与游戏,并通过化身自我表现,而化身的情绪、行动、"长相"等,都必须服从于游戏规则。[1]

就符号学的角度而言,这些行为都可以看做词形变化的(paradigmatic)选择(从"动作表情"[emote]这一词类中选)。"词形变化表"(paradigm)是符号语言学的选择轴线:人们可以在各种词类当中做出选择,也就是说在一个句子当中,你必须在"名词""动词"等多种词类当中做出选择。在我们的案例中,词形变化表就是表达感情的一组行为。而后这些选择被组织成语段(组合轴线[combination axis])。在语言当中这可能呈现为一个句子,但是在游戏当中就表现为由两个玩家建立的一个卡通动作的序列。这种语言受限于游戏资源所能提供的选择,虽然玩家想要表达的意思总是超出游戏设计出的一般意义。例

---

[1] 在其他网络游戏中,玩家可以选择游戏角色的"肤色",但由于《混乱在线》未提供此类服务,玩家就无法进行这样的修改。更多信息可参看网站 www.opensorcery.net 安妮-玛丽·施莱纳(Anne-Marie Schleiner)的网页。

如，安德鲁令游戏当中的Nirvano挥手向某个他现实当中认识的人打招呼时，总是显示出一种复杂的尴尬感（为什么我只学会了这个？）。并且游戏当中的这种语段是复合模式的：动画与文字聊天相结合，使安德鲁/Nirvano可以通过输入"Hi"来向戴安娜/Aisea表示问候，并在视觉上配合以真诚地挥手。

玩家可以在游戏中通过输入文字和另外的玩家即时交流。可以用"角色的"口吻，但通常谈话都清晰地表现出玩家本人的立场。这种所谓交流并未加入语音因素，而只是打字和阅读，因此玩家可以将之完全置于自己的操控之下（虽然游戏对一些不合规矩的言行举止有所限制）。这种交流模式使玩家可以从不同的层次来塑造化身的身份，可以完全渗透入角色之中，或完全超脱于角色之外——在一种较低的层次上维持角色扮演，完全代表角色发言，或完全以玩家身份从"面具背后"发声。

游戏当中的交流可以从完全角色扮演性的对话，转变为以队伍组建为目的的干瘪的语用学（pragmatics），或完全与游戏无关的社交聊天（"你好，你是哪儿的？"）。这种交流模式，相对而言不像那些具体的和受限制的视觉语言，而是一种非限定的或自然的语言。如同我们的游戏角色的昵称一样，这种交流乃是由玩家制造出来的某种形式的符号学文本。但是在我们所观察到的游戏谈话当中，大部分都像下面这个例子一样随意。在这个例子当中，Nirvano试图参加一个由Storm、Rigret、Artspider、Thel、Demon和Helement组建的小集团：

  Storm：起个名字

  Storm：首先

  Nirvano：好

  Thel：失落王国的战士

  Storm：我现在得离开下

Rigret：雅典娜隧道？

Storm：快点

Artspider：我来领队

Thel：好

Storm：你可以起名

Thel：好，我来起

Storm：快点

Rigret：不管怎样还是谢谢 ☺

尽管 Storm 并没有表示想要成为领队，也没有表示想要为这个团队起名字，但她用简洁的命令口吻（"起个名字"，"快点"），独断地给其他人安排了任务。对话的主题是为团队起名字。组建团队是角色扮演类游戏的常规动作，但它的名字则从另外一种风格衍生而来，充满了幻想色彩。最终，团队同意用"失落王国的战士"来作为队名。Nirvano 对这一讨论唯一的贡献是纠正了第二个玩家的拼写错误，这主要是因为他想到顶着一个拼写错误的队名四处游荡这件事就觉得别扭。这也是 Nirvano 与安德鲁共生关系的另一个标志，因为安德鲁在线下生活中也无法忍受白字。

在这次对话当中，玩家的动机更多的是交流而非叙事：他们是在跟真人进行交流，必须选择是要求还是说服、是礼貌还是唐突、是同意还是争吵。当然在此也表现出游戏的娱乐动机：玩家们是有战略目的地组建了一个团队，而非随心所欲。化身谈话的方式并不完全与他们的视觉形象相一致。他们之间的交流更多是采用简略语言进行同步聊天，具有特定的拼写和文体特色。这种书写交流带有某种文化以及或许与年龄有关的特征，代表对网络的熟悉和文字聊天的能力。威利（Werry 1996）曾经概括网络聊天的语言特色，例如缩写、辅助性语言提示、动作、姿态，每一项都是一种可变的策略，以使得交流尽可能类似于真实的演说。《混乱在线》当中的聊天也有类似特点。游戏能够辨识谁在代表团队讲话。在对话中运用了大量缩写，在语法层面（"make guild"）和拼写层面（"u can make name"）都是如此。同时像 Rigret 的笑脸那样的表情也可以运用。这些都表现出玩家是用写和读的方式来达成一种口头表达的"感觉"，当然玩家在聊天过程中出于节省时间的目的而使用上述策略也是完全可能的。

因此在这种即时交流当中，玩家表现出很强的公共动机（以及娱乐动机），而对角色扮演和人物性格塑造没有那么在意。没有人对虚拟角色的历史、个性感兴趣，唯一值得关注的就是游戏本身。推动交流进行的动力并非虚拟角色的内在戏剧性，而是角色背后的玩家的急躁情绪、固执己见和犹豫不决。在符号学的层面上，其效果是在动画形象和文字交流这两种不同的化身行动模态之间造成了断裂。在上述例子当中，这两种模态只是松散地联系在一起，因为此时游戏角色的视觉形象和玩家们关于战略决策的谈话本身就只是松散地发生关系。公共动机强烈归属于语言：此时对视觉符号的调动很弱，因为玩家们无暇为其设定意义。

在此我们没有篇幅去讨论当玩家投入一种完全角色扮演的状态时，视觉形象和文字聊天充分相结合的模态，但我们可以简要证明，进行这样的分析是完全必要的。角色扮演者完全投入到与他们自己虚构的面具人格的交流当中，在这种情况下缩写并非玩家考虑的重点，这在安德鲁偶尔看到的一句发言中表现得非常清楚，这句话说得相当规范严肃："由于深深折服于您的聪明与智慧，我方将退出战斗。"这一片段可能来自两个玩家以游戏角色的口吻进行的对话。也可能是两个朋友以这种过分修饰的语言方式互相开玩笑。甚至可能是一场与游戏角色完全无关的争论的一种充满讽刺意味的结束语。如果要对这段谜一样的对话作出满意解释，我们必须结合上下文来解读并且了解玩家们使用的一种更为宽泛的意义框架。

结论

在《混乱在线》当中，这三种我们正在讨论的动机并非孤立存在。相反，正如我们已经知道的，他们在游戏进程中被相互结合。让我们以一个三类动机完全混杂的插曲来总结本章。再次重述我们的要点：游戏动机的三种类型有再现动机（戏剧性的、表演性的、修饰性的、图像化的、叙事的）、娱乐动机（指向游戏层面的：分值、升级、作为工具存在的化身）和公共动机（共有的期待、广泛的网络文化、游戏所分享的外部世界）。

在游戏中途，当我们——Nirvano 和戴安娜的另外一个女性角色 Grayse——相遇，正在讨论是继续往前走还是先去购买道具时，我们的文字对话中插入了另外一个声音，他/她问 Nirvano 是否"怀孕"了。安德鲁顿时感觉遭受了冒犯，他将之理解为新来的玩家对于他角色腰围的侮辱（安德鲁潜意识里认为 Nirvano 的外表是一个典型"老实人"的憨厚模样）。戴安娜也被激怒了，因为她认为这个玩家之所以取笑安德鲁是因为后者和女性角色在一起。后来我们才知道，我们都错了。这个声音的主人是 Rafayle，当他/她最终显现时，我们才发现这是一个男性体型，穿高跟鞋、皮内裤戴着太阳镜的化身。[1]

对安德鲁而言，Rafayle 的话之所以具有攻击性，是因为 Nirvano 的外形跟安德鲁本人有诸多相似之处。戴安娜（化身 Grayse）之所以受到冒犯也和她线下的身份认同相关。Rafayle 对 Nirvano 的形象开了很多玩笑（例如，我可以听到宝宝在踢你呢），并带有轻微的挑衅动作，比如他走到 Nirvano 近前，明目张胆地弹了他的肚子。在 Rafayle 用话语和行为向 Nirvano 挑衅的时候，完全无视 Grayse 的存在。Grayse 抱着调和的态度去恭维 Rafayle 的鞋子，但无济于事。看到 Rafayle 胸

---

[1] 我们已经为游戏化身改了名字。

上的文身时，Grayse 问他在哪里才能得到这个文身，Rafayle 却不理 Grayse。Nirvano 又问了一次这个问题，Rafayle 却马上回答道：从任务里得到的（文身是完成任务的奖赏）。

我们对眼前呈现的这一切的回应是谨慎的。Rafayle 的行为确实是挑衅性的。他以完全不同的理由来冒犯我们。事中和事后我们都认为 Rafayle 是个男性玩家——他展现给我们的角色是男性的，当然没有理由假定 Rafayle 是一个女孩或是一个老太太。Rafayle 说起话来也像个男性——或者说，Nirvano 和 Grayse（安德鲁和戴安娜）是根据他们的经验，从 Rafayle 看上去的感觉、他的动作和他说话的方式判断他的性别。这种判断揭示出游戏当中多种模态的共同作用可能是错综复杂的。"他"是被设计出来的虚拟人物，仅仅被打扮成男性，他的行为完全是由电脑屏幕前的玩家决定的，是玩家对 Nirvano 的形象进行了挑衅。Rafayle 的话可以被认为是玩家自己在表达一个好斗或轻浮的想法，也可能他只是想要交朋友。当天下午，Nirvano 和 Rafayle 偶然遇到，这次的对话则更为亲近。Rafayle 从他游戏中的公寓里拿出一个道具（一个火山灯）送给 Nirvano，并说他"来自瑞典"。

正如这些遭遇表明的，虽然在《混乱在线》这样一个共享图像的大型游戏世界当中，能够对众多游戏动机作大致区分，但是在实践当中，这些动机仍然是同步和混杂的。正如看似简单的模板相互结合，就能够为创建化身提供不可胜数的可能性，我们考察过的这些动机（再现动机、娱乐动机、公共动机）在游戏过程中也彼此化合、增殖、混合、相互启发。在实践当中这些动机都变得模糊和多元。化身的虚拟人格总是以奇异的方式折射出日常生活的方方面面。不同玩家将各自的期待带入游戏当中，使线上的人格与线下的玩家身份联系在一起。游戏当中既有奇异的角色设置、精致的科幻小说般的场景设定，也有与之鲜明对照的缩写聊天、升级、组队。加之视觉模态与口语化的符号学模态之间的弹性结合，我们就不难理解那种模糊感从何而来。

第九章 社交性的游戏与学习

加雷思·肖特与玛丽亚·坎伯里（Maria Kambouri）

在本书此前的章节中，我们从自己的角度出发，既作为玩家，也作为批评家，分析了特定游戏的体系。然而，我们也注意到"作为玩家的分析家"存在一定局限。在此前章节中，我们已经逐步扩大了研究范围，以考察玩家和游戏之间不同方面的关系，比如角色扮演和粉丝文化。本章我们则将目光从屏幕上移开，去理解玩家如何运用和享受游戏，游戏在他们的社交生活中扮演何种角色，以及社交性游戏作为一种非正式学习的含义。

正如我们已经讨论的那样，玩家能够以不同方式参与到一个游戏当中，既可以通过玩游戏，也可以通过参加与游戏有关的活动。在多种多样的粉丝活动（第七章）和在线游戏（第八章）的语境中，大多数参与游戏的方式都显而易见（对研究者而言意味着最为容易进入）。当玩家玩主机游戏（console game）或电脑游戏时，相对来说更难探究他们究竟做了些什么，尤其在他们独自玩的时候。某种程度上，研究合作游戏的体验以及这种方式所能提供的社交乐趣会更容易，本章的分析正是以此为核心。

此次调查需要我们沿袭社会科学的研究传统与方法。这并非否认文本分析的重要性，只是这些传统看起来能够更好地阐释玩家的体验，以及游戏行为所处的社交环境和社交网络。我们认同亨利·詹金斯的看法，即游戏研究应该：

> 更多关注游戏体验，而非简单解释游戏表面特征。我们需要更准确地研究其社会和教育方面的背景，从游戏在儿童和成人生活当中的地位来对其充分了解。（Jenkins 1993：69）

事实上，心理学中正涌现出越来越多电脑游戏研究，社会学稍次。由此，我们可以期待寻找到对游戏乐趣和游戏体验的合理说明及解释。但不幸的是，大部分研究存在相当大的问题。它们大多只是狭隘地专注于电脑游戏对人的心理、道德、行为所产生的消极影响。因此大量研究是评估玩电脑游戏对攻击性行为、心理学变量（如自尊心）、学习成绩以及偏见态度的影响。此类研究通常使用调查的方法，但也有一些是关于短期影响的实验研究。有综述认为（如 Durkin 1995；Gunter 1998），这些研究的水准参差不齐且结果有不合逻辑之处。

在很多方面，这种研究所表现出来的局限性与对电视影响的研究相类似，比如，与暴力之间的关系。这种局限性体现为：首先，粗糙地划分游戏类别，并且几乎完全是在内容的基础上做非常表面的区分；其次，往往依赖那些未经试验和未明确界定的机制概念来进行研究，并依据这些概念来评估后果，比如在对电视与暴力之间关系的研究当中，关键性的术语——如"成瘾""激励""认同"和"示范作用"等——经常被随便定义和测量；第三，或许有些矛盾的是，这种研究往往忽视了游戏的社交环境，以及围绕游戏发生的社交互动，而只关注玩家心理与电子屏幕之间的互动（更多论述可参见 Buckingham 2002）。

不过，目前在社会心理学和社会学内部出现了一些研究，采用了更加严谨的方法（可参见 Jessen 1999；Schott and Horrell 2000；Tobin 1998；Walkerdine 2004）。这种研究通常能够超越对影响的简单假设，而充分考虑到玩家在游戏过程以及围绕游戏的互动当中,如何积极建立和确定了自己的社会认同。这种研究也不再依靠调查或实验方法,转而进行深度的民族志观察(ethnographic observation)。在本章的研究工作中我们正是采用了这些方法,并结合了一些学习理论。

探究游戏的社交性

人们最为担心的,也是经常被提及的,是电脑游戏的"反社交"特性。玩游戏经常被视为一种孤立的活动,破坏了"自然的"人际互动,并最终导致玩家社交能力的萎缩。同时,对于儿童而言,它被认为取代了传统的社交性游戏方式,而人们通常认为那种传统的游戏形式对于发展"健康的"伙伴关系至为重要。某些研究将这视为广阔历史发展进程中的一部分:比如萨顿-史密斯(Sutton-Smith 1986)就认为,游戏已经逐步从社交、集体和公共形式转变为私人、个体和隐蔽形式。同样,我们经常听到关于电脑游戏"掌控力"的看法,以及"电脑文化初步形成的特点之一是人们转而亲近电脑"(Turkle 1984:66)——甚至出现了所谓"任天堂一代"(在任天堂游戏陪伴下成长的一代人)(Green and Bigum 1993),他们最有意义的关系似乎是与——或至少通过——机器之间的关系,而非通过与真人面对面接触建立起来。

有人曾提供证据表明电子游戏确实造成了亲子间交流的破裂(Bonnafont 1992)。但如果对这些研究结果仔细审查之后,我们就会发现,不只是孩子们,父母也在造成这种关系的分离,他们对游戏文化缺乏足够了解并拒绝参与其中,在他们眼中,游戏文化似乎迷惑了新的一代人(Casas 2001)。

在评价此类担忧时,我们也有必要确定它们涉及哪些特定类型的参与方式和游戏体验,因为很难将它们适用于游戏的所有方面。比如,他们必须将网络游戏和随境游戏（pervasive games）当中必不可少的社交性（如第八章所讨论的）排除出去，因为这些游戏要求虚拟社群与基于真实世界的行动之间相互作用（参见 McGonical 2003）。我们只能假设这些担忧通常是针对那些拥有独立游戏系统（如家庭游戏机）的单机游戏，且独自玩游戏的玩家。尽管此类系统也会将玩家之间的游戏体验统合起来，比如两个玩家可以在没有固定关卡（如格斗游戏）和网络功能的情况下即时对战，但绝大部分时刻玩家是在预先设定的虚拟世界当中畅游，仅仅获得一种人机互动的体验。

尽管如此，早期对电脑游戏社交影响的心理学研究表明，电脑游戏其实对伙伴关系的影响甚小（Fein etc. 1987），而其他研究则表明，电脑的出现实际上加强了同龄人的社交联系（Borgh and Dickson 1986；Wright and Samaras 1986；Ziajka 1983）。更为晚近的研究强烈地驳斥了"游戏是一项反社交活动"这一普遍观点（Buckingham 1993；Jessen 1999；Livingstone and Bovill 1999）。虽然玩游戏有时候确实是一项个人的、孤独的爱好，但也经常是合作性的，并涉及大量交谈与互动。此外，围绕游戏的文化是建立和维持人际关系的一个重要手段，从诸如交换游戏、提供游戏建议和分享"作弊指南"，到参与更为公开的参与形式：游戏商店、电子游戏厅、游戏杂志和电视游戏节目。游戏文化还涉及持续进行的"阐释群体"（interpretive community）的社会建构（参见 Radway 1984）——且就某种意义而言，正如杰森（Jessen 1999）所说，游戏较之更为传统的、只能独自体验的媒介，比如书籍，可能是更适合儿童的娱乐形式。

但与此同时，这种社交过程也受到市场运作的调节。玩家们讨论的话题经常是关于能够购买什么，已经购买了什么，或者将要购买什么——在这样的讨论中，并非所有玩家都是平等的。而且，认定"阐释群体"必然热情而友好是太过乐观的假设。游戏文化可以被视为这样一个竞技场：它创建了等级制度，并且欺凌群体当中的弱者。它也可以成为"边界标记"的一种载体：标记男性和女性之间的界限，从而妨碍女性获得接触技术的机会及其所需要的知识（Orr Vered 1998）。

观察玩家

如前所述，此前的游戏研究往往忽视了特定游戏的具体特征：只是将"玩游戏"笼统视为一类活动，而很少注意到不同游戏的不同特征、不同类型以及它们向玩家提供的不同体验。与此相反，本章将通过个案研究分析一组玩家以及他们参与一个动作冒险类游戏的体验。这些玩家是在家庭当中通过一个私人拥有的光盘游戏机来玩这个游戏的。

我们初步研究的重点是青少年使用游戏机来玩游戏的特征、频率和时长。研究的设计是纵向的：以历时性观察和记录游戏习惯为目的，以求有代表性地阐释玩家每天玩游戏的程度和特征。与试图探讨个别玩家如何认知和体验游戏不同，我们希望能够阐释游戏社交性的"真相"，并考察包裹电脑游戏的"社交外壳"（Giacquinta et al. 1993）。

我们试图通过视频记录一组儿童在他们自己家中使用游戏机的情况来取得研究结果。为此，我们将三脚架和摄像机留在玩家家中，并给予各种指示：如何在为期一周的时间内记录他们的游戏生活。研究过程中曾经使用过几种视频录制和视频调度方法。我们教给参与的玩家如何选择摆放摄像机的位置，以及拍摄所需要的时长。我们指导他们如何完成侧面/越肩镜头的拍摄，以确保能够同时观察到玩家及其屏幕操作（图10）。在确保已经得到参与者及其监护人辅助的前提下，我们尝试捕获参与者选择玩游戏时的活动。除视频资料的收集之外，参与者还详细记录了一周内所有的游戏活动，包括视频拍摄或家庭之外的游戏活动。参与者提交了如下说明：游戏所花费的时间长度、在指

图 10 男孩们合作玩游戏。(摄影者:肖特与坎伯里)

定时间内所玩游戏的名称、所玩游戏的等级,以及所取得的进展。

预调查中一个有趣的现象促使我们改变了研究重点。视频记录显示出游戏设计者的意图与玩家行为方式之间的有趣矛盾。玩家所玩的游戏原本是为单人设计的,结果却能够融入他人的合作和贡献。此外,通过这款游戏,群体游戏似乎成为个人生命周期发展中的一个相当自然和连贯的组成部分。我们发现参与实验的玩家成功地将单人游戏转化成为一场有效和高度结构化的社交演出，这期间群体当中的身份和地位不断被协商和再定义。实际上，游戏过程当中与其他玩家之间的互动似乎已经成为游戏乐趣的一个重要部分。正如位于公共空间（如电子游戏厅）的游戏促进和/或包含了社交互动，在家庭当中进行的游戏也促进了特殊的集体参与方式和合作参与方式的产生。

游戏

为了说明研究所得的一些结果，我们将聚焦于单一的个案研究：四个青春期前的男孩在电视版本的游戏《凯恩的遗产：噬魂者》（Eidos公司）中的合作游戏表现。在这款游戏中，玩家扮演的是"拉兹艾尔"（Raziel）这一角色。它是一个神秘的存在物，它离开阳界，目的是向背叛它的主人"凯恩"（Kain）寻求报复。与其他动作冒险类游戏一样，《噬魂者》需要竭尽全力解决谜题、克服障碍和攻击敌人，以求最后能与凯恩一决胜负。然而，它也带有角色扮演类游戏的色彩，因为玩家在游戏过程中有机会增强化身的能力。

从开场动画中我们得知，拉兹艾尔已经臣服于凯恩一千年，随着主人的进化它得到了飞行的能力作为礼物。然而由于拉兹艾尔犯了错，凯恩撕裂了它的翅膀，并命令它的兄弟把它扔到"死亡之湖"中，永世不得超生。一个上古神灵把深渊中丑陋不堪、一腔怒火的拉兹艾尔从"骨肉消融"的苦难中解救出来。上古神灵宣称拉兹艾尔是"有价值的"，并向它提供了一个报复的机会，让它成为"死亡天使"，放弃嗜血的欲望，代之以吞噬灵魂的需求。游戏要求玩家设法让拉兹艾尔在追赶和报复凯恩的过程中始终保持体力。拉兹艾尔能够穿梭于阳界和阴界之间——充满体力时，它会出现在阳界，当它的体力变弱时，可返回"阴间"这一非真实的环境。切换往返于这两个世界对游戏非常重要，因为当这两个位面交替时，拉兹艾尔才能够进入平时无法进入的游戏空间。

在游戏过程中，玩家以拉兹艾尔的身份遨游于凯恩的帝国——诺斯高斯（Nosgoth）大陆。人类帝国试图要"摆脱如寄生虫一般的凯恩帝国的传染"，这在游戏环境中造成了许多灾难。凯恩的腐败统治使诺斯高斯大陆濒临瓦解。拉兹艾尔从它的死亡和重生之地——死亡之湖出发，进入并遨游于其兄弟 Melchiah、Zephon、Rahab 和 Dumah 所属的各种家族领地。旅程中它穿越了大教堂、墓地、一座被淹没的修道院、Dumahim 城和一个作为神示所的洞穴，对抗幽灵、吸血鬼、坟墓守护者、巫师、它的兄弟以及最后的凯恩。

玩游戏

在我们的实验当中，游戏机的主人（Owner）在为我们提供的视频资料中既包含他自己独自玩游戏的情形，也包括他和朋友一起时玩游戏的状态。在我们即将讨论的案例当中，这四个男孩所承担的角色相当清晰明确：除"主人"之外，还有一个"高手"（Expert），年龄较大，也拥有这款游戏，而且他在这款游戏上取得的进展远远超过"主人"；一个"新手"（Novice），与"主人"年龄相同，他有同样的游戏机，但没有这款游戏；一个"电脑玩家"（PC Gamer），既没有这款游戏，也没有这种游戏机，而是精通于玩电脑游戏。

从"主人"所提供的小组录像片段开头，我们观察到：他独自一人坐在电视机前，一边玩《噬魂者》，一边从他面前的盘子里取食物。不久，他的三个朋友来访，和他一起玩游戏。他们进入一个房间，面向电视机以"主人"为中心围成一个半圆。除了转头向他的朋友们打招呼以外,"主人"并不改变他的位置或中断游戏。在花费了一些时间与"主人"寒暄和讨论其他事情之后,朋友们很快将他们的目光锁定在电视屏幕上。

心理学方面的研究涉及游戏过程中社会话语和成员间的动态交流如何形成,但并没有特别关注玩主机游戏这项活动。然而,与本文此前提到过的一些忧虑相反,我们的视频资料一开始就捕捉到了这个四人群体与电子游戏厅内"临时"访客行为相似的情况(Fishes 1995)。有关电子游戏厅的研究表明,游戏厅内有一定比例的玩家认为"和别人一起玩四处逛逛"与玩游戏本身具有同样重要的价值(McMeeking and Purkayastha 1995)。在我们的案例研究中,"主人"有段时间取得了重要的游戏进展,他一边玩游戏,一边和客人们一起讨论与游戏无关的话题。然而,当游戏进一步推进时,群体"闲谈"减少了,小组成员开始自动形成有效的合作游戏模式。视频片段显示,小组成员的观察和建议开始对屏幕上的游戏进程产生重要影响。实际上,早有实证研究表明,玩家与游戏机之间的联系可以在同伴的指导和建议下构成,这产生了一种有效的"中介性合作"(mediational interaction)方式(Feuerstein 1979)。

尽管很多研究已致力于讨论发生在约定的游戏边界之内的戏剧性事件(Adelman 1992),但很少有人关注主机游戏的社交层面。因此类似问题仍有待探讨:比如在"游戏的政治学"(politics of play)(Sutton-Smith 1979)当中如何就物的使用展开协商并达成一致意见。要想主导游戏进程,必须握有游戏手柄控制权。本案例所显示的情况是:基本上由"主人"控制手柄,偶尔会传给"高手"。尽管这很容易让人联想到所有权或领地权,但对小组成员各自角色功能的观察使我们质疑手柄控制者在合作性游戏中所扮演角色的重要性。尽管表面上看是由某个人负责控制手柄,但四个参与者的贡献都融合在游戏当中。围观者指出所有能够协助游戏取胜的要点,提醒手柄操控者,给出建议,并对精彩的反应表示赞赏，这些都将影响游戏进程。正如肖特和霍利尔（Schott and Horrel 2000）所指出："在冒险类游戏中，所要解决的往往不只是手柄控制者所需的身体灵敏问题。从他人那里得到的与方向、定位、已发现物品的使用相关的决策往往更为迫切和有用。"（p.40）

在此期间，小组成员似乎都沉迷于游戏及他们在游戏当中的角色。一种"真正的合作模式"（Orr Vered 1998）继而产生，围观者通过口头语言或指向/触摸屏幕交流经验（见图10），而不是争论谁应该控制手柄。在学习理论中，"鹰架教学"（scaffolding）[1]这一术语（Wood etc. 1976）被广泛用于描述教师和学生之间的支援类型。在我们的案例当中，合作游戏的小组也在发挥"鹰架教学"的功能，比如向组员说明如何实现目标，以及强调一个新手可能会忽略的任务关键特征（Wood and Wood 1996）。

只有"高手"偶尔显露出对合作控制游戏这一方式的失望，会去争夺手柄控制权。我们观察到他伸出手来，表示他希望得到手柄，接管拉兹艾尔的控制权。当他的指示被忽略或无法得到正确有效执行时，这种情况就会发生。与单独游戏相比，小组实施的集体策略似乎加快了"主人"的游戏进度。然而，这些集体策略似乎与"高手"自己玩时所采取的成功策略相冲突。游戏进度取决于组员们所发挥的多重作用，在这种方式下，除了拉兹艾尔动作上必要的敏捷度和速度之外，"高手"对任务的其他方面实质作用甚小。无论如何，游戏提供的拉兹艾尔的叙事表明需要采取特定做法和策略，比如在战斗当中：

> 吸血鬼的不死之身一受伤就开始自动愈合。它只需害怕那些被尖木桩刺穿或烧伤造成的伤口。水会像强酸一样造成灼伤，初

---

[1] 鹰架理论，又名支架式教学（Scaffolding Instruction 或 Instructional Scaffolding），指学生在学习一项新的概念或技巧时，通过提供足够的支援来提升学生的学习能力的教学方法。——译注

生的吸血鬼在阳光照耀下则会灰飞烟灭。我必须根据敌人来调整战术。

"高手"没有用这样的言辞去讲述故事。而且，对于他建议"主人"采取的操作方法，他提供的变通选择和说明也很少。相比之下，那些对屏幕上的游戏进程没有直接责任的小组其他成员，反倒显得更有能力去洞察并找到大量与角色发展或其生命力相关的环境特征。事实上，在把手柄让给"高手"之后，他发现他在自己玩游戏时所犯的错误又重新上演了。

传统的学习模式表明，新的任务会促使学习者更加投入于监测和厘清当前事件。除敏捷性、目标、反应时间和稳定性之外，理解电脑游戏还需要有解码各种再现手段所构成的复杂系统的能力。除掌控步骤和行动之外，他人在合作性游戏中的存在，能够使玩家小组注意到在游戏更广泛的叙事语境和再现环境内正发生的事。比如，作为一名积极观察者，"新手"特别善于识别游戏环境中的物体应该如何加以利用。在游戏中一个障碍谜题里，任务是以一种特别的方法堆起障碍物，以使拉兹艾尔能够到达更高的岩壁。"新手"对环境的场独立性[1]观察是破解难题必不可少的一部分。当"新手"将注意力集中于任务的视觉—空间要求时，"主人"可以集中精力于努力移动和准确放置障碍物，也就是专心致力于开发角色的"个人技能"。

这种观察方法不够全面，无法确定合作性游戏是否能促进个体玩家的综合分析思考（higher order thinking）。首先，难以确定小组能在

---

[1] 场独立性（field independence）和场依存性（field dependence）这两个概念来源于美国心理学家 H. A. 维特金（H. A. Witkin）对知觉的研究。场独立性指个体较多依赖自己内部的参照，不易受外来因素影响和干扰，独立对事物做出判断。场依存性是指个体较多地依赖自己所处的周围环境的外在参照，在环境的刺激交往中定义知识、信息。——译注

多大程度上提供给"主人"一些"心理工具",使其找到"处理特定类型问题的常用最佳方法"(Lidz 1995:143)。这种观察所确认的是,小组有能力引导"主人"关注问题的本质(Karpov 1994)。此种行为与互动学习模式是一致的(Vygotsky 1978),即以"有社会意义的活动"为中介促进理论学习的发展(Kouzlin 1990)。以行动为中心的传统学习理论关注在成人—子女二元框架内内在的、个体的能力如何逐步展现。与此不同,目前的研究确立了"一群人共同学习如何制造工具"所具有的潜能(Holzman 1995:201)。合作性游戏方式似乎架起了一座桥梁:将学习者现有的游戏知识与经验和新关卡与新谜题所对应的技能与要求连接起来。

无论小组中不同成员扮演什么角色,我们从男孩们对游戏失败的同步反应中,可以进一步证实合作游戏的集体性本质是显而易见的。当对游戏事件做出反应时,小组成员往往带有几近相同的面部表情和身体动作(图10)。如前所述,三个男孩坐在电视前围成半圆形,"主人"占据半圆形前的中央位置。当遭遇错误或失败时,小组成员的共同反应很少直接针对手柄的控制者——"主人"。小组成员在表达愤怒时,很少将他们的目光从屏幕上转移开来。

游戏经常被忽略的一个方面是为屏幕上的游戏事件伴奏的音效。除有感染力的"背景"音乐和声响之外,许多游戏融入了偶发的非故事场景的音效主题——由玩家行动所激发的短暂声音,以表示诸如杀人或被杀或成功收集物品这样的事件发生。此种音效绝少致力于还原现实,它的非自然性反而能作用于突出和确认玩家预期行动的结果是失败还是成功。与其他动作冒险类游戏如《古墓丽影》(Eidos Interactive 公司)系列一样,《噬魂者》中也有背景音乐,这种音乐能够有效制造悬念,暗示一个重要事件即将发生或完成任务的时间所剩无几。随着演奏音乐的乐器发生变化,气氛越来越紧张,当"主人"试图保持注意力以及行动的准确性时,他的不舒适感和不安情绪越来越明显。当处于这种压力背景当中，且对成功的渴望愈加强烈时，失误会使"主人"产生愤怒的反应，比如自我批评、绝望地放下手臂等。然而更有趣的是，当小组成员意识到游戏角色在展开行动时，他们都做出相同的姿势。随着悬念和紧张气氛加剧，小组成员会越来越靠近屏幕，直到失败或失望情绪使他们重新坐回椅子上。

叙事与游戏

这一部分的讨论关乎我们此前对"游戏系统"与游戏再现性之间关系的分析。特别是关乎叙事的重要性——它告诉我们什么？与多数游戏一样，《凯恩的遗产：噬魂者》拥有复杂的任务体系。游戏安装包中有清晰的背景故事描述，此外还有官方指南、网络上的"攻略"以及游戏预设的诸多次序。然而，从我们拍摄的视频资料来看，这些因素相对而言显得微不足道。

比如，如何处理游戏角色的死亡对动作冒险类游戏而言是十分重要的。《噬魂者》的处理方式非常具有原创性。在这款游戏中，死亡不会导致角色"重新开始"，而是进入"阴界"。这使玩家得以在相同环境下继续游戏，只不过这一环境是"扭曲的、地狱般的"（Poole 2000：234），包括了许多之前不存在的道路。然而，尽管这种玩法如此别出心裁，富有感染力，小组成员却无意用叙事的方式去描述游戏所依托的故事及其任务。相反，谈话充斥着以指令为基础的引导，如"去那里""跳到其中一个上""赶紧逃离另外那个""落在那儿"和"推那个"。只通过听觉分析将无法得知拉兹艾尔的信息、它穿越家族领地时所处的位置，以及它往返阴阳两界的行为。游戏过程的紧迫性要求成员之间的交流更为直接且更具指示性，而非东拉西扯地推断角色动机或接下来可能会发生的逆转情节。

于是，男孩们在谈话中大量依赖一种韩礼德（1970）所说的"管控"（regulatory）语言，通过命令达到控制"主人"（手柄操控者）行动的目的。因此，"高手"通常建议"主人"在操作杆上按 X、Y、A 或 B 按钮，而不是说"推""跳""射击""跑"等。这种情况更多涉及技术的身体因素，而非《噬魂者》游戏内的叙事功能。尽管游戏进度说明小组成员精通游戏的故事设置，但没有迹象表明他们在谈话中，至少是在游戏行动期间所发生的谈话中，表达出这种优势。

这种"管控调整"语言明显见于游戏和玩家之间以及玩家与玩家之间所交换的各种问题和命令中。正如第六章所述，社会符号学理论将之视为一种"需求"功能。在此意义上，"高手"在这群男孩中扮演的角色更像是第七章所描述的攻略作者。他完全关注于游戏系统，以及对操作的指导，这是他在群体中获得相关地位的原因。

在某种程度上，这是必然的。电脑游戏的视听魅力明显降低了在游戏过程中当面讨论的需要。如果故事已经展现在你面前，描述故事甚至事无巨细地加以讨论就显得多余。与以往有关儿童玩玩具的研究结果相一致（Pelligrini and Perlmutter 1989），我们的视频片段清楚显示出，小组成员参与游戏的动力导致其注意力主要集中在开发与游戏系统互动的技能方面。若试图探讨游戏再现性层面的乐趣，我们还需补充这方面的观察数据，比如稍后阶段所收集的访谈资料。正如居尔所说，"游戏可能产生叙事，玩家可以将之告知他人，说明在游戏各部分都发生了些什么事情。"（Juul 2001：3）正如我们已经在《最终幻想》这一案例中阐明的，这些"玩后叙事"（post-play narrative）可以更多地展示出游戏的叙事魅力，也表明叙事方面的考虑毫无疑问地会对玩游戏的行为产生部分直接影响。

结论

有关游戏发展的研究表明，青春期时大多数娱乐活动都是围绕着对自我意识、社交和交流的强烈需求展开（Hulstman 1992；Zarabatny etc. 1990）。在这种情况下，社交很少被定义为与某人一起做某事，而更多是指单纯在一起（Hughes 1999）。和街机相同，家庭游戏机已经显示出它是这样一种存在：一组人可以聚集在它周围并进行互动。然而，自从电子游戏从投币式街机升级为家用式游戏机之后，原先对思维速度和快速反应的重视转向了更具策略性的游戏方式——至少我们所涉及案例中的各款游戏是如此。因此，我们会发现合作游戏不仅是推动游戏的一种有效手段，也是学习游戏的生命周期中的一个自然组成部分。

较之独自游戏（"主人"也拍摄和记录了这种情况），小组游戏的环境意味着个体玩家能够更好地确认任务需求与他从游戏实践中获取的现有技能和知识之间的关系。配合着"鹰架教学"的心理模式，小组内所产生的指示、建议和帮助使男孩们始终将视线集中在行动的总体目标上。同时，作为一种指导性活动，合作性游戏比明确地尝试指导更为有效。在本研究中，指导"主人"和促进小组游戏进度的努力局限于"高手"所进行的夺取手柄控制权的尝试。与行动中的指导不同，这种示范方式往往不那么有效，因为它要求玩家打破合作式操作或行动中已经达成的一致意见（Wood 1994）。

通过说明电脑游戏所嵌入其中的"社交外壳"，我们的观察结果已表明单人游戏如何转化成为包含有效指导与沟通的社交活动。视频片段捕捉到一个"非正式学习"的例子，它发生在参与者的日常生活体验中，明显不同于在更正式的机构环境内所进行的学习。研究还表明，玩家以他们自己的方式投入到游戏设计者所设定的活动中，协商并发展一种符合他们爱好的共享方式。

在这些方面，研究强调了"情境学习"（situated learning）理论[1]的重要性（如 Lave and Wenger 1991）。这一方法不是把知识看做一种抽象的所有物，而是作为某种社会所看重的活动中的一种能力；它把学习当做参与某个以集体形式进行活动的"实践团体"（community of practice）的一部分。在第八章论及的网络游戏环境，以及本章所描述的日常社交环境中，游戏都是那种可以形成社群和身份认同感的学习形式的绝佳例证。玩家在社交中习得技能，不只是通过业界和游戏设计师，也来源于游戏文化中各种层面的社交实践。这种文化中的参与具有可协商性，是由不同形式的所有权、技能和动力形塑的。我们的研究表明：通过积极利用小组成员的技能和本领，合作游戏增加了个人参与团体实践的机会。

上述这种非正式的合作游戏方式在游戏文化中相当普遍，而游戏研究竟如此长久地忽略，令人感到非常惊讶。我们的研究只是抛砖引玉；未来还需要采用更具系统性的方法来说明游戏社交性的本质和功能。无论如何，这一研究已经表明，我们需要以更为广阔的视野看待互动——互动不仅指玩家和游戏之间的关系，也应包括很多玩游戏这一活动所固有的社会语境和社交关系。

---

[1] 情境学习是由美国加利福尼亚大学伯克利分校的让·莱夫（Jean Lave）教授和独立研究者爱丁纳·温格（Etienne Wenger）于 1990 年前后提出的一种学习方式。情境学习理论认为，学习不仅仅是一个个体性的意义建构的心理过程，而更是一个社会性的、实践性的、以差异资源为中介的参与过程。知识的意义连同学习者自身的意识与角色都是在学习者和学习情境的互动、学习者与学习者之间的互动过程中生成的，因此学习情境的创设就致力于让学习者的身份和角色意识、完整的生活经验，以及认知性任务重新回归到真实的、融合的状态，由此力图解决传统学校学习的去自我、去情境的顽疾。——译注

第十章　游戏内外的能动性

加雷思·肖特

"互动性"(interactivity)这一概念常用以解释电脑游戏的魅力。游戏过程中,玩家常常会发现自己的行动并不仅仅取决于游戏系统的设定,他们自己也具备能在很大程度上左右游戏进程的力量。在一些理论家看来,这实际上是一个政治问题:电脑游戏能够赋予玩家某种形式的自由以及支配力,而这是传统的"大众"传媒无法给予的(Aarseth 2001)。但是在何种程度上,这只是一种假象?玩家在游戏过程中确实参与了大量行动(activity),但在何种程度上他们真正拥有能动性(agency)呢?这里的能动性,指的是玩家对于电脑游戏之意义及快感的支配力与决定力。

本章将通过对一款动作冒险类主机游戏的玩家参与进行案例研究,来探讨能动性与互动性的问题。表面看来,与前几章我们讨论过的网络游戏和角色扮演类游戏相比,此类游戏具有更为结构化的游戏方式和故事讲述方式,并且可能会因此减少玩家积极参与游戏进程的机会。然而,很有必要对不同类型的游戏可能会涉及的不同形式的"行动"和"能动性"加以区分。例如拉菲利(Rafaeli 1998)就有效地界定了三种类型的交流模式:声明式(declarative)交流(游戏目标设定之后,无需接受反馈信息,或只间接接受反馈信息)、反应式(reactive)交流和互动式（interactive）交流。虽然反应式交流也涉及双向互动，但互动式交流当中的互动是重复发生和持续发展的，最终产生的是双方共同创造的意义。

若以这一分类方法衡量动作冒险类游戏，则它更像是"反应式交流"而非"互动式交流"：在游戏进程当中，一方（玩家或游戏）向另一方作出回应，但价值并非双方共同创造，因为玩家可作的选择——如角色发展、游戏目标或结果——或多或少已被限定。例如在动作冒险类主机游戏当中，角色发展常以过场动画作为背景。过场动画往往被用作通关升级的奖励，但却无法反映出夺取胜利的内在机制。换言之，游戏的基本动力即在于，游戏为事件的发生提供有限的条件，而玩家则遵从游戏的引导。虽然游戏结构也致力于以种种方式实现其潜在的可能性，但玩家在游戏中的表现仍在很大程度上受到游戏开发者的引导，被其预先结构化及模式化。

然而，这一解释是否确切说明了玩家体验的本质还有待考证。特别是这种界定可能并未考虑到玩家的思维，人的大脑不仅具有反应力，还有生产力、创造力、预见力和反思力。穆瑞（2000）认为，玩家渴望从游戏过程中获得的是对于"能动性"的主体体验；他们需要切实感觉到自己对事件是有支配权和控制力的。就这一角度而言，我们可以将游戏过程视为玩家能动性与游戏系统要求之间的互动——这一互动在游戏不同阶段表现为不同形式。

对能动性之强调正表明玩家所做的并非只是机械地回应刺激，他们还探测和操纵环境，并试图对其产生影响。就此而言，玩游戏可能与很多其他类型的人类活动并无不同。游戏是一个被社会和自然环境限制的受控行为，正如在现实生活中，我们的行为也同样受到环境制约。大量人类活动受"诱因"影响而以特定方式运作，但正如在游戏中那样，这些诱因并不总能决定事情的发生。同样，虽然玩家要求自己遵循游戏规则与目标，但他们也试图施以控制并以其他方式行动。

阿尔伯特·班杜拉（Albert Bandura 2001）引入了一个能动性模型，在对个人直接能动性的传统解释基础上引入了代理能动性（proxy agency）和集体能动性（collective agency）的概念。代理能动性是一种社会中介形式的能动性，个体利用其他必要资源和专业知识间接施力以达成自己期待的结果：这在游戏中最明显地表现为玩家对攻略的使用。集体能动性是指某些成果只有通过社会互助的努力才能实现——例如创建远远超越游戏本身的共享性"粉丝文化"（见第七章）。将这一模型应用于主机游戏不仅能够解释玩家个体参与游戏的复杂性与多面性，也能够说明更为广大的玩家粉丝群体的集体参与粉丝社区的行为以及他们以游戏为基础开展的多种创造实践。

进入奇异世界

游戏开发商"奇异世界原住民"（Oddworld Inhabitants）于1997年发布的《阿比逃亡记》（*Abe's Oddysee*）是"奇异世界系列"的第一款游戏。游戏主角阿比（图11）在游戏开场时是一个无知而快乐的姆多贡人（Mudokon，谐音 Moo-DOCK-un），他的工作是在名为"碎裂农场"（RuptureFarms）的肉类加工厂为地板打蜡。然而阿比的介绍性叙述告诉我们，他的老板们，格鲁贡人（Glukkon），为生产肉类产品（"米治点心"[Meech Mynchies]、"派拉梅派"[Paramite Pies]和"四脚鸭蛋糕"[Scrab Cakes]）耗尽了当地生态系统当中的所有肉类储备。令阿比惊恐的是，他无意间发现老板为了解决这一难题，决定用工厂的姆多贡工人作为新系列肉类产品（"新美味"[New and Tasty]）的主要原料。开场介绍以阿比慌忙逃命结束，同时它向更高的力量呼救："让我离开这里！"在获得自由之前，阿比必须首先破坏"碎裂农场"并尽可能多地解救他的九十九名工友，这是他的命运，也是游戏目的所在。

《阿比逃亡记》的流行和成功促成了奖励作品（而非续作）《阿比历险记》（*Abe's Exoddus*）在下一年发行。这款奖励游戏使得开发商在拓展第一部作品诸多方面的同时，也得以改进它的一些缺陷（引入"快速保存"功能，降低利用角色死亡解决问题的概率）。延续了《阿比逃亡记》姆多贡工人救星的角色，在《阿比历险记》中，死去的姆多贡工人的灵魂也需要阿比的帮助。灵魂们透露，阿比在第一部作品中的表现虽然无私英勇，却也造成了严重的不良后果。格鲁贡人将姆多贡人的骨头作为其利润最丰厚的产品"灵魂风暴（SoulStorm）酒"的关键原料。但因为姐妹公司"碎裂农场"遭到破坏，格鲁贡灵魂风暴酒厂的原料"骨头"发生了短缺。所以格鲁贡人改从坟墓里挖取已经故去的姆多贡人的骨头，烦扰了他们的灵魂。这必然引发反抗，由此阿比进一步摒弃了所谓"月度明星雇员"的名号。

"奇异世界原住民"对附带衍生品的系列游戏产品的扩展一向有着清晰的规划。这从他们一开始便计划推出五合一的系列产品就能看出来。同样，当大多数开发商都在研发"3D"产品时，《阿比逃亡记》和《阿比历险记》却是作为 2.5D 游戏发布的。在"奇异世界原住民"看来，当时的技术水平（PSX，120MHZ PC）还难以用 3D 来表现他们对游戏世界的梦幻想象。"奇异世界原住民"的共同创办人之一洛内·兰宁（Lone Lanning 2002）表示："我们不会牺牲艺术效果、动画质量和吸引力来做即时 3D 效果。"他同时表示，每一款奇异世界系列当中的游戏都会伴随一项硬件技术的飞跃而出品：正因如此，该系列的第二款游戏《阿比闯天关》放弃了 Playstation，而转向具有超强处理能力的 Xbox。

与一般动作冒险类主机游戏的主角/化身不同，阿比的力量取决于其敏捷度、多种才能、幽默感，以及与其他角色互动的能力——不管是通过游戏对话还是他控制、进入其他角色的本领。同样，姆多贡人也会共同或单独经历一系列困境（被奴役、受控制或丧失行为能力）

图 11 阿比（右）和一名姆多贡伙伴交流。（图片来自"奇异世界原住民"有限公司）

和情绪（愤怒、兴奋或沮丧）。系列游戏也通过不断增加的角色数量（巨鸟 [Sligs]、四脚鸭、派拉梅、成虫 [Fleeches]、幼虫 [Slurgs]、恶狗 [Slogs]、肉酱机 [Greeters] 和格鲁贡）和景观环境细节（工厂、庙宇、森林、墓穴和矿井）去深入描绘出这个奇异的世界。不只是丰富的游戏景观，扣人心弦的背景音乐和无缝衔接的过场动画，都给予玩家独特的电影体验。事实上，《阿比历险记》是首部获得奥斯卡"最佳动画短片"提名的电子游戏作品。

就第二章论及的类型学角度而言，这款游戏反映出来自多方面的影响。以阿比这一游戏角色为例，他绿色的皮肤可以追溯到连环漫画和科幻小说的意象。结合他球状的眼睛、闪亮的光头和皮包骨的身体，我们能够明确看出他的形象参考了对外星人的特定想象。这些特征最初意味着威胁性和陌生感，与五六十年代英国《雄鹰漫画》(*Eagle*) 杂志所刊登的"大胆阿丹"(Dan Dare)漫画里麦肯(Mekon)的形象类似。然而随着"小绿人"形象越来越为人所知,它几乎已经变成一种带有喜剧性的常见形象。当代流行媒介对此形象的"招魂"产生了一种奇怪的、魔幻的、熟悉的、几乎是宠物般的魅力混合体,如《哈利·波特与密室》(Harry Potter and the Chamber of Secrets)中的家养小精灵多比(Dobby),和电影《魔戒》中的咕噜姆(Gollum)。在这两个案例中,暴眼的无毛生物也都被看做受奴役者,多比隶属于邪恶的卢修斯·马尔福(Lucius Malfoy),咕噜姆服膺于魔戒的力量。而拯救他们的任务则分别由哈利·波特和佛罗多·巴金斯(Frodo Baggins)完成。这些含义及其视觉特征也被植入对阿比的叙述中。阿比也是以奴隶的身份生活,通常和姆多贡人一起。但其追求解放的任务则是依靠自身的能动性来完成。

然而,阿比不仅由图像构成——他是一个动画表现的互动角色,除视觉性能之外还能发出声音。他最有名的声音是一个响屁,这种元素可能并非源于主流连环漫画,而是出自一些邪典杂志,比如美国出版的《疯狂杂志》(Mad),或英国的Viz,后者曾经塑造过"屁王约翰尼"(Johnny Fartpants)这类反英雄(anti-heroes)式的角色。

尽管在阿比的意象世界中还有很多其他潜在的参考对象,但上述两者已经可以说明相当不同的文化世界正被调动起来。阿丹、哈利·波特和佛罗多·巴金斯都有相当清楚的英雄理想,在流行叙事的传统上,这可追溯至中世纪的浪漫主义文学和民间传奇。相比之下,《疯狂杂志》和Viz杂志的流行文化基本是反英雄的。这种文化的社会职能是直接对抗性和颠覆性的。正如巴赫金(1968)拉伯雷式的狂欢颠覆了官方文化的狂妄自大,以挑衅权威的荒诞版本取而代之,哪怕这仅存在于短暂的时期内。阿比是两者的奇怪混合,既有严肃的、英雄主义的某种追求,如力图解放姆多贡人的努力,也有某种颠覆性的失敬和狂欢式反英雄的荒诞幽默。

除此之外,"奇异世界原住民"也突出了一些强烈的伦理和道德命题,这些命题隐藏于游戏叙事之下并引领着角色的游戏进程。事实上,兰宁评论说,奇异世界的角色是被一些更宏大的议题驱策着前进。游戏的基本情况和目标清晰地反映了对于环境的关注(食品安全、污染、不受管制的工业增长),更广泛而言,是关注贪婪和剥削外衣包裹下的现代资本主义。"奇异世界"的创造者和设计者兰宁明确表示,他想将生态困境"注入"作为整体的游戏,让玩家可以与之互动,并最终战胜困境。(Lanning 2002:2)因此,虽然设置为奇幻背景,但游戏能够调动起更为广泛、更具当代意义的政治动机。

对玩家能动性的研究

本章提及的资料集中来自"奇异世界论坛"(www.oddworldforums.net)上玩家的贡献。论坛将不同讨论主题区分为第一区、第二区、第三区(借鉴"碎裂农场"中工厂区域的分区)。目前(2004年初)全站拥有2437名会员,共贡献9864条主题和164933篇帖子——数字每天都在增加。第一区中有三个版面,"综合讨论版"致力于发布关于游戏的猜想、质疑、理论建设,以及关于奇异世界的知识与细节的普及与强化(51222帖)。玩家可在下列两个版中获得代理能动性:"剧透版"(2625帖)提出未来游戏的叙事发展方向,"奇异世界求助版"(2468帖)为玩家提供技术支持和游戏建议。第二区中,会员可以在"论坛建议与支援"版面中提供关于论坛运行的反馈意见(5671帖)。此外,还可以参与"题外话讨论"版,这是人气最高的一个版面(79733帖),玩家们在此培养和巩固友谊。集体能动性主要表现在其他版面上:"奇异世界角色扮演版"(6025帖)展现了一个持续进行的、基于文本的角色扮演类游戏,详细阐述"奇异世界原住民"最初的理念,并允许玩家将自己代入奇异世界的环境中。还有"粉丝角"版面，聚集着喜欢创作游戏小说和粉丝艺术的玩家（15089 帖）。

论坛的集体性质还表现在以下事实当中：论坛成员对论坛环境负有管理职责。一些会员被提升到监管位置，维持在线交流的规范。他们引导玩家在可接受的领域内进行讨论，制裁那些试图违背游戏的伦理和政治"价值观"的人；他们鼓励参与者以相互支持而非破坏性的方式参与讨论。

分析这些数以千计的成果的一部分——尤其是综合讨论版和粉丝角——为我们提供了前述班杜拉模型中三种能动模式的具体实例。在下面的讨论中，我们主要讨论在 2001 年 4 月至 2003 年 10 月间发布的帖子，发帖人的网络昵称不作翻译，如需引用，我们对内容将不做任何改动。

个人能动性

如前所述，一般对能动性的理解是指人们通过运用某些个人控制力，促使事件发生或影响事件的方式。能动性包括意向性（intentionality），不仅指对未来事件的预期，也指为促使事件发生而积极主动施加的干预。电脑游戏邀请玩家行动于并作用于游戏世界，突破重重关卡去往未知地带，以保证由不确定事件组成的因果链条转动起来。这些行动都伴随着意向性，它们会导向你期待的结果，但也会产生出乎预料之外或你所不希望看到的结果。

在提供"快速保存"功能之前，角色一旦死亡，玩家就可以返回先前存储游戏的"选择点"，以确保在此之前的游戏成果不会丢失。但在奇异世界系列第一款游戏《阿比逃亡记》当中，常常会出现意料之外的结果。这款游戏拥有开放式结局，游戏的最终结果如何取决于玩家是否遵循了游戏的主要目标之一：从"碎裂农场"救出九十九名姆多贡人。在带领姆多贡人进入安全地带的过程中后，玩家必须就清除障碍的方式做一选择和排序。玩家或者先清除障碍（[让姆多贡人]"待在原地不动"），或者带着姆多贡人一起行动（"跟我一起来"）。玩家所作的决定可能会导致姆多贡人死于自动电锯、坠落物品、炸弹，或被那些热心过头的巨鸟们打死。尽管游戏允许玩家（即阿比）一次又一次重玩同样的事件，但不会让死去的姆多贡人复生。即便玩家抱有最好的意图，也可能将本应解放的个体推向死亡。

然而，我们也发现，游戏提供给玩家一定程度的自由，使他们能够实现那些他们希望发生的游戏事件。在《阿比逃亡记》当中，玩家就可以发起行动以"确保在研磨车间失踪的兄弟们得到解放"（Sad Mudokons 的帖子）。但是，能动性也具有适应性（Bratman 1999）：在最初的游戏动机通过行动被部分达成之后，玩家可以依据新获取的信息对其加以调整、修改甚至反思——包括内嵌于游戏文本之中的素材。正如玩家 Sliversnow 所说："这并非一款寻常游戏……而是为玩家和游戏本身提供了诸多可能性的世界。"

奇异世界论坛展现出玩家在游戏当中审视自己的行为和实践个人能动性的众多方法。比如对隐藏能力、行动的讨论，在此游戏设计者制定的预期技能标准被搁置一旁，游戏角色被发掘出诸多奇怪的技能。如"Meep 空翻"的例子：

> 你可以让 Meep 做后空翻，呵呵……它们起来之前会略微蠕动，有点怪异。……为了让它们翻转过来……你必须把它们扔到或移动到墙边去。（Paramiteabe）

Pinkgoth 是另一位热衷于开发阿比操控的次要角色的能力，并在论坛上分享这种乐趣的玩家。这些次要角色有很多比阿比更加原始和粗野。拥有这些角色，让阿比在通过不同区域时能够重新安排它们的位置，并免受攻击。这些角色对作为游戏目标的环保行动主义贡献甚少，但 Pinkgoth 认为："我最喜欢的是其中最野蛮的那个：四脚鸭。对我而言，四脚鸭是一种自然力量的象征，这种力量映射在我的生命哲学当中，是本能的和肉体的。"考虑到游戏中大部分内容是主角逃离的故事，只留给 Pinkgoth 很少的机会让他作为四脚鸭来参与奇异世界，但他仍然认为这是这款游戏的主要乐趣所在。与之类似，Fazaria 也认为"一些看似不重要的东西，比如放屁（呃，这一点实在是太重要了！）及阿比的伙伴（姆多贡人）对此的反应是一种简单的快乐。☺"

玩家对奇异世界的空间、角色设计和角色动作也大为赞赏。正如 Xavier 所说："游戏令人难以置信的丰富。每屏图画当中都有数以万计的细节。停下来欣赏这些图画，你会发现它们的确非常美（错拼成'beatifull'）。"YyA 以探索 Mudos 大陆（出现在《阿比逃亡记》和《阿比逃亡记奇异世界》中）为例，也认为游戏"每一屏都展现出一种独特的美"。Lampion，一个巴西玩家，表示："游戏的层次感看上去如此复杂和富有细节魅力，让人对即将到来的事件保持着不断增长的期待感和好奇心。"Dequibenzo 则强调了"空间"交流功能的重要性：

> 奇异世界告诉我们怎样才能创造一个经典的故事。不论在何种媒介当中，你都必须首先创造属于你自己的世界，使它对你自己而言是真实的，然后当你让访问者进入这个世界的时候，要让他们有机会参与其中……一个真正的故事讲述者创造出世界，然后用故事来探索它，这恰恰就是"奇异世界原住民"已经做到的事情。

玩家的兴趣和参与感也是由故事情节引发的，这实际上包含着对资本主义工业化的一种批判。游戏具有掀起更为广泛的政治论争的能力，我们可以在 Scrub 针对粉丝论坛的疑问中发现这一点："我感兴趣版上有多少人开始废物回收利用，支援世界野生动物基金会（WWF）这样的慈善机构来拯救动物及其所赖以生存的栖息地？要知道它们之间的关系比我们人类与生存环境的关系更为久远？"我们在此或许可以看到一种能动性的延伸，它超越了游戏本身，超越了游戏开发者设定的目标，反映出游戏在现实世界发挥潜在作用的可能性。关于这一思路的其他发言更突出了游戏在玩家身上施加的政治影响：

> 没错，其实我们都是 Khanzumerz，我们的人生依赖于公司和企业的产品服务……我坚定地反对物质主义和商业主义……假期变成了促进消费的卖点，这真是让我感到厌恶……我很肯定和奇异世界一起成长的这几年，使我在最容易受到影响的岁月里保持了清醒……对此我深表感激。（Max the Mug）
>
> 奇异世界完全改变了我！我突然意识到南北战争之前我们让非裔美国人和印第安人经历的痛苦。我在姆多贡奴隶和泰诺人或非裔美国奴隶之间找到了联系。（Slig Hunter 72）

其他玩家在论坛上的发言也反映了奇异世界和当代世界之间的关联：正如 SadMudokon 所说，奇异世界是一个"与我们自己的世界相类似的世界，它呼唤着人们的理解，去把握那种隐藏在企业制度背后残酷无度的神学。我们所认为的真实是企业家告诉我们的"。

这些发言表明——正如我们在此前一些章节已经认识到的——玩家可以以多种方式参与游戏。尽管游戏具有强烈的叙事目标——阿比同伴的营救，但它仍可以被从视觉、情感和主题等多个层次加以解读。你可以随意探索游戏世界，而把看似偶然的细节和角色当作"只为游戏而游戏"的对象。尽管这些选择和潜力都编码于游戏系统和游戏的视觉设计当中，但游戏进程并未局限于单一目标的完成，而明确允许以多种形式实现个人能动性。

代理能动性

如前所述,游戏世界象征着真实世界。在游戏当中,个体并不总是能够对影响他们行动的外在条件施加控制力。正如在现实生活中,只有很少的人拥有足够的时间、精力和资源以掌控自己涉及的各类活动。在此条件下,班杜拉(2001)认为个体可以利用一种社会中介形式的能动性,他称之为代理能动性,即人们努力以某种手段争取那些拥有资源或技能的人按照他们的意图行动,以协助他们获得期待的结果。上一章中我们已经看到一些玩家协同作战的例子,而同样的情况也通过网络论坛这种间接方式发生。

游戏攻略的生产和使用是代理能动性的一个重要案例。正如我们在第七章中讨论过的,攻略再现了已经玩通关的玩家的成功战略。虽然游戏杂志会为玩家提供线索和作弊的方法,但更为清晰和全面的游戏攻略一般是由网络上的玩家提供的。而除此之外,"奇异世界论坛"也提供了其他一些不太被注意的关于代理能动性的案例。

其中一个在玩家中引发了最大争议的话题是非互动性过场动画的作用。在《阿比逃亡记》这类主机游戏当中,在每一关完成时,过场动画往往用来引入故事情节的变化。有些玩家感觉过场动画损伤了游戏体验,(从开发者的视角)强化了特定版本的游戏,可能会和玩家当时自身的行动方式及其与游戏角色的关系相冲突。然而,对奇异世界的粉丝级玩家而言,则不会出现这种情况,如 SadMudokon 所说:

> 我就是为了过场动画、精致的游戏画面,以及对角色个性的深入洞察才玩这款游戏的。它们过去是,现在也依然是奇异世界的关键性因素。

Lampion 也同样认为过场动画非常之重要:

游戏过场动画和游戏本身一样重要，因为它们提供了故事情节，以如此深入和细致的方式描绘了人物，而游戏进程的其他部分做不到这一点。

在此我们观察到，过场动画不仅是对完成阶段性游戏的奖励，也是当玩家在平行的故事线索间切换时，得以进入故事主线的途径。

在游戏的具体情境中，开发者并不对游戏世界里所有物品作出解释。"奇异世界原住民"创造了一个复杂而广袤的世界，包括细节丰富的生态系统和景观。它最为独特的方面来自其与真实自然界的关系及其所采用的技术手段。从生态的角度看来，阿比所属的姆多贡人种群是令人尊敬的。它们对土地保持谦恭的态度，生活在平衡当中。而当玩家进入游戏时，自然秩序已然崩溃。因而，游戏所追寻的目标正是重新找到一种与自然交流的方式，一种逃离工业压迫的新的环境秩序哲学。在此过程中，玩家们观察到某些物种已经被格鲁贡人抽离出它们原始的生态系统，被投入工作，用作实验或制作食物、饮料的原料。伴随着阿比逃离工厂区域界限的旅程，玩家得以在他穿越的大地上一瞥过往岁月。他经过墓穴、矿井和庙宇，里面藏着壁画、雕刻和废弃的工具，这些都是史前时代所遗留下来的蛛丝马迹。以这样的方式，开发者给玩家提供了一些历史和文化的"空隙"，让他们可以填补。正如 TyA 所说："奇异世界之谜始终存在，这种谜题是最吸引我的。"游戏论坛的功能之一，就是对游戏中各种物种的进化过程、生活方式和传统提供理论阐释和说明。

以"Vykkers 的脚"为主题的讨论是玩家参与理论探讨的一个典型案例。在此我们可以看到 The Khazumer 首先结合游戏背景提出关于 Vykkers 解剖学准确性的追问：

Vykkers 原本是树生动物吗？好吧，至少对我而言，它看上去不像拥有这方面的能力（爬树）……我想它们腿上的针脚是截断其他手臂的结果。我认为它们的三条"腿"原本是用来爬树的主要肢体。但他们在陆地上行走时就糟透了……大家怎么认为？

这一思路引来了 22 名玩家在 7 天之内发了 58 篇跟帖。在讨论中，有人觉得针脚表现了该生物对环境变化的自我调整，也可能因为这种生物有自虐本性。最终，Vykkers 自我繁殖的说法被建立起来，"类似澳大利亚竹节虫所做的那样"（根据 Mac the Janitor 的说法）。在这里我们看到一个协商建立背景故事的过程，是现有故事情节之前的一段历史。这种实践就涉及代理能动性，因为玩家后来将这种讨论的成果视为确定的知识；但它也同时带有集体能动性的特征，因为玩家是在集体建构超越游戏内容本身的意义。YyA 说：

我已经……读到很多关于奇异世界的卫星的有趣理论，也有理论认为奇异世界或许本身就是一颗卫星。一些理论是关于前格鲁贡人（工业家）时代的，还有一些理论认为姆多贡人的性别不可能 100% 都是男性，而应该有女性。

集体能动性：粉丝作品

粉丝生产实践——粉丝艺术和粉丝写作——或许是表现集体能动性最为充分的案例，尽管它也反映出代理能动性元素。粉丝艺术作品可能会被那些对游戏文化价值持有负面看法的人认为是非原创的、机械的、肤浅的和易为的——与对艺术的传统定义形成鲜明对比，传统观点认为艺术应该是原创的、个人的和来之不易的。然而，在数字化审美的平滑表面背后，所有游戏都包含着植根于传统工艺技巧的设计阶段。日本游戏因以创意艺术家精心绘制的绘画为基础而知名，奇异世界也不例外。官网极力强调关于阿比的形象脱胎于数百幅铅笔素描，并在网上展示了其中一部分。由此我们可以看到古老的、个人的铅笔手绘技艺与对动画角色、交互世界的数字建模平起平坐。粉丝们创作艺术作品，并将之上传到论坛以求评论和反馈，也是秉持这类价值观利用自己的"创作"参与着同样的实践。

论坛上粉丝艺术的展示者巧妙地运用不同材料和工艺（如铅笔素描、钢笔插画、木偶、橡皮泥模型、电脑绘制的蒙太奇效果图及其他原创艺术）来探索奇异世界的美学观念。以这种方式，粉丝们公开地完善和掌握了他们对工具和技巧的使用，评价他们自己和他人的作品，还从"奇异世界原住民"艺术家和设计师那里学到了东西。实际上，奇异世界论坛成员的艺术实践可以和文艺复兴时期工作室学徒工的实践相媲美，他们对卡通、漫画和数字艺术行业中大师的钦佩和他们对绘图技术的勤奋练习，都惊人地富有传统特征。比如 Paramiteable 关于如何根据拓片绘制铅笔画的建议：

> 这不太难，在了解了使用何种方法之后，就会非常简单。它主要涉及如何勾勒照片，任何人都可以做到。你需要有一张黑白照片。用铅笔在照片背后轻划，翻过来，将照片上的图像勾勒在纸上，别太用力。你会自然获得转移到纸上的图像线条，换句话说你临摹了原图，得到一个模糊的图像，现在你唯一要做的就是用小线条补充明暗调子。就这么简单……爱信不信，即便是原画设计师也可以在适当的时候临摹，所以临摹吧，那会让你感觉非常棒。

考察论坛成员对作品的评论，我们会发现通用的"行业标准"（可以显示出在游戏产业中的职业发展潜力）成为赞美此类艺术品的最高形式。比如在面对 Tybie_odd 和 Red Muse 的作品时，Splat 说："哇哦，这些画太美了！你们都会成为游戏角色的设计师的！你们会一年赚上几百万！"同样，和奇异世界艺术家及其他艺术家（致力于非奇异世界艺术和文学的创作）作比较也用以表达对论坛发布的作品的欢迎和高度肯定。在另一个主题下，Splat 是第 13 个对 Canned Gabbiar 的作品作出回应的人，这次他以不同的思路欢呼道：

> 哇哦！这些作品怎么那么光辉夺目！我笑，我哭，我以敬畏之情瞻仰您纯粹的艺术禀赋！毫无夸张！我绝对真诚地说，你应该接受一份奇异世界角色设计师的工作，你应该得到这份工作，没有人可以竞争。老实说，我刚将你画的绒球（fuzzles，游戏人物）设为我的电脑桌面，太赞了！

创作者们在这里得到迷恋游戏视觉设计作品的观众们直接或间接的声援。论坛版主 Al the Vykker 会说明会员们的职责：不管是对新人，还是有经验的艺术家、作家提交到论坛的作品，都应给予支持和鼓励。他曾打断一个漫长的排他性的跟帖讨论，建议会员们"尽量公平地去欣赏他人的作品，而不是仅仅在这里看一个人的作品，我建议大多数聚集在'粉丝角'的人努力变得更加细心，给其他艺术家一些反馈"。

当夸赞变为建议时，发帖人也会以温和的方式发表建设性批评。在各组跟帖中没有过分诋毁他人艺术作品的帖子。比如，当 Dipstickk 以"阿比绘像"（图 12）为题提交了他的作品之后，Sligslinger 评论道："不错的作品，继续画下去。附：我可以给点建议吗？不要把阿比画得那么像小精灵。"Dipstickk 接受了这一批评，让步说："是的，耳朵有问题。我忘了它们是紧紧贴在脑袋侧面不能转动的。"同样，在对 Dipstickk 作出表扬之后，Alector 开始关注作品所使用的纸张及再现水准：

> 但请注意：如果画在白色无格纸上的话，它会更好看。纸张

第十章 游戏内外的能动性 187

图 12 Dipstickk 的"阿比绘像",引发了对再现作品应采用适当纸张和所描绘的阿比身体结构是否正确的讨论。(图片来自奇异世界论坛)

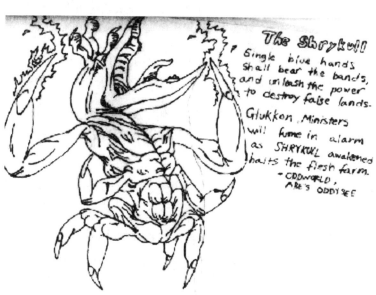

图 13 对史力格(Shrykull)的描绘,它能加强了阿比的力量,使他能击败那些剥削他同胞的人。(图片来自奇异世界论坛)

的条格严重扰乱了铅笔画。(图12)这幅有黄色背景的画看上去很好。它展现了史力格的力量、它的毁灭性和危险性。旁边的诗给这幅画增添了一种神秘感。(图13)

和本节强调的集体能动性一致,论坛有一个很具影响力的主题"分享你的艺术创作心得",其开篇是由 One,Two,Middlesboogie 所写的声明:"在真诚的艺术家之间不存在秘密。知识的汇聚使我们变得更好,所以来分享你成功的秘诀吧。"此主题提供了关于铅笔绘画、色粉笔画、钢笔画和电脑着色的技巧,购买美术用品的指导,还有其他网上美术教程(如电脑艺术家克里斯汀·佩里 [Kristen Perry] 提供的教程)和文档(如安迪·史密斯 [Andy Smith] 2002 年的文本《绘制动态漫画》 [*Drawing Dynamic Comics*])的链接。

经常有因为反馈而重画或修改画稿的情况。文本在这里被认为是一个可以被集体改变、改编和重写的过程,一个未竟的事业,而非静态对象。同样,粉丝雇用/委托其他粉丝为自己的小说作插图的现象也很常见:后者也期望能从小说作家和读者那里得到关于插图是否合适的反馈和意见。Tybie_odd 提供了一个这方面的案例,他的作品题为"在'碎裂衣场'的工作",是根据其他粉丝在"角色扮演版"中创造的人物为主角绘制的四幅图画。其中一个角色是格鲁贡人,名叫 Arnie,他的创造者 Dripik 评论说,尽管他非常欣赏这一作品,但"可能存在一个问题:在我的想象中,Arnie 的肩垫应该更小"。Tybie_odd 愉快地回应了他,表示感谢,并精确实现了创作者心目中 Arnie 的理想形象:"耶,他们喜欢这些画!这相当鼓舞我,现在让我来画 Otto(另一个粉丝创造的角色)吧。马上,Dripik!我把 Arnie 的肩垫改小啦,当我画完 Otto,我会发布新的图。"

在粉丝艺术家的创作过程中,我们能够看到所有的能动性形式。在某种层次上,帖子表现出个人发挥其能动性和培养个人能力时所带有的焦虑、压力和挑战。粉丝们在对彼此的反馈、建议以及专业技能表示支持和进行学习的过程中，利用了代理能动性。而在一个明显的集体过程中，粉丝们相互滋养彼此的创作（有时还跨越不同媒介），携手共进来为各自的生产实践制定标准。某种程度而言，这些实践当然是在奇异世界原始创作者设定的条件范围内进行，但也以诸多方式扩展和超越了游戏本身。

结论

关于媒体生产商和受众之间围绕特定文本和符号世界"所有权"而产生的紧张关系和权力斗争，亨利·詹金斯对粉丝群体的研究已经提供了很多相关例证。(Jenkins 1992) 比如，卢卡斯电影公司为了将《星球大战》相关作品维持在 PG 级 (Parental Guidance Suggested，普通级，建议在家长指导下观看) 而审查涉及色情描写的粉丝作品，曾经遭到粉丝们的激烈抵抗。与之相反，奇异世界的粉丝似乎更认同自己作为游戏品牌代言人的角色；他们几乎不批判——事实上，他们还经常赞美——奇异世界。尽管缺乏相关证据，但我们认为论坛功能可能是开发商市场调研的一种手段，为他们提供了关于游戏魅力的洞见，甚至为游戏未来发展提供了方向。

当然，将这种现象过度浪漫化或将之视为文化生产充分民主化是一种错误。大体而言，开发商依然界定了玩家发挥能动性的条件和参数。不过，正如我们讨论过的，游戏在某种程度上要求甚至依赖玩家能动性的积极发挥，并且与电视这样的传统媒介相比，能动性的表现形式在诸多方面都有所不同。所以，至少我们可以说，对玩家能动性的关注将引导我们重新评估对以下问题的常规臆断：游戏是什么？谁在生产它？怎样生产？

第十一章 电影、改编与电脑游戏

戴安娜·卡尔、迪尔米德·坎贝尔（Diarmid Campbell）

与凯蒂·埃尔伍德（Katie Ellwood）

在约翰·卡朋特（John Carpenter）于1982年拍摄的电影《怪形》（*The Thing*）中，一支孤立无援的南极科考队被一个贪婪的变形外星生物潜入并逐个消灭。电影改编自小约翰·W. 坎贝尔（John W. Campbell）发表于1938年的短篇小说《谁去了那里？》（"Who Goes There?"）[1]，该小说曾在1951年被改编为电影《怪人》（*The Thing from Another World*）。科考队员发现一个看起来已经死去的外星生物冻结在冰块中。然而解冻之后，外星生物立刻狂躁不堪。这一生物拥有模仿其他生物外形的能力，这使它得以潜入科考队。由于无法辨认哪一位队友仍是人类，整个队伍开始瓦解。

2002年，改编自卡朋特电影的电脑游戏《突变怪物》[2]由总部位于伦敦的电脑艺品公司（Computer Artworks）出品[3]。电脑游戏有特定的游戏规则和偶然性，由玩家"玩"出来——他们在游戏世界中推动情

---

[1] 发表该小说的杂志是《新奇科幻》（*Astounding Science Fiction*，1997；Bilson）。

[2] 游戏英文名也为 *The Thing*，但在中文游戏玩家中，这一游戏被翻译为《突变怪物》，为符合电脑游戏文化的惯例，下文将使用这一通用译名。——译注

[3] 游戏由黑色标志游戏公司/维旺迪环球游戏公司（Black Label Games/Vivendi Universal Games）发行。

节发展并与各种对象互动。这意味着即使这款游戏与电影共享同一名称、布景、敌人和类型特征，它们各自所提供的经验必然存在显著差异。而这又暗示我们，要对《怪形》从电影版到游戏版的改编予以研究，需要重新回到类型（在这里是恐怖类型）问题，并重新审视特定游戏中娱乐性与再现性之间的关系。本章中，我们将立足于游戏开发与设计，从非玩家的角度重新审视这一关系。而研究的顺利实现，有赖于《突变怪物》的首席程序员迪尔米德·坎贝尔，以及凯蒂·埃尔伍德这位对源自电影的、由故事驱动的电脑游戏有专业兴趣的游戏制作人、编剧的参与。[1]

由电影长片改编的电脑游戏（以及电脑游戏的电影版本）已在过去二十年中变得相当普遍。某些游戏，如《星球大战》（*Star Wars*, 1983），并不打算在电影的原有叙事上增加内容。它只是"一款三维空间枪战游戏，从电影特定战斗场景中抽取某些元素并将其转化为简单的游戏目标"（Poole 2000: 88）。而另一些游戏，如《黑客帝国》（*Enter the Matrix*, 2003），则将电影原有的素材（对于这款游戏，就是黑客帝国系列电影及其各种衍生品）放在首要位置，在可玩性方面相对着力较小，这一做法有得有失（Carr 2006）。这表明，电影和游戏的捆绑无论在方法上还是在质量上都存在着较大的差异。本章无意对这一现象作全面的讨论，而只限定在一种特定类型的改编。

恐怖类型——从电影到游戏

正如帕特里克·克罗根（Patrick Crogan 2000）所说，卡朋特的电

---

[1] 我们先是对埃尔伍德和坎贝尔做了当面采访，而后又通过电子邮件与他们进行交流。两次采访都在本章初稿当中有所体现，他们的相关论述也被融合进来。埃尔伍德是《大逃亡》（*The Getaway*, 2002）的编剧之一，也是该游戏的助理制作人，后来又担任了《大逃亡：黑色星期一》（*Getaway: Black Monday*, 2005）的编剧。

影《怪形》在类型上是杂糅的（结合了科幻和恐怖两种类型），而其怪物主角是一个更加极端的杂合体——一个能够不断变化而且从外表上难以辨认的捕食者。根据该电影改编的电脑游戏同样杂糅了不同类型——它本身即是电影的改编版本（该片自身就吸收了之前一个电影版本和最初的短篇小说的因素），又借用了诸多不同电脑游戏类型的特征。它采用第一人称射击类游戏和角色扮演类游戏中的某些元素，将之融入"恐怖—生存"模式的动作冒险类游戏当中。

在对游戏《突变怪物》的开发进行探讨之前，有必要首先整体考察恐怖电影和电脑游戏之间的关系。正如塔尼娅·克日温斯卡在《亲历恐怖》("Hands-on Horror")一文中指出的："恐怖类型因为一系列原因已在经历向电子游戏的转变。恐怖类型将死亡作为一种奇观，并承诺存在逃逸的可能。这极大地触动了生理感官，对青少年这一游戏产业的核心市场具有强烈的吸引力。"（Krzywinska 2002：207）在克日温斯卡看来，"电脑游戏的互动性使恐怖类型以困境、危险、袭击和逃跑为基本模式的动态要素大大加强。通过游戏画面和过场动画之间的转换，游戏得以强化'可控'与'失控'之间的动态关系"（Krzywinska 2002：215）。

《怪形》的游戏和电影版本同属恐怖类型，同样致力于塑造模糊地处于人类肉身与外星他者之间的怪物式的"东西"。形态多变且吞噬一切的怪物是恐怖类型中常见的形象。这一可怕的杂合体的力量可以借用精神分析哲学家朱丽娅·克里斯蒂娃（Julia Kristeva）发明的"卑污"（abjection）这一概念来加以分析。在克里斯蒂娃看来，卑污是穿越或威胁我们确认自我感知边界的一种令人不安的现象。卑污者逃避分类，制造模糊，侵蚀秩序并消除区别。[1] 举例来说，尸体是"最重要的卑污

---

[1] 卑污既迷人又可憎。它塑造了"每一个主体都将终其一生所进行的斗争，斗争目标是要被区分出来，也就是说，成为一个发声的主体"（Kristeva 1982：94）。因此，很多文化都发展出与冲破自我边界、区隔边界的现象（比如体液）相联系的禁忌与仪式。

者，标志着死亡对于生命的侵染。卑污者是遭到鄙弃之物……人们不可能像防范一个物体一样来保护自己"(1982：4)。

电影理论家已使用卑污者这一概念对恐怖电影和科幻电影进行研究。如芭芭拉·克里德(Barbara Creed 1990)就将其用以分析1979年的电影《异形》(*Alien*)中的"恐怖女性"形象。《怪形》《毛骨悚然》(*Shivers*)等影片都为观众提供了能够在不同形态、性别和物种之间转换的可憎的怪物形象。全身布满了黏稠液体的异形将人类当做点心或繁殖孵化器。由于拥有无视内部和外部、自我和他人、生存和死亡界限的能力，这些可怕的异物时而富有魅力，时而招人厌憎。

卡罗尔·克洛弗(Carol Clover)曾经撰文讨论，恐怖电影及其挑剔的观众以何种形式折回前电影时代的娱乐形式。恐怖类型片依赖观众"对于其程式的熟悉"。这些电影的特征蕴含于程式当中。因此，恐怖片与民俗实践有着紧密的联系。恐怖类型携带着"所有口头叙事的印记：主题和母题的自由转换、原型人物和背景设置，以及不断累积的续集、翻拍和模仿。某种意义上，在这个领域当中，没有原创，没有'真实的'或'正确的'文本，而只有变体"(Clover 1992：11)。克洛弗认为，这种重复书写意味着，表演或呈现的定式(例如，是什么人，在什么地方，依何种顺序，以何种手段被杀)，远比为创新而创新更加重要。正如我们在第六章中讨论过的，这种对演绎、限制和重复的强调，让我们想起电脑游戏及其中的角色，这在某些方面和口头叙事当中的英雄颇有相似之处。

游戏《突变怪物》的开发商是借助电脑动画特技来表现人如何变形为怪物。正如坎贝尔所说，"我们的人物是由覆盖着皮肤的虚拟器官（手臂、腿、头等）构成的。因而我们可以通过改变骨骼层次结构、调整不同骨骼的比例、粒子特效，以及更换器官等种种手段，来完成变形过程"。在1950年代的电影版本中，"怪物不过是一位身着怪物外套的演员在营地中横冲直撞。所有的一切就只靠一个穿戏装的演员来实现"

(Billson 1997：16)。而卡朋特电影中的怪物则由"泥土、泡沫乳胶、金属机械、缆绳、加热过的百宝金口香糖、草莓果冻、蛋黄酱、奶油玉米、融化的蜡笔以及食品增稠剂"拼合而成(Crogan 2000：3)。卡朋特电影当中对于恐怖的表现是充分和直观的，让人感到不舒服。而尽管电脑游戏运用数码技术对这一变形过程的呈现显得干净多了，但我们仍可在电影和游戏的两种怪物形象之间找到相似之处。

关于卡朋特的电影如何令观众感到震惊、反感或恐惧，包括琳达·威廉姆斯(Linda Williams)在内的众多电影理论家已经进行了相关研究。威廉姆斯挑出了三种喜欢挑逗观众生理感官的电影类型。色情片、恐怖片和"苦情戏"往往被认为是和低文化水平、青年、女性、边缘人群或异类分子联系在一起。这些电影向观众允诺呈现特定的体验，更多是诉诸感官而非精神。而评判它们成功与否，也只需视其能否带来性兴奋、恐惧或眼泪而定。

这些"身体片"中包含着的种种表达不需要太多理由，它本身超出任何叙事功能。然而，正如威廉姆斯所说，不应该将这种过度表达视为毫无缘由，因为泛滥的感官刺激本就是此类电影的既定目标。[1] 玩游戏这一活动注重反应和身体的特质（及电脑游戏本身作为低端文化的地位）即决定了特定类型的电脑游戏与诉诸身体的恐怖电影之间的密切联系。电脑游戏的生理性存在于多个层面。恐怖游戏引发玩家的恐惧感。玩家必须触发化身的姿势和行动，引导其穿越游戏空间，这隐含着一种特定的、具体化的共生关系——此外还有玩家在操纵游戏时的触觉感受。

威廉姆斯认为，"幻想作品并非像它经常被认为的那样，是关于统

---

[1] 批评家在讨论电影《怪形》时也将特效视为"过度"——因为对电影叙事有害。这是感知过度的另外一种情况，往往和低端文化标准有关。可参见比尔森(Billson 1997)对《怪形》的评论摘要。

治与控制的、用于满足愿望的线性叙事。它们的突出特点反而是，欲望的延迟，以及所幻想的对象与事件在定位上的不固定"（Williams 1999：711）。这类幻想作品一直具有突出地位，并长期受到热捧——他们是"解决问题的文化形式"（1999：710）。威廉姆斯以不同的时间性（temporalities）对应三种身体影片类型各自不同的想象方式。色情片是"准时"（on time），苦情戏是"太迟"（too late），而恐怖片是"太早"（too early）！这种焦虑是青春期的特征（但不仅限于青春期），对应那些自己被抓住、被暴露和被伏击的想象。

人们一旦陷入恐怖的想象当中，就会不可抑制地反复考量某个"可疑之处"，这让我们想到电脑游戏在重复性方面的能力。游戏《突变怪物》当中的重复发生在任务层面（打开门，插入钥匙，输入密码，进入房间）和与各种怪物对峙的时刻。游戏中的怪物是由同一主题生发的一系列变体。那些呲着獠牙，伸展着触手，两足行走或四脚爬行的怪物们，躲在阴暗的角落悄悄繁殖，或隐藏在门后伺机而动；有时候你的队友一下子就变身成为怪物，也有的时候怪物从尸体堆当中突然窜出。它们是主动的，并反复出现，并非那种与游戏主角关系固定的单一敌人。如果说，最使人感到恐怖的关键是对于是否做好准备应对危机的焦虑，那么这一点与电脑游戏完美匹配。伏击在游戏当中是经常发生的，这就要求玩家能够以最快速度发现敌人，并毫不犹豫地填装武器。如果不能做到，就会导致伤亡。对游戏攻略的需求就反映出这样的焦虑——它们就是明确地提出警告：[1]

（怪物）将会撞击房间，如果它打破了你旁边的墙壁，它将对你发起攻击。如果你的技术不错，可以绕着箱子的一角攻击它（使

---

[1] 说攻略的语气是"警示性"的，与我们之前将攻略描述为"祈使语气"并不矛盾。警示性在语言层面表现为一种监察的情绪，表达某种警告，因而与祈使语气很像；所引攻略的二三两句即明显是祈使语气。

用第一人称视角)。小心一点就不会受到伤害。如果怪物并没有打破墙壁,也要小心有些怪物的卵已经在繁殖,并且会对你发起攻击。(Morgan 2002)

改编与《突变怪物》

电脑游戏《突变怪物》的开发者尽量忠实于1980年代的电影原作,但它终究是一款游戏,是供人玩的。这意味着,即便将电影当中的内容在游戏当中完全还原,其意义仍会发生改变。正如克罗根在谈及《怪形》的电影版和游戏版时所说:

> 电脑游戏对文化命题或内容的回应可以被描述为模拟情景,以探索其边界,寻找在互动中对其加以控制的方法;而电影则基于以回溯方式布置事件元素的叙事程序,这一程序发挥的是阐示作用。(Crogan 2004: 16)

换言之,在游戏当中,玩家是在对特定情境中固有的限制、选择和策略进行探索。游戏主角、环境和怪物提供一定的变数,供玩家掌控和体验。在《突变怪物》这一案例当中,游戏设置的情景是南极的一支武装力量,在面对怪物的屠杀时,要设法存活下来。为实现游戏的功能,《突变怪物》必须让玩家遭遇挑战,而这种挑战必须是可以战胜的。这正表明电影与游戏之不同。在游戏中,"不可预知的威胁乃至有时无法辨识的敌人及其带来的焦虑,正是为玩家提供的挑战,玩家经过训练即可将之战胜"(Crogan 2004: 16)。只要玩家掌握了足够的技巧——通常是游戏主角几度受伤或被杀之后——潜伏在游戏中的怪物就会被杀死。而电影观众则不可能亲自杀死或战胜怪物,影片中的主人公也不会因为观众不够灵敏就反复地死去。游戏并非简单重现电影中的情节，在从电影到游戏的移植过程中，其功能和意义均发生了改变。

正如第三章中曾经谈到的，玩家的行为将会影响到游戏当中的事件是否发生、以怎样的频率发生和持续多久。这是游戏中的时间和常规叙事中的时间的重要区别之一。此外还有明确的与之相关的空间区别。这里的"空间"是指布景、距离、相互关系，以及探索和导航的隐在范围。[1] 游戏空间的设计及其中存在事物的安置，是游戏的核心。但游戏中的空间并非与电影中的空间毫无联系。网络上玩家创作的《突变怪物》攻略向我们表明，游戏中一些房间的吸引力正因为它们曾在电影中出现过："进入中央监控室，你的视角就被切换到门后面的房间……电影《怪形》的影迷会立刻认出这个房间。"作者强调，一旦场景切换到这个房间，"我敢保证影迷们肯定很想到处摸索"（Morgan 2002）。

在游戏《突变怪物》当中，玩家需要穿过危险的地形，进入特定区域，清除障碍并打开房门。游戏角色可能会因暴露在户外而丧命，因为他们很容易受到恶劣天气的影响。他们在户外的活动仅在一段很短的时间里是安全的，此后其生命值就开始降低。室内空间相对温暖，却正是怪物们埋伏等待的地方（正如电影中那句著名的台词所说，"人体是最温

---

[1] 可参看唐·卡森（Don Carson）的《用环境讲故事：向主题公园产业学习如何构造引人入胜的 3D 空间》（"Environmental Storytelling: Creating Immersive 3—D Worlds Using Lessons Learned from the Theme Park Industry"），发表于 Gamasutra 网站，2000 年 3 月，访问日期为 2004 年 12 月，网址是 http://www.gamasutra.com/features/200000301/carson_01.htm. 更多关于空间、旅行和游戏的论述，可参看富勒（Fuller）和詹金斯的《任天堂与新世界旅行写作：对话》（"Nintendo and New World Travel Writing: A Dialogue"），收入史蒂文·G. 琼斯（Steven G. Jones）所编的《虚拟社会：以电脑为媒介的沟通与社群》（*Cybersociety: Computer-Mediated Communication and Community*, Thousand Oaks: Sage Publications, 1995），第 57—72 页。

暖的潜伏之所")。玩家需要巧妙地对门、室内和室外进行协调。

> 当你遭遇一群怪物的时候，关上每个房间后面的门。这可以让你安心战斗，而不必担心另外一群怪物再涌进房间。如果它们聚在一起，你也可以打开门，扔一颗手榴弹，把它们全都炸死……你有刚好足够的时间进入休息室，不过你也可以用门挡住敌人以防自己被它们包围……如果你很懒，不想自己选择打开哪扇门，那么听我的，打开9、8、6、3然后打开2。其他几扇门后面都有怪物……这样就很容易对付了，对吧？（Morgan 2002）

这样我们就不难理解，为什么游戏设计过程中最为重要的，是对空间和空间当中物品的设置与安排。游戏开发者从电影中选取了几个核心主题（比如侵入、孤立无援和信任），将其融入游戏的动态元素中。而下一步就进入了游戏自身的设计。对于具体的游戏关卡的设计需要考虑到多方面因素的平衡。将游戏可提供的资源和游戏难度结合起来考虑是非常重要的：武器的数量和种类，遭遇敌人的频率或强度，以及体能恢复的能力。在建立起一个"大致轮廓"之后，该关卡的情况将以书面形式设计出来。坎贝尔是这样描述这一过程的：

> 有人会说，"好吧，那么玩家可能会到这儿。我们把钥匙放在这里，然后怪物放在这里，或者那里……而武器则藏在这个地方"。设计者将对记录在纸上的粗略设计作细致的评估，他们会在大脑当中将该关卡走一遍，而且不断想，"哦，我要这么走，现在我要去这里"。他们必须在脑海中作各种尝试，并想象将会发生什么，这是很难的。为已经开发出来的游戏增加一个额外关卡是一回事，而尝试去想象一个尚不存在的游戏的某个关卡是另一回事，后者要困难得多。

除了在关于游戏关卡粗略计划的纸上作业外,开发小组还发现用真人来模拟一些场景也很有用。比如,在一个涉及信任问题的关卡中,游戏角色的队友会突然变成敌人,真人实际模拟这一情境,会提供很大的帮助。开发小组借助这一方法完成了对一个关卡的粗略设计。而在此基础上,就可以在电脑上完成进一步的测试和处理了。开发人员在一个网状结构的区域当中设定了武器和怪物的位置,然后开始动手玩这个游戏,测试其时空体验,并将游戏中的事物调整到"感觉正确"的位置。坎贝尔解释说:

> 屏幕上有很多选项,我们的开发人员可以通过这些选项来改变或增加游戏中的物品,或者调整视角。因而,你可以决定,"没错,我应该把这种怪物放在这里,但是,让我看看,它会一直在这里待到……"然后你可以把一个叫做"位置触发器"(position trigger)的东西放在关卡中的某个地方。只要玩家操控的游戏角色碰到了触发器,怪物就会开始靠近他。关卡编辑可以在几分钟内完成类似设置,并随即尝试一遍以了解其游戏体验如何。

这一步骤应被看做编辑而非创作,它不能代替之前以图纸设计的步骤。首先,设计者对新关卡进行测试的时候,很容易因为自己已经掌握的关于地形的丰富知识而轻易感到满意。为了让游戏关卡在其他玩家那里也运行良好,在对关卡进行测试之前保证其逻辑的合理是非常重要的,比"玩过"它更加重要。需要在纸上做好初步设计的另一个原因是,很可能对于设计者而言,实现游戏所需要的资源和工具还不存在。他们可能正在开发为这款游戏特别配备的新技术或新软件。这就需要在开发游戏之前——至少是同时——确定必要的相关工具和技术。如果没有设计"蓝图"的辅助,开发中的新技术可能反而会对游戏产生不良效果,而无法辅助开发人员的工作。

人物塑造与过场动画

  游戏《突变怪物》的开发人员观看了卡朋特的电影，并选出可以有意义地改编入游戏当中的一些特征。这不仅意味着对形象予以复制，而且是将诸如怪物对人体的侵入、场景设置、极端天气及怪物属性等电影元素转化成为游戏机制（game mechanics）的一部分。游戏机制是指"游戏规则系统当中的任意一点都包含一种，只有一种，可能的互动方式……一款游戏可以包含多种游戏机制，而同一种游戏机制也可以应用于不同的游戏。比如，游戏中如果设置了贸易机制，即意味着玩家可以在游戏中进行物品交换"（Lundgren and Bjork 2003）。

  在电影中，由于队员意识到他们中任何人都可能被怪物侵入，并再无可能变回人类，所以整个团队土崩瓦解。游戏的开发者对这一动力机制作了精心设计。游戏中的每位队员都通过"信任值"（trust meter）显示其对游戏主角的信任程度。较高的信任值意味着他将言听计从。而较低的信任值则意味着他可能会出于自保而攻击主角。特定行为会造成信任值的升高或降低。而相应的，如果团队成员感到恐惧，他们的表现也会恶化。游戏手册提示玩家，"你的队友对于你们所处的局势非常了解，你必须设法控制他们的恐惧情绪，使他们保持稳定"（11页），同时还要防止他们成为你的负担。侵入、信任和恐惧在游戏中是相互关联的，正如坎贝尔所说：

    在开发《突变怪物》这款游戏时，必须对常规的动作类游戏规则加以修改，使之能够反映游戏中发生的这种变化（怪物对人类的侵入），这是在逻辑上很有必要的步骤。将信任值引入游戏机制当中可能看上去并不属于此类改进。但是，在常规动作类游戏当中，好人就是好人，坏人就是坏人，每个人都知道自己和别人的身份,但是一旦引入了侵入这一创意,界限就变得复杂和紧张起来。非玩家游戏角色无法判断另外的角色属于哪一阵营。信任值的引入是无论如何都要做的,我想即使我们不加入这一元素,也必须想出另外的办法,通过人工智能对侵入作出反应。

萨伦和齐默尔曼这两位游戏设计人员指出,一款好的游戏需要为玩家提供有意义的选择,以及相应可觉察的成果。(Salen and Zimmerman 2004:61—6)《突变怪物》的叙事性元素(包括角色描述)给游戏的目标、任务和障碍提供了背景。这样一来悬念得以加强,并且游戏当中的事件被赋予了意义——它们变得既生动,又连贯。正如坎贝尔所说:

> 赋予游戏角色鲜明的性格特征是非常重要的。我们希望玩家在角色上投入情感,并因此在其被侵入之后感到更加不安,还不忍心射杀他们。每个角色都有一套会由特定情况(比如听到有人大声喊叫、被恐吓、寻找朋友)触发的类型对白。这些类型对白以与人物性格相符合的方式表达出来。这意味着,你将任何一个游戏角色放入游戏的任何情境当中,他们都会说出相宜的台词来。我们还为角色设计了会在游戏当中的特定时刻或特定地点触发的一系列台词,这些台词将介绍游戏背景,并引导故事继续发展。然后一些游戏角色会在过场动画中出现。我们也对人工智能的一些参数加以调整,让一些角色相比而言更加容易感到恐惧或陷入疯狂。

相比其他动作冒险类游戏,《突变怪物》中的角色并不需要进行很剧烈的肢体运动——他们不需要跳起来,也不用在地上滚或者爬。这是由很多原因造成的。第一个原因是,游戏设计者将卡朋特电影中粗糙的现实主义视为它的优势之一。这决定了游戏角色的能力应该是正常人类可以达到的（或者只需要有限的能力）。其次，正如坎贝尔所解释的那样，"人一旦被限制了自由，就会感到恐惧。而阻止角色上下张望和跳动，会在相当程度上将玩家限制在其所处的环境之中，并因此增加游戏的悬念"（参见克日温斯卡在 2000 年对于恐怖游戏中的控制机制的讨论）。而第三个原因则事关操作的简便。坎贝尔说："可以实现的动作越多，用于控制的按键就越多。大量按键已经被团队内部沟通和武器操作占用，我们不希望再开发出更多超出实际需要的复杂动作了。"

如前文所述，1980 年代的电影《怪形》翻拍自 1951 年的电影《怪人》。后者是黑白片，与短篇小说原作和后来的电影都有诸多不同。其中一点就是，该电影中还有几位女性角色。卡朋特和《怪形》的编剧比尔·兰卡斯特（Bill Lancaster）也曾考虑在电影中加入女性角色，但最终放弃了，理由正如卡朋特所说，这要"更加实际一些"（转引自 Billson 1997：35）。在兰卡斯特看来，加入女性角色是"毫无意义的"，并且还不得不为她们加入"必不可少的爱情场景"。（转引自 Billson 1997：35）现实主义风格方面的考量也与之相关。该电影所要表现的，毕竟是丑陋的外星怪物古怪的行为。[1] 按照迪尔米德的说法，游戏《突变怪物》摒弃女性角色的原因同样不稀奇：

> 在我看来，这不过是一个经济问题。所有男性角色都共享同一副骨骼和同一套动画素材集。动画素材集中包含大约 120 种不

---

[1] 实际上，从 1960 年代开始，就有很多女性科学家在南极工作。在此之前，科研设备为美国军方控制，而他们不允许女性进入这一区域。根据 2002 年的新闻报道，这一地区男性数量超过女性一到两倍，但是在一个科研团队当中，一个女性都没有的情况也是非常少见的。可参见克里斯汀·哈钦森（Kristen Hutchinson）的报道，发表于《南极太阳报》（*The Antarctic Sun*）2003 年 11 月 9 日，在线阅读的网址为 http://www.polar.org/antsun/oldissues2003—3004/Sun110903/womenCrackTheIceBarriers.htm，访问日期为 2004 年 12 月。

同的动作（"跑""走""侧移""投掷"）。加入一个女性角色意味着需要设计一副新的骨骼，并重新设计大多数动画。考虑到我们的动画师数量有限，PS2上的存储空间也有限，我们决定放弃这一想法。

和很多3D游戏一样，《突变怪物》中也有过场动画。从某种意义上说，这些实时连续动画是电脑游戏对电影的一种补偿。在一些游戏设计者和游戏剧本创作者看来，过场动画自有其功能（而非仅仅起到装饰作用），因为它们重建了连贯性、情节和人物性格等在游戏操作层面趋于消失的特征。将过场动画与叙事性联系起来，将游戏关卡与娱乐性联系起来，是一种过于简单的处理方式。但是在传统的动作冒险类游戏当中，这样的简单对应已经成为一种传统。关卡意味着一种操作上的互动，但过场动画是非互动性的故事陈述。

事实上在《突变怪物》这样的游戏中存在着不同程度的互动。例如，一个非玩家角色可能会靠近玩家操控的化身并对其讲话。这会用到少量动画，在此过程中玩家未必会被完全剥夺游戏的控制权。而另外一些情况下，需要在特定的段落中传达更为复杂的信息，或需要在不干扰游戏进程的前提下向玩家传达某些细节。于是，过场动画被引入游戏当中，而玩家暂时丧失了控制游戏的权力。

创作过场动画并将其插入游戏当中会给游戏的开发者带来很多问题。过场动画放映期间，玩家对于屏幕上的事件毫无控制力，因而首先必须确保游戏中其他任何事物都不会在此期间发生变动。正如坎贝尔所说："玩家肯定不希望在即将进入过场动画的时候，怪物正冲上来虐打他所操控的角色，更不希望这种攻击在过场动画的时候会继续！"对于《突变怪物》的开发人员而言，找到有效并且有效率的方法将过场动画插入游戏当中，是一个重要的课题，特别是要避免游戏关卡和过场动画之间表现出明显的不一致。过场动画越复杂细腻，它与游戏关卡之间表现出不一致的可能性就越大。两者在游戏中共享同样的背景画面，因而，像血液飞溅或尸体消失而后又重现这样的画面错误都非常容易被玩家察觉。坎贝尔说，这些衍生的问题只有在开发过程中，才会一点点显露出来：

> 只有完成了相当多过场动画之后，我们才可能意识到困难所在。后来我们开发了一个系统，借助它我们可以查看任何一段独立的过场动画并确定哪些角色对其而言是必要的，而哪些不是。必要角色（比如有重要言论或行为的角色）必须在该过场动画开始时仍然活着。很多时候我们都不得不让团队成员肩负"重要使命"活下去——他们必须活着，因为他们要在稍后的过场动画中出场！

过场动画分为两种：预置的和实时的。预置过场动画是指预先录制剪辑完成，存储在游戏碟片当中，在闯关完成时被触发放映的过场动画。动画中的角色、布景和道具可能都是取自游戏，甚至动画本身就是通过游戏引擎制作的。在游戏被送出开发工作室之前，动画就已经被制作完成并储存下来了：这是不可更改的。正如坎贝尔的话中暗示的，必须对带有预置过场动画的游戏进行周密计划，以避免其对游戏世界的"真实感"造成破坏。

在玩游戏的具体过程中，玩家狂躁地按键、重复、探索和试验等种种情况，都会导致游戏的不可预知性。游戏体验是被设计出来的，包含有种种限定，但是玩家的行为是难以预料的。细致的计划会减少从游戏画面到过场动画之间衔接错误的比例，但是完全避免此类错误则绝不可能，尤其是因时间紧张，过场动画与游戏关卡同时编辑时。有人或许认为，聪明的设计可以完全避免这种衔接错误的情况，但过度的决策可能反而会损害游戏的娱乐性。

和预置过场动画不同，实时过场动画是通过游戏自身加载的。这些动画和游戏画面基本没有差别——同样的角色在同样的场景中移动或谈话。所有一切，从角色到光线，都以同样方式制作出来，因此动画中的事件在呈现形式上与游戏的其他部分一模一样。在有些游戏设计者看来，实时过场动画只有在严丝合缝地嵌入游戏关卡时才能够发挥其最大潜力。坎贝尔告诉我们，这就需要开发者们对场景描述的重视胜过动作设计：

> 我们着力渲染故事当中富有感染力的部分，让玩家进入一种感情情境当中，赋予游戏更大的自由去决定各种事件自身确切的性质（谁，在哪里，发生了什么，等等）。尽管如此，为实现这一点，我们需要游戏角色能够对不同事件作出具有现实说服力的反应，并提供相应对白。这是我们正着力应对的挑战。

这是一个技术问题，人们希望能够依靠代码/人工智能而非底稿来完成衔接自然的过场动画（以及，推而广之，游戏中的故事讲述）。这样的话，过场动画就会变得不那么死板，而与游戏关卡一样灵活。有人认为，在这种情况下，游戏的再现层面（比如叙事）和娱乐层面之间的矛盾将会凸显。如何保持玩游戏过程中的自由、能动性和不可预知性就成为挑战，而游戏的叙事因素也面临着丧失其在营造气氛和激发情感方面的能力的危险。

改编——从游戏到游戏

还有一些改编和类型方面的元素，可能对于使用者而言，不如上述几种那么显而易见。即使同类型的不同游戏之间，屏幕上展现出的动作也千差万别。但是，在此之下存在的若干层次上的编程，虽然有些是专为特定游戏编写的，但多数是通用的。因为在类似结构的游戏中存在着大量可以共享的功能。例如，很多游戏都会接受玩家输入的内容，播放录制的音频样本并改变其音高，以及将物体放置在3D空间当中。在游戏中可以移动的物体都会设定碰撞概率。这些元素在很多游戏中都能够看到；它们只是在不同的实例中，被不同程度地应用而已。

游戏引擎将考虑到所有这些基本元素：物理模拟、游戏世界中的实体、控制系统、用户操作。各种各样具体的游戏建立在游戏引擎的基础之上。例如，在《突变怪物》中有侵入、信任和恐惧等机制，而相关代码也被设置在更加具体的层面上。对游戏开发者而言，真正的挑战是在整体上对他们所有的游戏进行考量，看什么可以被看做共用的，而什么又是"游戏特色"。坎贝尔估计《突变怪物》中有大约20%到30%的元素是专用的，而另外70%到80%是可以重复使用的。考虑到凭空开发一款游戏的成本，创造出通用和可转化的代码的价值就显而易见了。

电脑艺品公司在研发《突变怪物》时面临的挑战之一，就是在开发游戏页面的同时开发游戏引擎：

> 我们的游戏引擎部分来源于此前的一款作品，《异魔变》(*Evolva*)。但是到开发《突变怪物》的时候，我们无疑经历了一次大的改进。现在我们发现，已经能够以低成本来制作高品质的游戏了，因为我们已经有了几款相当不同的产品，它们都可以对新游戏的游戏引擎有所贡献——而它们本身也在游戏技术方面互相受益。

那么，目标就是开发出一个具有足够普适性的游戏引擎，使游戏开发者能够借以制作一系列的游戏。当然，限度仍然存在——《突变怪物》的引擎就只适合制作3D游戏，而非基于文本的角色扮演类游戏。

但除此之外，它具有相当大的开放性。坎贝尔说："关键在于要将你的游戏引擎做得尽可能富有弹性，使得只有在极少情况下游戏开发者才会认为该引擎无法满足要求——一旦出现这样的情况，我们就更新它让它变得合适。"

结论

游戏《突变怪物》是原创的游戏机制和自电影引进的怪物形象的结合体。正如克罗根所说，外星怪物本身

> 即可被看做以视觉形式表现类型之悖论的最具深意的尝试：和"类型"一样，怪物自身并没有可以确认其身份的特征，必须依靠寄居于某一偶发事件当中，才能表明其属性。它努力吸收的每一种新形式，都会相应派生出新的、与之相适应的特性。因此，他没有独立或固定的身份，而是随着每一种新形式的出现即时变化。（Crogan 2000：4）

考查恐怖电影和恐怖游戏之间的关联需要考虑二者的连续性。例如二者都与程式、表演和重复相关，都在青少年当中流行。恐怖电影使人想起古老的民俗叙事，并指向感官刺激，电脑游戏同样如此。电影《怪形》和游戏《突变怪物》共享同一种怪物和变形的主题——外星怪物自身的寄生突变和团队内部信任感和恐惧感的转变。

电影对于不信任和侵入的描述，在游戏叙事层面（在非互动的过场动画中）和游戏机制（作为游戏中的一个变量，玩家必须对之有所反应或设法承受）两方面都有所表现。游戏中紧张氛围和悬念的制造也依赖于再现性与娱乐性两个方面的元素：孤立无援的背景就制造出一

种可怕的气氛。而游戏自身特点也衍生出一些独特要素，例如角色如果在极度寒冷的环境下暴露一定时间，健康就会遭到损害。游戏角色被赋予不同个性，以期能够让玩家在他们身上投入更多情感。而这些角色的个性也包含了不同的娱乐性变量，不同角色对恐惧的敏感程度不同，并拥有不同技能。

游戏产业内部对于游戏操控系统和人工智能的进一步开发可能会导致故事讲述和游戏操作之间的界限变得越发模糊。但正如在开发《突变怪物》（以及玩这款游戏）的过程中我们看到的，游戏在娱乐性与再现性两个方面的特点其实已经在协同发挥作用。它们是相互影响的，并在限定或拓展游戏体验方面发挥各自的作用。

第十二章 游戏与性别

戴安娜·卡尔

在现有的游戏研究中存在着一个有趣的悖论：尽管众所周知，游戏玩家主要是男性，但在游戏与性别的问题上，大多数评论的焦点却集中在女性身上。很多研究者都认为这一点非常重要，游戏文化中女性的边缘化带有明显的性别歧视意味，并折射出现实社会中更加普遍的不平等问题。另外一些研究者——尤其是那些关注平等与教育问题的学者——则设想，电脑游戏这样的休闲软件能够激发年轻女性对科技和理科的兴趣（参见 Gorriz and Medina 2000；Gansmo, Nordli and Sørensen 2003）。他们担心女孩在学生时代对这些学科的逃避，会导致女性在将来很难在相关领域中跻身前列。此外，一些游戏开发者和设计者为了扩大市场和吸引多元受众群体，也开始对女性和游戏这一问题加以研究。（Laurel 1999；Graner-Ray 2003）

如上所述，很多理论家出于不同的兴趣和动机，借助各自的理论方法和专业背景，已经对女性和游戏问题进行了一些研究。本章为介绍这类研究，将涉及再现、玩家和玩家文化等问题，同时也将关注游戏产业中的相关问题。在探讨游戏中的性别问题时，将讨论限定于分析屏幕上性别化的身体的再现，是可能的和有价值的。但是，如果将意义（比如"某一形象的意义"）与阐释和接纳相联系，我们还需要关注游戏玩家。而玩家（当然也包括研究者）是社会和文化语境塑造的。进一步说，游戏产业主要是针对男性受众，进行电脑游戏的开发、生产、发行和流通的。因此在本章中，我们将首先探讨游戏文本、性别和再现的问题，随之讨论电脑游戏生产和接受的社会语境。

作为再现的游戏

最近，一篇由"娱乐和休闲软件出版商协会"（the Entertainment and Leisure Software Publishers Association，缩写为 ELAPA）发表的题为《年轻女性与游戏手柄》（*Chicks and Joysticks*, Kortoski 2004）的报告中列出了一些关于女性玩家的数据。数据表明，男性相比女性对游戏的兴趣更加浓郁的现象只存在于特定国家和特定类型的游戏中。"英国女性玩家的平均年龄在 30—35 岁，占全英国玩家的 27.2%，每周平均花 7.2 小时玩游戏"。不同国家之间游戏玩家中的性别分布模式差异显著，这意味着性别这个单一要素无法成为预判游戏玩家基本情况的可靠依据："在世界范围内，美国、日本、韩国的女性玩家较之英国比例更高，分别为 39%、36% 和（相当令人讶异的）65.9%。"显而易见，女性也会玩电脑游戏，仅仅将电脑游戏和青少年、儿童联系在一起也是有误区的。尽管如此，在一般的想象中游戏依然是"为未成年男性准备的"。（Kortoski 2004：11, 10, 6）另外一些研究还发现，尽管女性玩家并不把电脑游戏看做专属于男性的爱好，"但她们也能感觉到，很多不玩游戏的人会认为只有男性才将电脑游戏作为消遣"（Kerr 2003：283）。

有研究者认为，女性对电脑游戏的疏离主要是因为其再现性因素——游戏中女性化身的"外形"（参见一份"内容分析"的文献 [Bryce and Rutter 2002]）。女性形象直到较晚近的时候才被植入游戏当中，不是作为奖赏（挑逗性的装饰）就是作为目标（等待拯救的公主）而存在。但是，最近几年游戏中女性化身的种类和可选择度都有相当程度的扩展，以至于认为电脑游戏缺乏女性形象的论调变得颇值得商榷（参见 www.womengamer.com 中对"数码女性"的讨论）。在很多（尽管还不是全部）角色扮演类游戏当中，玩家有权选择游戏主角的性别。在一些多人在线角色扮演类游戏中（正如我们在讨论《混乱在线》时提到的），玩家的选择可以扩展到化身的身体细节——从体重、身高到发型，虽然并非所有在线角色扮演类游戏都能提供这样的选择余地。泰勒（Taylor 2003）针对女性、快感和游戏所作的研究表明，对于多人在线游戏的女性玩家来说，能否自主创建化身的形象（还是必须接受已经设定好的各类外形）确实是一个问题。在对《无尽的任务》（一款魔幻类多人在线角色扮演类游戏）进行研究的时候，泰勒发现女性玩家们常常"为围绕她们化身的相互矛盾的信息所困扰，不得不'搁置'或无视化身的形象"。游戏中的化身，无论男性还是女性，其身体特征都是被夸大的，但是对于女性化身身体的夸张饱含着性暗示的意味，"胸肌和肱二头肌既是男性的性符号，也同时表现了力量……但硕大的女性胸部就仅仅是一种性符号了"。（Taylor 2003：36，39）

在很多游戏当中，被特别"标志"的或被边缘化以至于缺席的性别，都是女性。正如我们在第十一章中提到的，在《突变怪物》当中，所有游戏角色都是男性。或许有人会举出《奇异世界：阿比历险记》（在第十章中提到的一款动作冒险类游戏）的例子，在这个游戏当中主角阿比和他的外星伙伴都是雌雄同体或中性的，但——正如"阿比"这个名字清楚显示的——实际上这款游戏的主角显然是男性（尽管有些玩家可能有不同的"解读"）。尽管阿比所崇尚的男性气质和游戏里那些宽肩膀、喜欢欺负人的格鲁贡人的男性气质大异其趣，但重点是男性特质似乎作为一种多少带有普适性意味的性格特征，弥散在所有游戏角色身上,像一种中性或默认的分类。因此,游戏角色如果携带女性气质是相当"难得"的。众所周知,在一种文化当中——无论是男性中心的文化还是白人中心的文化(Dyer 1997;Hook 1992)——"中性身份"(neutral identity)是和定义这一身份的权力紧密相连的,并且只能由占有权力的阶层赋予被"标志"的边缘的阶层。朱迪斯·巴特勒(Judith Butler)就认为,"只有女性的性别是被'标志'、被特别强调的,男性的性别特质才能与普世性的人类特征相结合,因此,女性是用性来加以定义的,而男性则被吹嘘成具有超验性身体(body-transcendent)的普遍人格的载体"(Butler 1990:9,参见其对波伏娃的论述)。

　　游戏当中的再现性因素不应被忽视,但是对这方面的重视与以下事实并不冲突:电脑游戏是通过玩家的"玩"来实现的,参与游戏的人是观众,是读者,是消费者,是评论者,更是一个玩家。乍看上去,电影研究领域关于表现和身份认同的理论可能为研究者提供分析化身性别问题的模型,或帮助研究者理解化身的性别对于玩家"身份认同"的影响,但事实并非如此。在玩角色扮演类游戏或动作冒险类游戏的过程中,玩家可能会专注地凝视电脑屏幕上那个性别明确的形象,但是在设备层面(放映机、摄像机之不同于电脑、键盘和游戏手柄)和参与方式层面(单纯的凝视屏幕之不同于操作游戏),观看电影和玩游戏是非常不同的活动。正如我们在第五章中曾经提到的,电脑屏幕前的玩家投入游戏的程度会伴随游戏当中的情况发生变化,比如我们都曾经历过因游戏当中的重力作用而倾斜身体的时刻,但是这种游戏内外的同步只是理论上如此。在这一点上,我们甚至不能肯定游戏中以此类方式引发共鸣的对象必须是"类人的"(humanoid),更不要说一定具备性别特征了。

　　这表明,如将电脑游戏视为一种文本,那么将玩家定义为一种性别主体并不可行。因此,断言商业游戏将会"对其观众/玩家产生同质效果"(Spielmann and Mey 2005)似乎为时过早。我们曾经讨论过,游戏是以多种方式传递信息，讲述内容，进行叙事，呈现视角，发出邀请和下达指令。不同方式的多元共存意味着有多种"阅读方式"对不同玩家开放（或闭合）。而这些多样性及其（在特定情境下）与玩家主观能动性的不同方面加以结合的方式至今还缺乏研究。

尽管我们可以通过长相、身材和服饰来对游戏中的虚拟角色进行分析，但是贯穿游戏始终，化身的实现，还需要结合它在游戏中采取的一系列行动，以及玩家的操作水平和游戏风格。玩家对游戏的介入和其对化身的操控力（在某种程度上）意味着，尽管化身被预设为具有一定的特征，但是它与电影和小说当中的人物角色存在很大差异。在游戏当中通过对话、手势、动作或化身的身体本身所传达出来的人物特质，会根据玩家的行为或偏好，受到关注或遭到忽略。对化身所呈现出来的意义予以部分阐述是可能的，但是化身的现实化和对其特质的理解仍然因人而异，甚至因时而异。玩家可能在前一分钟还把化身看做一个值得关注的人物形象，被其吸引或是感到讨厌又或是被逗得哈哈大笑，而下一分钟就仅仅将之看做操控游戏的一个工具。

娱乐性与再现性

游戏有其规则。玩家承认由游戏规则造成的行动限制，在此前提下游戏为玩家提供一系列变量、经济结构和配件，供玩家使用和分配。我们用"娱乐性"这个术语来指称游戏的这个方面。我们一直关注的一些类型游戏，都强调其视觉呈现和故事讲述方式——它们在引人入胜的细节中呈现游戏的场景和角色。我们将之称为游戏的再现层面。娱乐性与再现性这两个层面为玩家共同提供信息、指令和邀约，在玩游戏的过程中被有选择地执行。每一个玩家都既是处于特定文化、社会背景下的主体，通过操作键盘或特定的游戏平台，对游戏选项和屏幕上的行动作出解释，在特定语境下参与某种游戏体验（比如我们在第九章中提到的聊天室，或第八章论及《混乱在线》时提到的网络共享空间）。游戏可能会借鉴一些非游戏文本的要素（比如《突变怪物》），也有可能会借鉴不在电脑上进行的游戏（如桌上角色扮演类游戏）。游戏当中的画面和人物也可能会在游戏以外的语境中出现——比如游戏小说和广告当中。因此，游戏的一部分意义存在于游戏本身与更为广泛的文化语境之间的关系当中。

许多化身是对真实的人的模拟——模拟即意味着简化，也就意味着剔除和筛选。在模拟中，哪些元素被剔除，哪些被保留，反映出文化和社会所肯定的价值观（或偏见，或预设）和游戏设计的需要。如《博德之门》中的化身，负重会导致其步履蹒跚，疲劳时战斗力会下降，因此需要休息。但他并没有吃饭、如厕和洗澡的需求。游戏规则也体现出与性别和性倾向有关的设计。《博德之门》中游戏角色的能力属性与其所属种族有关（精灵的力量值就相对较弱），却与性别无关。在游戏的设定当中，女性的体力并不比男性差。只要玩家愿意，完全可以组织一个只有女性角色或只有男性角色的团队，而不会影响游戏效果。而在另外一些游戏中，化身则依循不同的参数设定。比如《虚拟人生》即对角色情感予以量化，游戏角色可以是异性恋也可以是同性恋。他们以朋友、亲人、恋人或夫妻的关系居住在一起。由于感情是量化的，玩家只要用一定数量的礼物就一定能够赢得虚拟角色的芳心。同时，由于游戏还设定了嫉妒参数，所以玩家很难同时维持与两个以上的虚拟角色的恋爱关系。

如第一章中提到的，游戏可以被定义为"用于自发性游乐玩耍的结构化框架"（Pearce 2002：113），而不同的游戏所具有的结构赋予了玩家不同的发挥空间。在第四章中我们提到，玩家在《博德之门》中创建的游戏角色"可恶的琼"尽管被玩家赋予了邪恶性，但其邪恶程度却受制于游戏规则。因此玩家可以选择无视化身被预设的品质，但玩家自己赋予化身的品质也会被游戏规则所否定。与《博德之门》中玩家创造的主角对比，《最终幻想7》中克劳德等角色（正如我们在第六章和第七章中提过的）则更深地嵌入游戏本身的广泛叙事当中。因此，他们在游戏中的性格和性别角色是相对固定的。但是，这无法阻止游戏爱好者在他们游戏之外发挥其源源不断的创造力，对这些角色的性别、性特征和关系进行"再创作"。

从游戏规则和再现的角度来解读游戏当中的性别意义是必要的。但是，这种意义同样是在电脑游戏中被使用、阐释和接受的过程中被创造出来——这就意味着，具有特定文化背景和社会背景的玩家在游戏过程中，会探究特定再现的性别意义。玩家在游戏中难免会进行一些重复性行为、即时反应和自发尝试，这种多样性将对那些试图一劳永逸地解释游戏中角色性别意义的尝试产生冲击。

玩家为化身赋予的意义往往是暂时和多变的，而不是固定的。有经验的玩家能够冷静地将游戏当中用于"装饰"的再现层面与娱乐层面区分开来。而新玩家或比较随性的玩家则会把再现层面的因素看得更重要一些。很难说这两种方式孰优孰劣——玩家对游戏当中不同的方面赋予的意义，会随其熟练程度和操控能力的变化而发生改变。而且，玩家水平的提高也会反映在游戏当中，因此不同玩家展示出的角色特征也有差异（比如说，是更加谨慎，还是更加富有攻击性）。基于以上原因，很有可能游戏在再现层面设定的性别特征，最终会被玩家轻易改写。不妨再次回想一下《混乱在线》中，我们在虚拟空间鲁比卡的经历。

在这款游戏中，我们既可以选择男性角色，也可以选择女性角色。可以确信的一点是，游戏世界中各种各样的居民（男性和女性、巨人和侏儒、人类和外星人）愉悦地共同生活在一起。看上去（我们也确实是这么认为）这仿佛是一个多元的栖居地。从我们的视角观察，其他化身的存在反映出男女玩家共同参与到游戏中来。但是，玩家也可以将游戏中所有女性化身都视为由男性玩家操控,从而通过单一性别的阐释,推翻视觉上的多样性。我们访谈过的一些年轻男性玩家就坚持认为这款在线游戏中所有女性化身都是由大龄男性玩家伪装的(参见第八章)。实际上,我们很难确定究竟多少玩家在游戏中隐瞒了自己的真实性别。游戏开发商丰乐公司认为:"没有任何关于玩家性别的数据。虽然很多人注册了女性角色,但他们无法确定这些女性角色背后是女性玩家还是男性玩家。"(Gansmo, Nordli and Sørensen 2003:15)

在游戏当中,化身的娱乐层面的问题会与再现层面的问题交织在一起——在设计化身的过程中,这样的情况同样存在。比如,动作冒险类游戏《变身佣兵》(Primal)的首席设计师凯蒂·丽雅(Katie Lea)在谈及游戏中珍(Jen)这个化身的创建时,讲述了一个复杂的过程,包括模型制作、与真实的演员合作(捕捉动作原型和配音)、三维成型、画面处理、编程、服装设计、对话写作和主线情节设置,等等。[1] 珍是一个奇怪的都市女孩,借助于化身为种种恶魔的能力,她得以穿梭于不同的空间当中。不同形态分别基于地、水、火、风四大元素,而每一元素又产生特定的一套技能。她的外表、语言、变身形态、姿势、步态、战斗技能、操控方式和武器都必须与其角色设计相一致。游戏在欧洲发行后,珍的特征还因世界其他地区的市场而加以调整。比如日本开发商担心国内版珍的形象不够诱人,她褐色的眼睛、强壮的体格和深色的头发在日本会显得过于野心勃勃。经过一番关于珍应该是日本人还是盎格鲁-欧洲人的讨论之后,日本版的珍变成了这样:

> 深蓝眼睛,高鼻梁——实在是非常微妙的改变。对她变身形态的改造更明显,形态更为柔和,成为很漂亮的恶魔。在不同的变身形态下,珍眼影的颜色也不一样——当她变为地魔形态时,眼影就是浓重的绿色……(摘自凯蒂的电子邮件)

---

[1] 2003年4月和该设计师的访谈。

除珍这样由游戏开发商创建的化身之外,在开放源码运动(open source movement)的环境下,玩家也可以自己创建化身。"开放源码"是指游戏引擎、程序或代码向因特网开放,懂得编程的玩家可以对游戏进行改造。比如,游戏修改族可以使用"无限引擎"(Infinity Engine)(《博德之门》的游戏引擎)来创建新的任务,增加游戏中的非玩家角色,添加玩笑和对话,以及在队友之间建立新的关系(参见 www.gibberlings3.net 或 www.blackwyrmlair.net)。开放源码运动对游戏、游戏文化和性别问题产生了非常有趣的影响,尤其是在《雷神之锤》(Quake)这样的在线第一视角射击类游戏当中。该游戏中的化身本来都是男性。而由于玩家的干预,情况发生了变化,他们创建了游戏中的女性化身并通过如 www.planetquake.com 上的"《雷神之锤》女玩家论坛"这样的渠道发布出去(见"女人,带着你的态度和足够的子弹")。正是通过黑客侵入、打补丁、重新编码和换肤等手段,创造出了"女性赛博格补丁"(Female Cyborg Patch)和在线第一视角射击类游戏《马拉松》(Marathon)的"蒂娜-鲍勃"(Tina-Bob)补丁,为射击类游戏玩家提供了第一批活跃的女性化身(有别于作为游戏奖赏的公主形象),而这些化身催生了《古墓丽影》的开发(Schleiner 1999:4)。

以上事例表明,将成见强加于玩家或特定的游戏类型是偏颇的。在线第一视角射击类游戏往往和扛着机枪、肌肉强壮的军人化身联系在一起,而且此类游戏紧张的节奏和激烈的竞争使之尤其容易陷入性别歧见。但这只是部分事实,施莱纳(Schleiner 1999)指出(参见 www.opensorcery.net),这些游戏存在于一个由活跃网民组成的社群网络当中,社群中进行创作、指导和分享资源的主要是(但不限于)男性。[1] 因此,这些游戏和围绕游戏形成的社群既体现了游戏中的"阳刚"(枪、射击、竞争、快节奏)特色,也包含通常认为属于"女性化"

---

[1] 更多对《雷神之锤》女性玩家的研究,可参见 H. Kennedy (2005)。

(如合作、创造、社交)的特征。重点不是特定游戏类型或偏好所携带的性别倾向。将某种游戏风格或游戏偏好归于特定性别是将问题过分简单化了。第一视角射击类游戏及其社群向我们表明：必须在具体的语境中讨论游戏中的性别问题，包括要了解游戏文化、游戏开发和游戏产业。

性别、游戏与语境

没有某种单一原因可以解释何以女性与电脑游戏如此疏远。也没有简单的答案可以告诉我们如何解决这样的不均衡。当然，目前电脑游戏产业是以男性为主导的，其目标消费群体也是男性。电脑游戏广告所刊载的杂志，读者多为男性（而且通常是青少年），而当电脑游戏在零售商店里出售时，专柜内外的男性数量都远远超过女性。这使得女性很少接触到电脑游戏，也很少有玩游戏的直接经验。在回答研究者提问的时候，那些不熟悉游戏的女性往往根据一些印象作答，而非基于真实的游戏经验。没有感受到玩游戏的快乐的那些女性，没有动力去购买游戏，也不会玩游戏。这种疏离会"证明"或印证男性比女性更热爱游戏的观念。因此很少有女生有兴趣玩游戏，也很少有女生会想要去开发一款游戏——于是，游戏产业将维持以男性为主导的状况。

种种不断累积的历史因素和经济因素，都在促成男性被默认为电脑游戏的主体。这种性别偏见在游戏开发和消费当中已经根深蒂固。随着时间流逝，这种偏见自我强化、自我论证，这导致那些有意打破性别上的不均衡的游戏开发者在将女性作为目标消费群体时，往往不能获得成功。正如劳雷尔（Laurel 1998）指出的，"一旦一款游戏被标记为'女性'，产品就必然在货架上受冷落，而缺乏足够的宣传与销售推广，失败遂不可避免，而这又为女孩不喜欢玩游戏的论调提供了新的证据"。

众所周知，游戏在开发过程中，通常遵循"自我投射的方法论"（I methodology）——"游戏设计者将自己视为典型玩家，并以自己的趣味和喜好作为设计的基础"（Gansmo, Nordli and Sørensen 2003：5）。国际漂泊者游戏设计顾问公司（Consultants International Hobo）进行过一项名为"游戏设计的人口统计学"的研究，研究表明，游戏公司倾向于开发那些迎合"大部分游戏开发人员"口味的游戏（iHobo 2003：12）。在丰乐公司（我们在第八章论及的在线游戏《混乱在线》的挪威开发商），"约90%的员工是男性。且女性员工多是担任管理工作"（Gansmo, Nordli and Sørensen 2003：16）。英国游戏产业当中的雇员比例也大致如此。约16%的雇员是女性，"且有趣的是，女性员工都集中在市场营销、公共关系以及管理方面的工作上"（Haines 2004：3）。[1] 在对电脑游戏进行推销时会雇佣一些女性员工——比如交易展会中的"展台美女"，一位游戏记者这样写道："这些可爱的引人注目的女性让你忍不住多看两眼，并且对着她拍照。"（Dove 2004）

理论家、教育者和电脑游戏的设计师们在探讨为何女性在游戏文化中处于边缘地位时，往往聚焦于游戏偏好的种种问题。意思是，如果在游戏当中加入吸引"女性"的元素，女性游戏玩家的数量就应该有所提升。这种解决办法的困境在于，它将问题（"女性不玩游戏"）从其具体的语境中抽离出来了，这一语境就是我们上文提到的游戏开发、出售、消费和被接受的市场循环。当我们问"女性喜欢什么样的游戏"时，意味着我们认为性别决定了游戏偏好，但是在决定游戏趣味方面，性别真的是玩家诸多属性当中，最值得关注的吗？年龄、阶级、同龄群体、文化背景和性取向，这些都不重要吗？事实上，我们所能表述的偏好，不

---

[1] 当然，游戏产业并不是唯一存在"性别差异"的产业。

可避免地反映出我们可以参与的特定游戏与可以获得的经验和快感所造成的限制。勾勒出偏好的模式是可能的，但是偏好是一个集合，包括了此前所有的积极经验，并受到具体形势和语境的影响。性别被用以定义偏好的各个构成部分（例如访问），因此游戏偏好可能是围绕性别化的脉络呈现出来的。不难找到数据证明确实存在着性别化的趣味，但是将这些偏好与它们背后各式各样的实践相分离，就显得缺乏远见了。

基于这些原因，理论家在解决性别与偏好问题时，必须谨慎行事，一方面要对社会化的游戏模式的力量有充分研究和清醒认识，同时又要避免性别本质主义的观念（Cassell and Jenkins 2000）。性别是人口统计学当中的一个类别，能够对个体产生可以度量的社会、文化、经济和政治影响——但是当代理论则认为，性别是多元且难以处理的；性别始终是多方协商、演绎的结果，因而呈现出暂时性而非固定的或已完成的状态（Butler 1990；de Castll and Bryson 2003：235）。性别当中"包含着不断变化的多种可能性，并由很多因素共同决定"（Cassell 2000：300）。尽管性别理论对其协商性和易变性加以强调，男性特征和女性特征在日常生活当中得以显现的方式仍将持续影响到各自的收入、参与社会的方式和机遇。

论及游戏中性别问题的文章通常都低估了目前市面上电脑游戏的多样性。针对游戏偏好的研究，致力于证实男女玩家各自壁垒森严的阵营，于是将之描述成绝对对立的两种趣味。男性热衷于"不断得分和战斗"（Gorriz and Medina 2000：44）。他们喜欢那些快节奏的、重视游戏技巧的、"包含了大量战斗和杀戮的游戏"（Gorriz and Medina 2000：45）。电脑游戏和玩家一样，根据性别被划分为不同的类型："为男性设计的游戏总是伴随着枪击、暴力和嘈杂的噪音……女性则更喜欢那些与人协作的游戏，或者是含有情节和角色成长的游戏。"（Gurer and Camp 2002：122）研究人员总是喜欢重复"女孩不愿与人争胜"的论调（Gorriz and Medina 2000：47）。女孩被认为"公开地厌恶侵略性，喜欢与人合作胜过竞争"(Subrahmanyam and Greenfield 2000：55)。这一论调可以用来说明为什么角色扮演类游戏比较受到女性欢迎，但反之应该也可以得出男性不喜欢角色扮演类游戏的结论——而这显然是不符合事实的。

此外，在采访当中还发现了一个值得注意的现象，受访的孩子（其实成人也是如此）会以一种"应然的方式"(Cassell and Jenkins 2000：19)来回答提问，他们会选择"对于他们的性别而言看起来合适的"回答来应对采访者。调查表明，受访女孩愿意承认的参与电脑游戏的程度，远远低于其真实的游戏经验。比如，佩尔蒂埃(Pelletier 2005)曾对一些十二三岁的女孩进行采访，当有男孩在场时，她们只承认自己玩过《虚拟人生》。但是在后来的谈话过程中，这些女孩不慎透露出她们对于一些赛车类和格斗类游戏的细节相当了解。

这些问题使得关于游戏中性别和趣味问题的数据收集变得更加复杂。电脑游戏的开发商只是依据"经验主义式的研究就做出游戏设计和开发方面的决策，就会导致游戏文化当中依性别而两极分化的现象不断加强（或成为一种'不言而喻'的现象）而不是提供摆脱这种限制的另外选项"(Cassell and Jenkins 2000：20)。但或许是让女孩接触电脑和技术的需求太过紧迫，使得对于性别化趣味的迎合也显得情有可原了。专为女孩设计、被称为"粉色"游戏的那些游戏，至今仍是一个争议性话题，但因为种种原因，同样为传统男性玩家量身定做的游戏则没有引起什么争论。首先，电脑游戏类型众多，而男性受众并未被想象为某一特定的同质群体，也不会被定义为一类特殊的市场。其次，男性在媒介、科学和技术领域当中并非需要特别关注的少数派。而且，积极参与网络游戏文化、购买电脑游戏和阅读游戏杂志的男性通常也不会像做出同样行为的女性那样，被当做异类。

与对粉色游戏的呼吁相对立的往往是那些所谓的"朋克女玩家"(grrl gamers)的偏好，即那些热衷于男性化游戏（比如在线第一人称射击类游戏)的女性。在《从芭比娃娃到真人快打》(*From Barbie to Mortal Kombat*)一书中接受采访的朋克女玩家对粉色游戏的概念表示反感,她们认为这类游戏将使女性永远被打上温顺和边缘的印记。朋克女玩家尼基·道格拉斯(Nikki Douglas)就指出,那种认为女性更喜欢"安静而富于思考、有着丰满性格的角色和故事情节的游戏"(转引自 Jenkins 2000:335),而不喜欢竞争和战斗的研究,只不过是在印证女性如何被有效地置于那种被动的境地。道格拉斯说,问题并不在于男性具有外露的竞争性,而在于女性缺乏这样的性格,而且,她补充道,"这大概这就是为什么我们依然收入较低,依然在挣扎,依然要争取自己的权利"(同上,334 页)。当然,如果认为所有女性都应满足于在"女性化"的游戏和在线第一视角射击类游戏之间进行选择,就是不得要领了。

美国在线(American Online)在 2004 年的一项研究表明,女性(至少是北美女性)经常玩游戏,但她们更多是玩在线解谜游戏和纸牌游戏,而非知名度较高的主机游戏。此项研究还表明,"四十岁以上的女性玩家每周用于玩游戏的时间最多,她们每天都上网玩游戏的可能性要大于男性和年轻人"(AOL 2004)。这一研究结果可以表明,这些游戏较之主机游戏,更能吸引这一部分女玩家。有人认为原因还在于,一般来讲女性比男性更少自由时间,收入也更低,这对她们的休闲活动会产生一定影响,包括玩游戏的习惯。正如卡德威尔(Cardwell 2004)所说,在线解谜游戏的操作方法简单易学,又具有一定难度,对于那些没有时间来研究一个复杂的游戏系统或投入一个大型游戏世界的玩家来说,是非常有吸引力的。这种游戏也很适合在工作时间玩,尽管我们还很难统计有多少女性(或男性)在工作时间玩解谜游戏和纸牌游戏。此类游戏比较吸引女性可能还有一个原因,就是在这类游戏中,她们可以避免进入一个已经被认定专属于男性的领域。

游戏产业的各部门已经开始意识到将占人口一半的女性用户排挤在目标消费群体之外是很不明智的,但实际情况是,该产业对女性用户的警惕和限制有增无减。零售商在销售游戏软硬件时，仍一如既往地强调性别区分，很大一部分原因是他们认为这样做会让父母们购买游戏的数量增加一倍，从而增加营业额。例如，英国百货商店约翰·路易斯（John Lewis）在2003年的圣诞节曾推出一系列礼品，名为"适合送给……的排行前五的礼物"，其中playstation2被列为适合男孩的礼物。而一款粉红色的卡拉OK机被列为最适合女孩的礼物（无疑，对那些渴望得到粉色卡拉OK机的男孩和希望像男孩一样玩游戏机的女孩，这种分类和限定都是棘手的难题）。电脑游戏的销售经费和宣传经费当中，很大一部分钱是花在男性消费者身上，这才是男性电脑游戏玩家越来越多的主要原因。如果要推出一款动作冒险类游戏，即便它有一个让女性玩家感兴趣的名字，比如《吸血鬼猎人巴菲》(*Buffy the Vampire Slayer*)，开发商也会格外重视这款电视游戏中更能够吸引男性消费者的方面。这款游戏"更多地关注动作冒险的部分，而非'肥皂剧'式的互动……对于一些潜在的玩家而言，其打斗类动作冒险游戏的类型化设定，意味着将因循守旧地设计为吸引男性而非女性受众，这一做法可能会被证明是离体太远"。（Krzywinksa 2003：3）

  游戏产业不断尝试寻找特定的用户群体并为之提供服务，使这一群体不断扩大——然而，这一拥有巨大潜力的市场的很多其他方面却并未得到开发。换言之，男性特征与电脑游戏的结合是一种建构，是一系列特定模式之下的发明、时尚、实际操作与商业决策共同造成的结果。技术更新所带来的幻想与恐惧，最为频繁地通过在新技术装置及其被接纳的社会语境之间增长的实践（如游戏营销）表达出来。某种焦虑使男性成为新技术的"天然"使用者，而其副作用，正是女性的边缘化。在对围绕女性参与游戏所激起的种种敌意的诸多解释当中，这或许是最简单的一种。在互联网上可以找到无数与性骚扰及性犯罪有关的案例。下面这段LegendaryMonkey对自己在一款在线第一视角射击类游戏中经历的描述，就非常具有代表性：

可能有些人不知道,《光晕2》这款在线游戏是由Xbox真人语音聊天系统支持的——也就是说,你不但可以射击和刺杀别人,还能冲着他们的尸体谩骂。非常有意思!我开始玩这个游戏的时候,问我丈夫能听到多少女孩的声音。我以为他会想一下再说,因为起码要数一数。但他却不假思索地回答我说:"没有,一个都没有。"啊?我想,从来没有女孩?但很快我就找到了原因。在我大概第三次或第四次玩这款游戏的时候,有一个玩家喊道:"快看啊,有个婊子在跟我们一起玩。臭婊子,闭上嘴,滚回你应该待的地方!"(我可能记不清准确的说法了,但大意如此)有哪个女孩愿意被人这么臭骂?我想不会。匿名网络催生的这种行为令人感到难过,而且,虽然游戏当中的每个人都会受到影响(游戏中持续不断的刺耳的叫喊声本身就足够让人不舒服的了),但对于女性而言,这是一个更加不利的环境。(LegendaryMonkey at Sudden Nothing:http://www.suddennothing.net/archives/2005/04.girls_and_games.php)

劳雷尔指出,关键在于,游戏开发商或其发行商如果要争取更多的女性玩家,就要面临失去现有男性玩家的危险。"迟至1994年,很多主要的游戏公司仍尽量同女性市场保持距离,尽管他们清楚这一市场有着巨大潜力,因为他们担心为争取女性玩家而采取的措施会让男性玩家抛弃他们。而且,我们的研究也确实表明,他们的担忧至少在早期是有现实根据的。"(Laurel 1998)这一担忧在英国著名游戏杂志《边缘》(*Edge*)的一期名为"女性问题"的专号中有所体现(121期,2003年3月)。虽然抱有良好的动机,但这本杂志对于游戏中的性别歧视问题却感到五味杂陈。一方面,编辑表示,"我们的担忧是基于一个更大的背景:如果游戏界继续排斥女性玩家的话,整个市场都将会不断恶化"(Diniz-Sanches 2003:3)。而另一方面,这一期杂志选作封面女郎的是一个身穿比基尼的电脑游戏中的女性形象,而照片是对她大腿的特写。从读者来信看来,无论男性读者还是女性读者都认为这张图片的选取欠妥,令人感到尴尬。《边缘》杂志回应说他们的本意在予以讽刺——在同一期当中,就有一幅由游戏产业招聘机构支付广告费的整版广告,充斥着翘起的乳头和光滑的大腿(两者都是女性的)(第116页和第117页)。尽管《边缘》杂志对于内容非常谨慎(毕竟这只是一期"特刊"),但对于有些人来说可能仍然难以接受,正如下面这位读者(估计是男性)的来信所体现的:

> 事实是,女士们,你们没资格横加评论。你不能对一种消遣嗤之以鼻,说它"可悲",却在二十年之后因为它包含一些你不喜欢的东西而说三道四。只有付出过才能得到预期的回报,这是天经地义的。女人阻碍了我们,让我们错过了很多令人愉快的灵感……(Letter R. Casewell, *Edge* 122: 127)

《边缘》杂志当时的出版商未来出版公司在两个月后推出了名为"Playstation 2"的专题特刊,副标题是"游戏、女性、枪、热舞和丁字裤",主要探讨性的问题。其中有一篇题为"谁最性感"的文章,是谈游戏当中的女性化身的——在后续的一篇特稿当中,以"荡妇或恐龙"(Swinger or Minger,后一个词是英文中丑女的俚语)对诸多女性游戏角色进行打分。杂志始终将读者定位为性取向为异性恋的男性,并假定只有女性游戏角色是在性的方面富有魅力的。而八卦新闻、用户调查和常识推断都向我们证明,无论男玩家还是女玩家,都能感觉到游戏当中男性化身富有魅力。(我们在第七章中讨论过的)日本游戏粉丝文化就不避讳表现男性游戏化身的性魅力。[1]

---

[1] 在游戏产业中,也有一些唱反调的男性。有一个程序员在开发一款直升机模拟游戏的时候,将"游戏当中穿比基尼的女性换成了穿比基尼的男性"(Schleiner 1999:5)。不幸的是,比基尼男孩带来的效果超出预料:这位程序员因此丢了工作。

最近我们在伦敦南部一所女子学校进行的调查，表明电脑游戏和男性之间的联系并不像之前的研究所表现出来的那么显著（Carr 2005）。对这些年龄在 12 岁至 13 岁之间的女孩而言，电脑游戏已成为她们社会生活和家庭生活的常规组成部分。她们并非铁杆玩家[1]，不会每天连续几个小时坐在电脑前玩游戏，而且一般是以租借或分享的方式获得游戏光碟，而不是购买，这也是她们并不被看做常规的电脑游戏消费者的原因之一（Kerr 2003：282，284）。玩电脑游戏并没有使她们疏远同伴。相反，她们常常和朋友讨论正在玩的游戏。在采访当中我们了解到，这些女孩还常常跟比自己年长的亲戚如堂兄、堂姐，甚至自己的父亲一起玩游戏，这是童年生活中常见的愉快经历，但却并不值得单独拿来大书特书。

这或许意味着，很多事情都在起变化。那种认为女性对电脑游戏不感兴趣的想法和剥夺女性玩游戏权利的做法已经过时了，尽管某些社会因素和文化因素还将因用户的性别而持续对其产生影响（除性别之外还包括年龄、收入、阶级、种族等多种因素）。格雷对女性和录像机的研究表明，当与日常休闲相关的技术深入千家万户时，如何使用该技术，是在固有的性别与权力格局下经过协商达成的（Gary 1992），而这一法则同样适用于电脑游戏（Schott and Horrell 2000）。男孩和女孩各自不同的社会化模式会将他们各自引向不同的游戏方式（laurel 1999）。早在电脑游戏出现之前，就存在一个漫长的、有充分文字记录的传统，关于具有男性倾向的游戏以及与游戏相关的社会化过程如何将女性排斥在外。（若想就此问题做进一步了解，可参阅费恩对 1970 年代末美国中西部角色扮演类游戏玩家的研究——《共享的幻想》[*Shared Fantasy*, Fine 1983]，以及布莱斯和鲁特 [Bryce and Rutter 2002，2003] 对英国局域网用户和竞技性游戏状况的研究。）

---

[1] 当然，这可能并非出于自愿的选择。至少有一名玩家希望能够获得比现在被允许的时间更久的游戏时间。

结论

和以前相比，更多女性涉足电脑游戏，游戏开发商和经销商也逐渐开始关注女性玩家，而这一变化并非因为学者、教育者和思想开明的开发人员的及时介入和推动。原因可能是，再没什么必要将女性幻想成天生排斥玩游戏，因为电脑游戏对流行想象的影响越来越大，已经可以覆盖以不同方式分区和定义的空间——这一扩张为其多样化发展创造了空间。

近年来，电脑游戏已由小众边缘产品成长为流行文化的主流。这可以归因于很多因素，最重要的是跨媒介授权及流行产品珍藏版的大获成功——从《口袋妖怪》和《电子宠物》(*Tamagotchi*)到那些基于高度流行、遍布各处、具有大量衍生品的系列电影，如《黑客帝国》系列（游戏和电影）、《哈利·波特》系列（书籍、游戏和电影），以及近期的《指环王》系列（书籍、电影、电脑游戏和桌游）。

在电脑游戏逐步上升为主流流行文化的过程中，玩家（男性）和非玩家（女性）这样的区分可能已经显得过时或失去意义，新的区分方式亟待确定。就在本文的写作过程中，另一种区分方式似乎正在出现并逐步取代前者，这种区分方式将电脑游戏的受众分为铁杆玩家（hard-core gamer）和休闲玩家（casual gamer）。铁杆玩家或忠实玩家（committed gamer）是指那些每天游戏时间长达数小时并每隔一两周就购买新游戏的人（Kerr 2003：278），他们通常是男性（或叛逆的女性），而休闲玩家或称大众玩家（social player）则不具备如此鲜明的性别特征。另一种平行的分类方法则将游戏区分为"真正的游戏"（real games）和休闲性游戏（包括《歌星》[*SingStar*]、《热舞革命》[*Dance Dance Revolution*]和《欢乐桑巴》[*Samba de Amigo*]等）。哪种类型的游戏盈利性更佳目前尚不得而知。克尔（Kerr 2003：278）以索尼为例，指出"他们承认只关注铁杆玩家市场"。而另一方面，甘斯默、诺德里和索伦森（Gansmo, Nordli, Sørensen 2003：5）则发现接受访问的业内人士将男性玩家区分为两类："铁杆玩家虽然玩很多游戏，但因为他们很少购买游戏产品，所以并不能被单独作为一个值得注意的市场；而休闲玩家（反而更能吸引市场注意）多是一些偶尔才玩电脑游戏的男性。"

从游戏研究和游戏文化分析的角度来看，因为玩家希望从游戏中获得的乐趣不尽相同，因而表现出不同的偏好，并且他们玩游戏的方式也并不一致，于是对铁杆玩家和休闲玩家加以区分的必要性还在不断增加。但我们并不是为了论证哪一种玩游戏的方式更有意义、更重要、更可靠，或者说哪一种更具有研究价值。

铁杆玩家和休闲玩家之间逐渐表现出的差异显然将改变人们对玩家性别的关注。但如果多数女性都缺乏足够的时间和金钱，而只能出于休闲目的玩一玩电脑游戏，那么这种新的分类又将会表现出性别倾向。这表明女性被排除在电脑游戏或游戏文化之外并非一个单面向的问题，也无法一蹴而就加以解决。通过在游戏中添加女性角色或推出"女性"游戏来吸引女性玩家，从而将更多女性带入游戏产业，这种想法可能并不切合实际，因为包括种族、年龄和阶层在内的其他因素将与性别因素共同发挥作用，决定接受教育和接触科技的机会，并进而影响进入技术领域或游戏产业工作的女性数量。

游戏中不同形象和功能的女性化身的增加，当然是备受欢迎的，但是确立屏幕上性别化的、用于操控的身体的意义则是一项复杂的任务。应该对化身（不论性别为何）以何种方式嵌入游戏当中（在游戏规则和再现两个方面）加以分析，但要意识到，这些元素可能不会以特定的或预期的方式在真实的游戏过程中表现出来。要探究游戏的意义为何，以及游戏当中的性别如何被刻画，需要考察特定玩家是在何种特定的语境下参与游戏，而且这种解释并不是放之四海而皆准的。最后，一款游戏与更为广泛的文化之间的关系，也是其"意义"的一部分——

同样值得分析。一款电脑游戏可能会特别表现出与一部电影、一本书或者一种流行的运动之间的关系，也可能它会包含特定的性别和种族意味，这样一款游戏可能与更为广泛的文化范畴中的某些特定规范或价值观达成合谋。而这种价值观或模式能否经受考验，超越"玩游戏"这一行为不可预料、变化多端、"三分钟热度"的本性，就是另外一个问题了。

第十三章　游戏分析的实践

大卫·白金汉

　　本书的主要目的是提供一系列能够用以对电脑游戏进行实证分析的概念和策略。我们并不试图提出一种放之四海而皆准的普适理论，其中一个重要原因是我们认为任何这样的理论都是不成熟的。为避免对电脑游戏泛泛而谈，或是对所有类型的游戏一网打尽，在本书中我们是通过一系列针对特定游戏的个案研究来说明游戏分析中更加广泛的问题。我们采取的研究进路是折中的，主要整合了文学理论、电影媒介研究、符号学和社会心理学等领域的方法，也包括新近出现的"游戏研究"领域中的研究成果。我们希望能够提供一种分析框架——一个概念工具箱——以便能够应用于电脑游戏研究的特定方面（例如，在以学生为研究对象的项目中）。在本章简明扼要的总结当中，我们将此前使用过的一些重要概念和方法加以汇总，希望能够为进一步的研究提供一份备忘录。

定义游戏

在第一章中，我们通过一系列方法对"游戏性"——也就是使游戏成为游戏的那些特征——进行了定义。西莉亚·皮尔斯将目标、障碍、资源、奖赏和惩罚等定义为电脑游戏的一些重要元素，为进一步讨论提供了有效的基点。她同时还关注了可获得的不同种类的信息——不管是对于所有玩家，还是对于个别玩家，抑或对于游戏本身——以及这些信息逐渐显露的诸多方式。

我们也关注到其他有助于探索游戏要素多样性的理论研究方法。例如，我们可以探究游戏当中的奖赏与惩罚（游戏的"经济体系"）或游戏当中玩家可控因素与不可控因素（包括游戏中的偶然性）之间的制衡关系。同样，我们也可以考察游戏中不同类型的障碍物：它们是静态的还是运动的，是被控制的还是随机的，是暂时的还是永久的，等等。我们还可以分析不同类型的游戏规则，正是这些规则决定了游戏中各组成部分的属性、必须遵循的游戏步骤和游戏"世界"的特征，等等。这些方法为游戏分析提供了一个相当有用的开端，尤其是在对不同游戏进行比较的时候。它们能够帮助我们去发现一款游戏的与众不同之处，并促使我们继续思考这种差异是有意义的创新还是对规范的偏离。

不管怎样，所有定义都聚焦于被我们所称的游戏的"娱乐"层面或"游戏系统"，是它们决定了一款游戏是不是可玩，以及游戏活动所遵循的限制。但它们并不涉及游戏的再现层面：诸如视觉设计、叙事、人物和游戏"世界"等。对于游戏，这些要素的特异性不那么强，并且在很多情况下我们会发现它们其实源于其他媒介形式。然而，正如我们曾经讨论的，对电脑游戏的分析既要关注"娱乐性"，也要关注"再现性"，以及二者之间的关系。

游戏类型

不过，我们仍然认为不同游戏类型之间最为重要的差异是从游戏系统中衍生而来。在第二章中，我们指出了本书探讨的两种主要游戏类型（角色扮演类游戏和动作冒险类游戏）的一些重要区别。我们认为，某种类型游戏的惯例不仅仅是由抽象的"规则"决定，而是由文本、游戏开发者和生产商之间的动态关系发展而来。从这个角度而言，游戏类型是一种需要结合其社会经济背景来加以理解的社会实践。但是，采用多种方式来区分不同游戏类型仍旧是可行的：例如由于其要素（比如目标、障碍、规则及经济体系）之间的组合各不相同，角色扮演类游戏和动作冒险类游戏所提供的游戏玩法存在相当大的差异。

因而，在一个典型的动作冒险类游戏中，我们通过扮演游戏内设定的化身来进行游戏，该化身通常会依循特定的游戏顺序克服已被设定的重重困难。游戏目标通常相当明确，其经济体系一般与可量化的特性相关，如生命值和弹药装备。游戏玩法中最核心的是速度和精确性。玩家会在游戏过程中学习一些技巧，但化身却不会成长。

与之相反，角色扮演类游戏中的游戏主角可能是玩家通过一系列选择构建出来的，而且围绕该角色通常会有一个具备特定技能的辅助性团队。玩家可以更加自由地在游戏世界中探险，展开各种探索，并且可以不用遵照预设的步骤来战胜游戏中的各种障碍。虽然游戏最终的目标可能非常明确，但通常还会有一些与最终目标未必相关的支线目标。以经验值和物品清单呈现出来的经济体系十分重要，但它更倾向于随玩家的表现而浮动。玩游戏的关键在于策略而非速度，而游戏体验往往具有更多反思性。

这两种游戏类型之间的差异并不绝对，几款我们讨论过的游戏都将二者的要素结合了起来。虽然如此，我们仍需强调，这两类游戏之间的关键性差异与游戏系统有关，而非在再现层面：游戏背景是未来科幻世界、中世纪还是当代城市的废墟，都无关紧要。

第二章中探讨的三例个案说明了角色扮演类游戏在再现方面的差异。虽然角色扮演类游戏都主要源自"剑与魔法"主题的桌上游戏《龙与地下城》以及超越其上的托尔金小说，但在这一类型的全球传播与发展过程中，与其他媒介形式的碰撞（比如科幻小说和日本动漫），使其以不同方式被重构。随着游戏类型的调整变化，游戏的角色形象和主题关照也随之发生变化。此外，同一游戏类型中的不同游戏可能在玩法方面含义各异：如在线游戏《混乱在线》的游戏过程明显是非线性的，相比单机版的《最终幻想》系列，它允许玩家更多地介入游戏世界。

叙事与游戏

对《博德之门》的案例研究为电脑游戏的再现性和娱乐性之间的关系提供了进一步论述。在第三章中，我们使用了通常用于分析文学作品的叙事理论。借助法国叙事学家热内特（1980）以及另外一些学者的研究，我们对故事（叙事中的一个或多个事件）、话语（情节设计或对事件的安排）和叙述（故事如何被讲述）作了必要的区分。在借助该理论探讨电脑游戏相关问题的过程中，我们甄别了电脑游戏和叙事的关键差异。这些差异主要在于时间设置和情节。

和很多角色扮演类游戏一样，《博德之门》坚持讲述一个故事，而不过多考虑玩家选择怎样来玩这个游戏。虽然在游戏的实时进行中有许多变化，但在此之外（或之下）仍旧有以传统方式建构的叙事，其顺序不可改变；这一点通过过场动画、对话框或滚动屏里的文字以及非玩家角色的陈述表现出来，它们讲述背景故事并以一种相对直接的方式决定下一步的情节发展。同时，玩家的行为也会生成一些事件，这些会通过动画人物的行为和对话框"回告"给玩家,类似于体育运动当中的即时解说。玩家涉足情节安排这一事实说明电脑游戏有别于传统的叙事模式。

我们的分析还发现,读者(在此情况下是玩家)在叙事当中的位置是会发生变化的:有时是第一人称,其行为导致一些事件;有时是作为第二人称"你",被其他角色或隐形的叙述者告知故事情节;有时玩家所操控的游戏角色被裹携进事件中(比如在过场动画中),情节的进展完全不取决于玩家的行动,好像玩家只是一个旁观者。这一分析显然对那种简单地认定玩家将"认同"其屏幕角色的论调提出了挑战,我们认为,那是对电脑游戏所产生的影响的过分简单的臆断。

第四章中,我们更详细地探讨了《博德之门》中的娱乐性要素。首先我们考察了游戏角色生成的过程,而这一特点是大多数角色扮演类游戏都具备的。我们追溯了玩家是如何通过性别、种族、阵营、能力等一系列选择来建构他们的屏幕主角,以及在游戏过程中玩家如何通过另外一些选择来不断定义或发展这些角色。这里再一次呈现出游戏中两种要素之间的互动,一类要素或多或少是固定或限定的,另外一类则提供了协商和开拓的余地。这些要素中有些主要是娱乐性的(比如与特定的统计属性有关),而另外一些要素则主要是再现层面的(比如与身体外型有关)——很多角色属性则在两方面都有涉及。

我们进一步分析了巩固游戏快感的两种游戏模式。"沉浸"是指被"送入"一个文本或一种体验的感觉。对《博德之门》这样等距视角的角色扮演类游戏,我们认为这种沉浸主要不是感知上的,并非像在电影院里那样垄断玩家的多种感官。这更多是一种心理上的沉浸,让玩家感觉不需要费力便可以投入游戏世界中。通过大量相互关联的信息的逐步展现,游戏得以使玩家着迷。

除了沉浸之外,玩《博德之门》还涉及"卷入"感。玩家被迫在游戏当中采用一种更为审慎和具有反思性的态度——比如在玩家需要处理新的"故事"信息的时候，在解决问题或制定策略的时候。道格拉斯和哈格顿（2001）指出，当玩家投入游戏的时候，是在两种专注模式之间不停转换。有些地方，玩家以有限的方式对屏幕上即时发生的事件作出回应；而另外一些情况下，则在思维层面"退一步"，暂停片刻，思考要作出怎样的选择。两种情况都利用了游戏的娱乐性和再现性两个方面。沉浸和卷入并不相互排斥，也没有任何一方比另一方"更好"或更受欢迎。相反，正是在二者间的摆动在游戏"心流"体验的产生中处于核心地位。所谓心流体验，就是玩家感到自己此刻"处于巅峰状态"，这种极其满足和欲罢不能的感觉部分由玩家在沉浸和卷入之间的转换所触发。

对于《博德之门》的研究表明，游戏的娱乐性和再现性是如何相互作用，从而为玩家提供了游戏快感：这两方面的要素交织在一起，为玩家提供了一系列变动不居的选择和参与方式。玩家当然可以选择不同的方式进行游戏，比如，无视大部分叙事，不是依靠谨慎地思考策略，而凭直接反应来进行游戏。但是游戏的规则无疑会明确地倾向于奖赏一些特定的游戏模式而非其他。虽然游戏依赖玩家一方的行动，但对于这些行动触发的事件，不会给予玩家绝对的控制权。限制，及其必然引发的突破限制的行为（借助"作弊"和游戏攻略），是根据规则进行游戏（与"仅仅去游戏"相对立）的内在要求；将这样的限制和规则断然认定为消极因素，是错误的。

穿越游戏空间

从定义来看，叙事分析是围绕时间展开的。然而空间上的体验——如在空间中穿越、发现、探索——对于电脑游戏而言亦同样重要。在第五章中，我们通过分析两款有些相似但类型完全不同，从而形成了鲜明对比的游戏（角色扮演类游戏《异域镇魂曲》和动作冒险类游戏《寂静岭》），引入这一论题。这两款游戏最关键的差异在于其空间组织形式。《寂静岭》的构架更像是一个迷阵：玩家按照预设的顺序进入特定地点，而进程的推进取决于能否在每一阶段都成功解决难题或克服障碍。玩家的压力在于要保持前进，仅仅为了活命。而《异域镇魂曲》则大相径庭，其结构更像植物的根茎：尽管游戏的进一步发展有其特定条件，但玩家在很多地方也可另辟蹊径。它对时间的要求没有那么紧迫，可以任由玩家徜徉在游戏之中，哪怕只是为了观察游戏世界的细节。

两种不同的空间结构导致穿越游戏空间的方法也不相同。《异域镇魂曲》的结构更加具有开放性，给予玩家一种更加动态的体验，因为它赋予偶然性更大的权重，看上去为玩家提供了更多选择，更少限制。同时它也为玩家选择如何在游戏世界当中漫游和通关提供了更大的弹性。而与之相反，《寂静岭》在这些方面更加结构化、有更多限定性。再次需要重申的是，这都不是价值判断——我们并不认为有更多限定条件、更加结构化的游戏，其趣味性就更少。考察的每一款游戏都利用其导航结构为游戏目标服务。

玩家凭借化身穿越不同的空间结构。正如我们在第四章中讨论过的那样，等距视角的角色扮演类游戏更多依赖心理上的沉浸，而《寂静岭》中的移动视点和3D效果能唤起玩家感知或身体层面的沉浸。这些差别反映在玩家与不同化身之间的关系中，且在更广泛的层面上，反映在玩家与游戏世界的危险性和吸引力的关系中。

这一分析进一步阐明了娱乐性对于定义一款游戏的类型和决定游戏体验的重要性。在某些方面，两款游戏的基本情节设想（其再现层面的特征）十分相似，但玩家在游戏过程中的体验则大异其趣。每一款游戏的情感力量来自其再现层面的具体内容和玩游戏方式之间的特定关系。

游戏动力学

对《最终幻想7》的分析采用了不同的理论视角，主要借鉴了社会符号学，但仍然发展了我们关于电脑游戏的娱乐性与再现性二者关系的论述。

第六章关注化身的作用，从两种角度提出了对游戏的主角——英雄克劳德的不同理解。从游戏的再现层面来看，克劳德可以被定义为一位"大英雄"，接续的是口头民间文化、日本动漫史诗和美国漫画书的传统。在此意义上，这位英雄是一个简单的、程式化的建构，其素质体现于斗争性的身体对抗，而非心理上的内省。但是与这些传统叙事不同的是，我们还操控克劳德这一角色：他是一个被玩家操纵控制的"数字玩偶"，尽管只是在游戏系统内部。这两种对比鲜明的角度再次折射出游戏文本中再现层面和娱乐层面之间的差异。一方面，我们将游戏文本视为被阅读的对象，玩家的身份是受众；另一方面，我们认为游戏文本是被执行的进程，玩家的身份是执行者（performer）。

就符号学的角度而言，这些有差异的导向在游戏的视觉、口头"语法"中同样明显。作为"大英雄"的克劳德是用第三人称来表现的，是叙事当中行动的"他"；而作为"数字玩偶"的克劳德则以第二人称的身份行动，此时"你"正在玩游戏。从语言学的语气角度看来，前者是"直陈语气"——它描述或给予我们一个世界；而后者则是"祈使语气"——它表达需求，要我们做出回应和采取行动。这些差异显然是多模态的：在视觉设计上，从我们探索《最终幻想》游戏世界时的等距视角转换到战斗场景的三维图像；在音乐上，从游戏过程中深沉的背景音乐模式转换到战斗场景中快节奏、激动人心的乐曲。

玩家依然可以在不同的定位之间转换；而且这样的转换在他们对游戏加以解说的语言学结构层面也清晰可见。当然某一玩家可以在上述二者之间做出取舍，偏好其中一方；但我们要指出的是，游戏的大部分乐趣恰恰得自在两者间转换的能力。

在第七章对于各种形式的粉丝创作的分析中，清楚展示出上述差别。我们区分了三种不同形式的"粉丝作品"，探讨他们如何改写或重新设定原始游戏文本，及其中所含的不同社会动机和兴趣。这些差异再次体现于所使用的语言学结构，和所借助的不同模态（视觉、文字）。

因此，我们所讨论的游戏攻略大多紧密围绕游戏系统撰写，几乎不会注意再现层面；这清楚地表现于所采用的第二人称祈使语气上。在某种意义上，攻略是冷静的和技术性的，但作者也会表现出其投入的热情，不论是对玩游戏本身，还是对他作为一个"专业"粉丝的角色。与之相对，粉丝撰写的小说和诗歌都着墨于游戏的再现层面，倾向于借鉴游戏的过场动画（有些在游戏开始放映，有些则穿插在游戏当中），而非游戏本身的互动性元素。同时，我们描述过的那种耽美主题的创作则超越了游戏世界，致力于使原始游戏文本当中可能隐含但并未言明的意义得到阐明。其关注点亦完全在于再现层面，虽然它的形式是对象化的图像而非叙事。

粉丝使用的不同模态（文字、图像）和不同文体（攻略、小说、诗歌）为他们的阐释活动提供了不同的可能性。例如，文字（尤其是诗歌写作）使玩家得以直接表达在原文本中可能仅仅是加以暗示的情感反应，而图像则可用以强调在游戏当中只是转瞬即逝的视觉美感（在所举的例子中是明显的色情）。

对《最终幻想7》的阐释为我们提供了不同的理论"视镜"和一些新的分析工具，用于探索游戏娱乐层面和再现层面之间的关系，对游戏的过程以及随后的"粉丝创作"都适用。

走向线上

在线游戏的兴起为游戏分析提出了新的问题。在对《混乱在线》的分析中,我们聚焦于玩家的动机问题,简略涉及其与《最终幻想》的联系。为何玩家选择以当前的方式参与到游戏中,而这又向我们揭示出玩家哪些更为广泛的社会目标?

和此前的分析一样,我们指出其动机与游戏的娱乐层面和再现层面都有关系。再现层面的动机包括操纵视觉形象、创建角色和生成叙事,以及演绎情节的相关要素。我们认为玩家建构化身的方式将折射出其现实生活的某些方面,或其内在愿望和幻想,而参与游戏的模式(比如角色扮演者和与之相对的一般玩家)反映出不同的社会动机。娱乐层面的动机则更多和玩游戏活动本身直接相关,涉及竞争、规则和游戏目标。在此我们考量的是玩家如何学习操控其化身以及如何理解游戏的经济体系。我们指出,游戏提供了一套"受限语言"来使他们得以生成一系列行动。

在这两种常见的动机之外,我们提出了第三种尤其和在线游戏有关的动机:公共动机。我们指的是玩家之间互动、组队、教学以及规范自身及队员行动的方式,这是一种多模态呈现的现象:它既通过化身的视觉形象和行为表现出来,也体现于与屏幕上的行动同时发生的玩家实时聊天。

在此,认识到这些不同的动机既相互重叠又互相影响是非常重要的:玩家不断在不同的游戏模式之间转换,有时扮演游戏角色,有时又跳出其角色;有时全神贯注于游戏的竞技性,有时又转而欣赏游戏世界精致的视觉效果。电脑游戏所带来的快感部分程度上来自它所能容纳的动机的灵活多样性。

游戏中的社会生活

借助在宽泛意义上属于社会心理学的方法,我们在第九章和第十章对游戏的公共性或社会性予以更为详尽的探讨。在第九章中,我们通过四名男孩如何参与动作冒险类游戏《凯恩的遗产:噬魂者》的案例分析,试图解释围绕游戏行为而发生的社会性互动。

在此我们主要关注两个问题。首先,我们关注在合作游戏当中,玩家所扮演的角色之不同。我们将该案例中的四位男孩,分别认定为新手、主人、高手等——显然,在不同的情况下,可以采用不同的方法延展上述分类体系。但这些标签的重要目的在于促使我们关注与玩游戏的过程密切相关的不同社会定位(social positions)和社会动机,以及玩游戏何以能被视为一种社会实践。

其次,我们关注游戏当中的学习层面,以及各种可能被运用于合作游戏当中的学习理论。在发现游戏中玩家间互相支援的几个"鹰架教学"的例子之后,我们就玩家如何逐步融入一个"实践团体"进行了更为广泛的分析。我们发现,团队中的"高手"试图控制游戏并向其他玩家示范有效的策略,但这并不总是奏效。相反,其他玩家能够关注到游戏的不同方面,因此能为团队行动做出有效贡献,超越了"高手"的一己之力。在这一语境中,游戏的娱乐层面是主要的,而其叙事或再现层面则未受到明显关注。从这个意义上说,这一分析对此前章节所采用的研究方法提供了补充。

在第十章中,我们通过深入研究玩家对于《奇异世界:阿比历险记》及其续作的反应,探讨了能动性的问题。这一分析显然着眼于本书整体隐含的一个主题:游戏在何种程度上具有"互动性"或仅仅是"反应性"?以及玩家能够在何种程度上掌控其游戏体验?

在对《奇异世界》留言板的研究当中,我们采用班杜拉(2001)的分类办法，定义了三类能动性。个人能动性指玩家用各种方法处理意料之外的游戏结果，在游戏的"边缘"处寻找新的乐趣，根据新信息调整操作方法。这里的焦点绝非只在于娱乐层面，而是也关乎玩家对于游戏故事、主题的阐释及其中所蕴含的更广泛的政治含义。代理能动性是指玩家互助的方式，包括制定游戏策略（比如通过发布游戏攻略和交换建议）以及阐释背景故事。同样，这类能动性的应用跨越了游戏的娱乐层面与再现层面。最后，集体能动性指粉丝们创造并维持游戏社区的方式，在这一案例中主要是借助于粉丝创作（绘画或创意写作）。这里有复杂的教学过程，玩家们共享专业知识并鼓励彼此的创作；为了对内部成员提供支持，社区有效地实现了自我管理。

正如我们在这一章节和此前章节讨论过的，在相当程度上，玩家有权决定其游戏体验的性质，以及从游戏中获得的意义和快感。但是这一能力受制于游戏的游戏系统和再现可能性：玩家的行动——即使是出自那些最富有创造力的粉丝——不应与能动性混为一谈，后者是指那种决定文化生产中主要参数的权力。

生产游戏，生产意义

本书的最后两章中，我们拓宽视野，着眼于游戏的生产和流通问题。在第十一章，我们探究了本书所提出的理论思考在何种程度上对电脑游戏的设计和制作是有价值的。我们通过对改编自约翰·卡朋特同名电影的恐怖动作冒险类游戏《突变怪物》进行案例分析来探讨这一问题。尽管游戏开发者尽力忠实于电影原作，但是从电影到电脑游戏，二者在时空结构和互动方式上都有所改变，而这些改变又带来了意义的变更。

我们与《突变怪物》的首席程序员迪尔米德·坎贝尔和游戏的编

剧/制作人凯蒂·埃尔伍德一起工作,对类型和改编的问题进行了研究。首先,我们关注电影与游戏的各种恐怖元素之间存在的广泛关系。然后,进一步探究了从电影到游戏,在内容改编方面(叙事、背景设定)的联系。我们注意到,电影的主题并不只是简单地复制到游戏中,而且要被转化为游戏机制。因此,诸如环境、团队内部的动态张力、信任、侵染或怪物等电影元素,都变成了游戏中的娱乐性变量。

通过与坎贝尔和埃尔伍德进行讨论,并检视上述元素与游戏研发的关系,我们发现游戏设计者最为关心的问题,正是游戏的娱乐性和再现性之间的相关性和互联性。比如,游戏当中的角色被赋予个性,以期玩家对自己队友的生死产生更多情感上的反应。对《突变怪物》的开发者而言,再现性的因素(故事讲述、人物塑造和氛围)不仅仅是装饰性或表面性的,还是功能性的。这些因素强化玩家对游戏的投入感,因而共同参与营造了引人入胜的游戏体验。而另外一方面,即使过场动画这一被理所当然地认为是游戏中最少娱乐性和互动性的部分,也实现了游戏的娱乐目标。它们提供战略上必不可少的信息,平衡玩家高度集中的注意力(比如,局限于单个事件或特定冲突),提醒玩家从整体上考虑游戏的终极任务,将玩家带回更加广阔的游戏世界,或帮助玩家在最主要的叙事背景中重新考量当前任务——从而使各种行动、挑战,以及对任务的完成获得意义。

第十二章关注的是性别和游戏之间的复杂关系。对这一问题的研究提醒我们有必要整合不同层面的分析——不仅仅要关注游戏"文本"和玩家行为,还要对游戏产业及游戏开发、营销和发行的方式加以注意。

在文本层面对性别再现(或不被再现)的多种形式进行分析,显然是可能的。我们可以采用相对传统的内容分析的方法,来考察游戏文本当中,男性人物和女性人物的在场和缺席,以及他们扮演的角色。我们还可以从偏向定性的角度去分析游戏中男女角色的形象以及他们各自展现出的视觉特征。然而我们仍需考虑游戏的娱乐层面——各种游戏不同的规则体系，以及它们所能容纳的不同形式的行动和选择。至少在角色扮演类游戏当中——本书主要探讨的就是此类游戏——玩家所能够选择的定位（以及游戏提出的需求和发出的邀请）往往是多种多样的。

而如果我们以更加超越的视野去分析游戏本身的特性，潜在的选择和多样性更进一步增加了。如前所述，玩家能够以非常不同的方式介入游戏，强调游戏世界非常不同的侧面，并表现出完全不同的游戏风格。造成这些差异的部分原因是游戏的社会语境，以及玩家带入游戏的不同社会经验——这两者本身就是基于诸如性别、阶级、年龄和种族等特征而建构的。这些潜在的多样性在某种程度上显示出，常见的关于男性和女性的游戏偏好或游戏风格的本质化论述是不正确的。

如果缺少对于游戏产业的作用的论述，我们的分析显然是不完整的。正如我们已经指出的，与性别相关的意义和假设表现在游戏设计、开发、营销和流通的各个阶段，也表现在与电脑游戏相关的各种"二级文本"当中。这些二级文本既包括文化产业的产品（比如游戏杂志），也包括玩家自己的创造（既有围绕游戏的创作，也有像在线游戏中那样，在游戏内部进行的创作）。在我们看来，正是在这一层面上，游戏的"性别化"实现了自我论证——尽管我们也指出在这方面可能存在变化的迹象。

尽管本章主要着眼于性别研究，但我们认为，在将来对于游戏的一般性研究当中，应更多引入本章采用的多面向的研究方法。在我们看来，正是在对产业、文本和受众三者之间互动的分析当中，我们得以理解游戏的意义被定义和生产的诸多复杂方式。

投币，继续

　　我们无意在本书中对电脑游戏进行全方位研究。更加综合的分析需要更全面地论述游戏产业和由市场、零售业、杂志和各种网络资源共同孕育的"游戏文化"；还需要将游戏放置在日常生活和社会互动的大背景下加以考量。我们特意将研究范围限定在游戏文本自身，以及游戏与玩家的互动关系当中；在此过程中，我们也将考察范围有选择地限定在有限的游戏类型中。显然，我们所采用的理论方法是否适用于其他类型的游戏是存在争议的；但是我们希望能够为更加广泛的研究提供一套分析方法和概念。

　　对于电脑游戏的研究仍处于初级阶段，还有很多领域和命题需要进一步探索。我们迫切需要对特定的游戏和游戏体验作持续深入的研究，尤其要反驳在流行的（以及一些学术的）论争中散布的对游戏的简单归纳。我们希望至少能为深入的研究提供一个起点，并对如何实现这些研究提供一些可能的指引。

引用游戏

游戏信息基于两个网站：www. allgame.com 和 www.mobygames.com（2005 年 8 月登陆）。

Advanced Dungeons & Dragons (2000) (non-computer game) Published by Wizards of the Coast.

Anarchy Online (2001) Developer: Funcom; Publisher: Funcom.

Baldur's Gate (1998) Developer: BioWare Corporation; Publisher: Black Isle Studios/Interplay.

Baldur's Gate II: Shadows of Amn (2000) Developer: BioWare Corporation; Publisher: Interplay.

Baldur's Gate: Dark Alliance (2001) Developer: Snowblind Studios; Publisher: Interplay Productions Inc.

Dance Dance Revolution (2001) Developer: Konami; Publisher: Konami.

Dragon Ball Z (1993) Developer: Banpresto; Publisher: Banpresto.

Dragon Quest (1986) Developer: Enix Corporation; Publisher: Enix Corporation.

Dungeons & Dragons (1974) (non-computer game) Developer: Gygax and Arneson; Publisher: TSR Hobbies Inc.

Enter the Matrix (2003) Developer: Shiny Entertainment; Publisher: Atari Inc.

EverQuest (1998) Developer: Verant Interactive; Publisher: 989 Studios.

EverQuest II (2004) Developer: Sony Online Entertainment; Publisher: Sony Online Entertainment.

Evolva (2000) Developer: Computer Artworks Ltd; Publisher: 14 Degrees East.

Final Fantasy VII (1997) Developer: Square Soft; Publisher: Square Soft.

Final Fantasy X (2001) Developer: Square Co. Ltd; Publisher: Square Electronic Arts LLC.

Final Fantasy XI (2003) Developer: Square Co. Ltd; Publisher: Square Electronic Arts LLC.

Getaway, The (2002) Developer: SCEE; Publisher: SCEE.

Getaway 2: Black Monday (2004) Developer: SCEE; Publisher: SCEE.

Gran Turismo 4 (2004) Developer: Polyphony Digital; Publisher: SCEA Inc.

Halo 2 (2004) Developer: Bungie Software; Publisher: Microsoft Games.

Icewind Dale (2000) Developer: BioWare Corporation; Publisher: Black Isle Studios.

Ico (2001) Developer: SCEA, Inc. (Japan); Publisher: SCEA, Inc.

Lineage: The Blood Pledge (2001) Developer: NCsoft Corporation Ltd; Publisher: NC Interactive.

Mafia (2002) Developer: Illusion Softworks; Publisher: Take 2 Interactive Inc.

Neverwinter Nights (2002) Developer: BioWare Corporation; Publisher: Atari Interactive, Inc.

Oddworld: Abe's Oddysee (1997) Developer: Oddworld Inhabitants; Publisher: GT Interactive Software.

Oddworld: Abe's Exoddus (1998) Developer: Oddworld Inhabitants; Publisher: GT Interactive Software.

Oddworld: Munch's Oddysee (2001) Developer: Oddworld Inhabitants; Publisher: GT Interactive Software.

Planescape Torment (1999) Developer: Black Isle Studios; Publisher: Interplay Productions, Inc.

Primal (2003) Developer: SCEE Cambridge Studios; Publisher: SCEA, Inc.

Quake (1996) Developer: id Software, Inc.; Publisher: id Software, Inc.

Samba de Amigo (2000) Developer: Sonic Team; Publisher: Sega.

Silent Hill (1996) Developer: Konami Computer Entertainment Kobe; Publisher: Konami UK Ltd.

Silent Hill 4: The Room (2004) Developer: Konami TYO Ltd; Publisher: Konami of America, Inc.

Sim City (1989) Developer: Maxis; Publisher: Maxis.

Sims (2000) Developer: Maxis; Publisher: Electronic Arts.

SingStar (2004) Developer: SCEE Studio London; Publisher: SCEE.

Soul Reaver: Legacy of Kain (1999) Developer: Crystal Dynamics, Inc.; Publisher: Eidos Interactive.

Star Wars (1983) Developer: Dev Atari, Inc.; Publisher: Atari, Inc.

Tetris (1988) Developer: Atari Games; Publisher: Atari Games.

The Thing (2002) Developer: Computer Artworks Ltd; Publisher: Black Label Games.

Tomb Raider (1996) Developer: Core Design Ltd; Publisher: Eidos Interactive.

参考文献

Aarseth, E. (1997) *Cybertext; Perspectives on Ergodic Literature,* Baltimore: John Hopkins University Press.

Aarseth, E. (2001) 'Computer Game Studies, Year One', *Game Studies* 1; online at <www.gamestudies.org>.

Aarseth, E., Smedstad, S. M. and Sunnana, L. (2003) *A Multi-Dimensional Typology of Games,* paper presented at the Level Up: Digital Games Research Conference, Utrecht.

Adelman, C. (1992) 'Play as a Quest for Vocation', *Journal of Curriculum Studies* 22(2): 139—51.

Allison, A. (2000) 'A Challenge to Hollywood? Japanese Character Goods Hit the US', *Japanese Studies* 20(1): 67—88.

Anderson, P. (1980) *Arguments within English Marxism,* London: Verso.

AOL (2004) <http://media.aoltimewarner.com/media/cb_press_view.cfm? release_num=55253774>.

Aristotle (1961) *Poetics,* transl. S. H. Butcher, New York: Hill and Wang.

Bakhtin, M. (1968) *Rabelais and His World,* transl. Helene Iswolsky, Cambridge, Mass.: MIT Press.

Bakhtin, M. M. and Holquist, M. (1981) *The Dialogic Imagination: Four Essays,* Austin: University of Texas Press.

Bandura, A. (2001) 'Social Cognitive Theory: An Agentic Perspective', *Annual Review of Psychology* 52:1—26.

Barthes, R. (1973) *Mythologies,* transl. Annette Lavers, New York: Hill and Wang.

Beato, G. (1997, April 1997) 'Computer Games for Girls is No Longer an Oxymoron', *Wired:* 101—6; online at <http://www.wired.com/wired/archive/ 5.04/es_girlgames.html>.

Billson, A. (1997) *The Thing,* London: BFI Publishing.

Boal, A., McBride, C. A. and McBride, M. O. L. (1979) *Theater of the Oppressed*, London: Pluto Press.

Bonnafont, G. (1992) 'Video Games and the Child', paper presented at *Myths and Realities of Play*, London.

Borgh, K. and Dickson, W. P. (1986) 'Peer Status and Self-perception among Early Elementary School Children: The Case of Rejected Children', in P. F. Campbell and G. G. Fein (eds), *Young Children and Microcomputers*, Englewood Cliffs, NJ: Erlbaum.

Bratman, Michael E. (1999) *Faces of Intention: Selected Essays on Intention and Agency*, Cambridge: Cambridge University Press.

Bryce, J. and Rutter, J. (2001) *In the Game—In the Flow: Presence in Public Computer Gaming*, paper presented at the Computer Games and Digital Textualities, IT University of Copenhagen; online at <www.digiplay.org.uk>.

Bryce, J. and Rutter, J. (2002) *Killing Like a Girl: Gendered Gaming and Girl Gamers' Visability*, paper presented at the Computer Games and Digital Cultures, Tampere, Finland; online at <http://www.digiplay.org.uk/media/ cgdc.pdf>.

Bryce, J. and Rutter, J. (2003) 'The Gendering of Computer Gaming: Experience and Space', in S. Fleming and I. Jones (eds), *Leisure Culture: Investigations in Sport, Media and Technology*, Eastbourne: Leisure Studies Association, 3—22; online at <http://lesl.man.ac.uk/cric/Jason_Rutter/papers/LSA.pdf>.

Bub (2002) 'Console Roleplaying Games Part 1: The Early Years', *Gamespy Website* <http://archive.gamespy.com/articles/april02/crpgl>.

Buckingham, D. (1993) 'Just Playing Games', *English and Media Magazine* 28: 21—5.

Buckingham, D. (2000) *After the Death of Childhood: Growing Up in the Age of Electronic Media*, Cambridge: Polity.

Buckingham, D. (2002) 'The Electronic Generation? Children and New Media', in L. Lievrouw and S. Livingstone (eds), *The Handbook of New Media: Social Shaping and Consequences of ICT* London: Sage, 77—89.

Buckingham, D. and Scanlon, M. (2003) *Education, Entertainment and Learning in the Home*, Buckingham: Open University Press.

Burn, A. (2003) 'Poets, Skaters and Avatars: Performance, Identity and New Media', *English Teaching: Practice and Critique* 2: 6—21.

Burn, A. and Parker, D. (2001) 'Making Your Mark: Digital Inscription and Animation, a New Visual Semiotic', *Education, Communication, Information* 1(2): 79.

Butler, J. (1990) *Gender Trouble*, New York: Routledge.

Caillois, R. (1958/1979) *Man, Play and Games,* New York: Schocken Books.

Cardwell, S. (2004) 'The Hidden Gamer—the Female Audience for Online "Casual" Games', presentation at Women in Games Conference, Portsmouth, UK, June 2004.

Carr, D. (2005 in press) 'Contexts, Gaming Pleasures and Gendered Preference', *Simulation and Gaming* 36/4 (December), symposium issue on video game theory.

Carr, D. (2006 in press) 'The Rules of the Game, the Burden of Narrative: *Enter the Matrix*', in S. Gillis (ed.), *The Matrix: Cyberpunk Reloaded,* London: Wallflower Press.

Carson, D. (2000) 'Environmental Storytelling: Creating Immersive 3D Worlds Using Lessons Learned from the Theme Park Industry', *Gamasutra,* online at <http://www.gamasutra.com/features/20000301/carson_01.htm>.

Casas, F. (2001) 'Video Games: Between Parents and Children', in I. Hutchby and J. Moran-Ellis (eds), *Children, Technology and Culture,* London: Falmer, 32—47.

Casewell, R. (2003) 'Letter to the Editor', *Edge* 122, Bath, UK: Future Publishing Ltd.

Cassell, J. (2000) 'Storytelling as a Nexus of Change in the Relationship between Gender and Technology: A Feminist Approach to Software Design', in J. Cassell and H. Jenkins (eds), *From Barbie to Mortal Combat: Gender and Computer Games,* Cambridge, Mass.: MIT Press, 298—327.

Cassell, J. and Jenkins, H. (2000) *From Barbie to Mortal Combat: Gender and Computer Games.* Cambridge, Mass.: MIT Press.

Chatman, S. (1978) *Story and Discourse: Narrative Structure in Fiction and Film,* Ithaca, N.Y.: Cornell University Press.

Clover, C. J. (1992) *Men, Women and Chainsaws; Gender in the Modern Horror Film*, Princeton: Princeton University Press.

Copier, M. (2003) 'The Other Game Researcher', paper presented at the Level Up; Digital Games Research Conference, Utrecht.

Creed, B. (1990) *'Alien* and the Monstrous-Feminine', in A. Kuhn (ed.), *Alien Zone; Cultural Theory and Contemporary Science Fiction Cinema,* London: Verso, 128—44.

Crogan, P. (2000) 'Things Analogue and Digital', *Senses of Cinema 5,* online at <www.sensesofcinema.com>.

Crogan, P. (2004) 'The Game Thing: Ludology and Other Theory Games', *Media International Australia incorporating Culture and Policy* 110:10—18.

Csikszentmihalyi, M. (2002) *Flow; The Gassic Work on How to Achieve Happiness,* 2nd edn, London: Rider.

de Castell, S. and Bryson, M. (2000) 'Retooling Play: Dystopia, Dysphoria and Difference', in J. Cassell and H. Jenkins (eds), *From Barbie to Mortal Combat: Gender and Computer Games,* Cambridge, Mass.: MIT Press, 232—61.

Deleuze, G. and Guattari, F. (1988) *A Thousand Plateaus: Capitalism and Schizophrenia,* London: Althone.

Diniz-Sanches, J. (2003) 'Editorial; the Girl Issue', *Edge* 3 (March), Bath: Future Publishing Ltd.

Douglas, J. Y. and Hargadon, A. (2000) *The Pleasure Principle: Immersion, Engagement, Flow,* paper presented at the 2000 Hypertext Conference, San Antonio, TX; online at <http://faculty.gsm.ucdavis.edu/~hargadon/Research/Hargadon_ACM_PlePriOO.pdf>.

Douglas, J. Y. and Hargadon, A. (2001) 'The Pleasures of Immersion and Engagement: Schemas, Scripts and the Fifth Business', *Digital Creativity* 12: 153—66.

Dove, S. (2004) 'Top Ten Booth Babe Pick-up Lines', *G4 VideogameTV* website; online at <http://www.g4tv.com/e32005/features/50/Top_Ten_Booth_Babe_Pickup_Lines.html>.

Durkin, K. (1995) *Computer Games: Their Effects on Young People. A Review,* Sydney: Office of Film and Literature Classification.

Dyer, R. (1997) *White,* London: Routledge.

Ermi, L. and Mayra, F. (2003) 'Power and Control of Games: Children as the Actors of Game Cultures', paper presented at the Level Up; Digital Games Research Conference, Utrecht.

Eskelinen, M. (2001) 'The Gaming Situation', *Game Studies, 1* at <www.game-studies.org>.

Eskelinen, M. (2004) 'From Markku Eskelinen's Online Response', in N. Wardrip-Fruin and P. Harrigan (eds), *First Person; New Media as Story, Performance, and Game,* Cambridge, Mass.: MIT Press, 120—1.

Eskelinen, M. and Tronstad, R. (2003) 'Video games and configurative performances', in M. J. P. Wolf and B. Perron (eds), *The Video Game Theory Reader,* London: Routledge, 195—220.

Faceless (2000) 'Review of *Baldur's Gate', Mobygames.com,* online at <http://www.mobygames.com/game/view_review/reviewerId,523/gameId,712/platformId,3/>.

Fein, G. G., Campbell, P. F. and Schwartz, S. S. (1987) 'Microcomputers in the Preschool: Effects on Social Participation and Cognitive Play', *Journal of Applied Developmental Psychology* 15:197—208.

Feinstein, K. (1999) Interviewed in 'Towards a Definition of Videogames', *Electronic Conservancy*, online at <www.videotopia.com/erratal.htm>.

Feuerstein, R. (1979) *Dynamic Assessment of Retarded Performers*, Baltimore, Md: University Park Press.

Fine, G. (1983) *Shared Fantasy: Role-Playing Games as Social Worlds*, Chicago and London: University of Chicago Press.

Fisher, S. (1995) 'The Amusement Arcade as a Social Space for Adolescents: An Empirical Study', *Journal of Adolescence* 18: 71—86.

Frasca, G. (2003) *Ludologists Love Stories, Too: Notes from a Debate That Never Took Place*, paper presented at the Level Up; Digital Games Research Conference, Utrecht.

Freud, S. (2003) *The Uncanny*, transl. D. McLinton, London: Penguin Books.

Friedman, T. (1999) 'The Semiotics of *Sim City*'. *First Monday*, 4, online at <http://www.firstmonday.org/issues/issue4_4/index.html>.

Fuller, M. and Jenkins, H. (1995) 'Nintendo and New World Travel Writing: A Dialogue', pp. 57—72 in S. G. Jones (ed.), *Cybersociety: Computer-Mediated Communication and Community*, Thousand Oaks: Sage Publications.

Gansmo, H., Nordli, H. and Sørensen, K. (2003) 'The Gender Game. A Study of Norwegian Computer Game Designers', NTNU/SIGIS Report <http:// www.sigis-ist.org>.

Gee, J. P. (2003) *What Video Games have to Teach Us about Learning and Literacy*, Basingstoke: Palgrave Macmillan.

Genette, G. (1980) *Narrative Discourse*, transl. J. E. Lewin, Oxford: Blackwell.

Giacquinta, J., Bauer, J. and Levin, J. (1993) *Beyond Technology's Promise: An Examination of Children's Educational Computing at Home*, Cambridge: Cambridge University Press.

Goldstein, J. (2001) *Does Playing Violent Video Games Cause Aggressive Behaviour?*, paper presented at the Playing By The Rules; The Cultural Policy Challenges Of Video Games, Chicago (26—27 October); online at <http://culturalpolicy.uchicago.edu/conf2001/agenda2.html>.

Goldstein, J. and Raessens, J. (eds) (2004) *Handbook of Computer Game Studies*, Cambridge, Mass.: MIT Press.

Gorriz, C. M. and Medina, C. (2000) 'Engaging with Girls with Computers through Software Games', *Communications of the ACM* 43: 42—9.

Graner-Ray, S. (2003) *Gender-Inclusive Game Design*, Highham, Mass.: Charles River Media.

Gray, A. (1992) *Video Playtime: The Gendering of a Leisure Technology*, London: Routledge.

Green, B. and Bigum, C. (1993) Aliens in the Classroom', *Australian Journal of Education* 37(2): 119—41.

Grodal, T. (2003) 'Stories for Eye, Ear, and Muscles: Video Games, Media and Embodied Experiences', in M. J. P. Wolf and B. Perron (eds), *Video Game Theory Reader*, New York and London: Routledge, 129—56.

Gunter, B. (1998) *The Effects of Video Games on Children: The Myth Unmasked*, Sheffield: Sheffield Academic Press.

Gurer, D. and Camp, T. (2002) 'An ACM-W Literature Review on Women in Computing', *SIGSCE Bulletin* 32: 121—7; online at <http://cs.wellesley.edu/~cs/ docs/gurer-camp.pdf>.

Haines, L. (2004) *Women and Girls in the Games Industry*, Interim Report, Lizzie Haines Research/The Game Plan, Manchester, UK: Media Training Northwest: online at <http://66.102.9.104/search?q=cache:wAFjna6j68cJ:www.igda.org/ women/MTNW_Women-in-Games_Sep04.pdf+lizzie+haines+girls+games& hl=en>.

Halliday, M. A. K. (1970) 'Relevant Models of Language', *Educational Review* 22: 26—37.

Halliday, M. A. K. (1985) *An Introduction to Functional Grammar*, London: Edward Arnold.

Halliday, M. A. K. (1989) *Spoken and Written Language,* 2nd edn, Oxford: Oxford University Press.

Herz, J. C. (1997) *Joystick Nation: How Video Games Ate Our Quarters, Won Our Hearts, and Rewired Our Minds,* Boston: Little, Brown.

Hodge, B. and Kress, G. (1988) *Social Semiotics,* Cambridge: Polity in association with Blackwell.

Hodge, R. and Tripp, D. (1986) *Children and Television,* Cambridge: Polity.

Holzman, L. (1995) 'Creating Developmental Learning Environments: A Vygotskian Practice', *School Psychology International* 16:199—212.

hooks, b. (1992) *Black Looks: Race and Representation,* Boston: South End Press.

Hughes, F. P. (1999) *Children. Play, and Development,* London: Allyn and Bacon.

Huizinga, J. (1938/1955) *Homo Ludens: A Study of the Play Element in Culture*, Boston: Beacon Press.

Hultsman, W. (1992) 'Constraints to Activity Participation in Early Adolescence', *Journal of Early Adolescence* 12: 280—99.

Hutchinson, K. (2003) 'Women Come to Ice as Equals', *The Antarctic Sun* (November):

1; online at <http://www.polar.org/antsun/oldissues2003—2004/ Sunll0903/ womenCrackTheIceBarriers.htm>.

Innocente, E. (2002) 'Cloud's Strife', online at <www.rpgfan.com/fanfics/ ffvii/cloudl.html>.

International Hobo (2003) *Demographic Game Design,* online at <http://www. ihobo.com/ articles/>.

Iwamura, R. (1994) 'Letter from Japan: From Girls who Dress Up Like Boys to Trussed-up Porn Stars—Some of the Contemporary Heroines on the Japanese Screen', *Continuum: The Australian Journal of Media & Culture* 7:109—30.

Izawa, E. (2000) 'The Romantic, Passionate Japanese in Anime: A Look at the Hidden Japanese Soul', in T. Craig (ed.) *Japan Pop! Inside the World of Japanese Popular Culture,* New York: ME Sharpe.

Jarvinen, A. (2003) 'Making and Breaking Games: A Typology of Rules', paper presented at the Level Up; Digital Games Research Conference, Utrecht.

Jarvinen, A., Helio, S. and Mayra, F. (2002) *Communication and Community in Digital Entertainment Services; Prestudy Research Report,* Tampere: University of Tampere Hypermedia Laboratory; online at <http://tampub. uta.fi/tup/951—44—5432—4.pdf>.

Jenkins, H. (1992) *Textual Poachers: Television Fans and Participatory Culture*, London: Routledge.

Jenkins, H. (1993) 'X Logic: Repositioning Nintendo in Children's Lives', *Quarterly Review of Film and Video* 14: 55—70.

Jenkins, H. (2000) 'Voices from the Combat Zone; Game Grrlz Talk Back', in J. Cassell and H. Jenkins (eds), *From Barbie to Mortal Combat: Gender and Computer Games,* Cambridge, Mass.: MIT Press, 328—41.

Jenkins, H (2004). 'Game Design as Narrative Architecture', in N. Wardrip-Fruin and P. Harrigan (eds), *First Person; New Media as Story, Performance, and Game,* Cambridge, Mass.: MIT Press, 118—30.

Jenkins, H. and Squire, K. (2002) 'The Art of Contested Spaces', in L. King (ed.), *Game On: The History and Culture of Video Games,* London: Lawrence King, 64—75.

Jessen, C. (1999) *Children's Computer Culture: Three Essays on Children and Computers*, Odense, Denmark: Odense University Press.

Juul, J. (2001) 'Games Telling Stories? A Brief Note on Games and Narratives', *Game Studies, 1,* online at <www.gamestudies.org>.

Juul, J. (2003) 'The Game, the Player, the World: Looking for a Heart of Gameness', paper presented at the Level Up: Digital Games Research Conference, Utrecht.

Karpov, Y. V. (1994) 'Vygotskian Approach to Instruction: The Problem of Learning and Transfer', unpublished manuscript, Vanderbilt University.

Katz, J. (2003) 'Up, Up, Down, Down', at <www.slashdot.org/features>.

Kennedy, H. W. (2005) 'Illegitimate, Monstrous and Out There: Female *Quake* Players and Inappropriate Pleasures', in J. Hollows and R. Moseley, *Feminism in Popular Culture*, London: Berg.

Kent, S. L. (2001) *The Ultimate History of Video Games*, New York: Prima Life.

Kerr, A. (2003) *Women Just Want to Have Fun: A Study of Adult Female Players of Digital Games*, paper presented at the Level Up: Digital Games Research Conference, Utrecht.

Kitkowski, A. (2002) 'Gaming in Japan: An Odyssee', *Places to Go, People to Be; The On-line Magazine for Roleplayers* 19.

Kline, S. (2003) 'Media Effects Redux or Reductive: A Reply to the St. Louis Court Brief, *Participations* 1(1), at <www.participations.org>.

Kline, S., Dyer-Witheford, N., de Peuter, G. (2003) *Digital Play: The Interaction of Technology, Culture and Marketing*, Montreal: McGill-Queens University Press.

Kouzlin, A. (1990) *Vygotsky's Psychology*, Cambridge, Mass.: Harvard University Press.

Kress, G. (2003) *Literacy in the New Media Age*, London: Routledge.

Kress, G. and van Leeuwen, T. (1996) *Reading Images: The Grammar of Visual Design*, London: Routledge.

Kress, G. and van Leeuwen, T. (2001) *Multimodal Discourse: The Modes and Media of Contemporary Communication*, London and New York: Arnold; Oxford University Press.

Kristeva, J. (1982) *Powers of Horror; An Essay in Abjection*, transl. L. S. Roudiez, New York: Columbia University Press.

Kristeva, J. (1989) *Black Sun; Depression and Melancholia*, transl. L. S. Roudiez, New York: Columbia University Press.

Krotoski, A. (2004) *Chicks and Joysticks: An Exploration of Women and Gaming*, London: Entertainment and Leisure Software Publishers Association (ELSPA); online at <http://www.elspa.com/about/pr/elspawhitepaper3.pdf>.

Krzywinska, T. (2002) 'Hands-on Horror', in T. Krzywinska and G. King (eds), *ScreenPlay*, London: Wallflower Press, 206—24.

Krzywinska, T. (2003) 'Playing Buffy: Remediation, Occulted Meta-game-physics and the Dynamics of Agency in the Videogame Version of *Buffy the Vampire Slayer'*, in *Slayage* 8 (March 2003); online at <http://www.slayage.tv/essays/ slayage8/Krzywinska.htm>.

Kücklich, J. (2003) 'Perspectives of Computer Game Philology', *Game Studies 3,* online at <www.gamestudies.org>.

Lanning, L. (2002) cited in W. Benedetti, *The Art of Gaming* at seattlepi.com. 12 March; online at <http://seattlepi.nwsource.com/lifestyle/61797_gameart. shtml>.

Laurel, B. (1991) *Computers as Theatre,* Menlo Park, Calif.: Addison Wesley.

Laurel, B. (1998) *Keynote Address: Technological Humanism and Values-Driven Design,* paper presented at the CHI—98, Los Angeles; online at <http:// www.tauzero.com/ Brenda_Laurel/Recent_Talks/Technological_Humanism. html>.

Laurel, B. (1999) *Keynote Address: New Players, New Games,* paper presented at the GDC 99, San Jose; online at <http://www.tauzero.com/Brenda_Laurel/ Recent_Talks/Intro. html>.

Lave, J. and Wenger, E. (1991) *Situated Learning: Legitimate Peripheral Participation,* Cambridge: Cambridge University Press.

Lidz, C. S. (1995) 'Dynamic Assessment and the Legacy of L. S. Vygotsky', *School Psychology International* 16:143—53.

Livingstone, S. and Bovill, M. (1999) *Young People, New Media,* report of the Research Project 'Children, Young People and the Changing Media Environment', London: London School of Economics.

Lombard, M. and Ditton, T. (1997) 'At the Heart of it All: The Concept of Presence', *Journal of Computer-Mediated Communication 3*; online at <http://www. ascusc.org/jcmc/vol3/ issue2/>.

Lundgren, S. and Bjork, S. (2003) *Game Mechanics: Describing Computer-Augmented Games in Terms of Interaction,* paper presented at the Technologies for Interactive Digital Storytelling and Entertainment, Darmstadt, Germany; online at <http://www.tii. se/play/publications/2003/mechanics.pdf>.

McGonical, J. (2003) 'A Real Little Game: The Pinocchio Effect in Pervasive Play', in M. Copier and J. Raessens (eds), paper presented at Level Up: Digital Games Research Conference, Utrecht: University of Utrecht Press.

McLelland, M. (2000) 'Male Homosexuality and Popular Culture in Modern Japan',

Intersections 3, January 2000; online at <http://www.sshe.murdoch. edu.au/intersections/issue3_contents.html>.

McMahan, A. (2003) 'Immersion, Engagement and Presence: A Method for Analyzing 3—D Video Games', in M. J. P. Wolf and B. Perron (eds), *The Video Game Theory Reader,* New York and London: Routledge, 67—87.

McMeeking, D. and Purkayastha, B. (1995) 'I Can't Have My Mom Running Me Everywhere: Adolescents, Leisure, and Accessibility', *Journal of Leisure Research* 27: 360—78.

Marr, A. J. (2001) 'In the Zone: A Biobehavioral Theory of the Flow Experience', *Athletic Insight: The Online Journal of Sport Psychology 3;* online at <http://www.athleticinsight.com>.

Mayra, F. (2003) 'Pac-man and the Ivory Tower', online at <www.igda.org/ columns/ivorytower>.

Megura, Kao (2000) *Final Fantasy 7 Walkthrough,* online at <http://www.the-spoiler. com/RPG/Square/Final.fantasy.7.html>.

Milles, I. (2003) 'Book Review of *Gender Inclusive Game Design* by Sheri Graner Ray', *iDevGames: The Macintosh Game Developer Community Website,* online at <http://www.idevgames.com/reviews/books/id55>.

Moby (2002) Moby's Editorial Forum, RPG Dreamers, online at <http:// www.rpgdreamer.com/editorial/mobyeditorial7.html>.

Morgan, Chris (2002) Walkthrough of *The Thing, Outpost 31,* accessed Jan 2005, online at <http://db.gamefaqs.com/console/ps2/file/thing.txt>.

Mortensen, T. (2002) 'Playing With Players: Potential Methodologies for MUDs', *Game Studies* 2, online at <www.gamestudies.org>.

Murray, J. (1997) *Hamlet on the Holodeck; The Future of Narrative in Cyberspace*, Cambridge, Mass.: MIT Press.

Murray, J. H. (2000) *Hamlet on the Holodeck; The Future of Narratives in Cyberspace,* 3rd edn, Cambridge, Mass.: MIT Press.

Myers, D. (1992) 'Time, Symbol Manipulation and Computer Games', *Play & Culture* 5: 441—57.

Neale, S. (1980) *Genre,* London: BFI.

Neale, S. (2000) *Genre and Hollywood,* London: Routledge.

Neale, S. (ed.) (2002) *Genre and Contemporary Hollywood,* London: Routledge.

Newman, J. (2002) 'The Myth of the Ergodic Videogame', *Game Studies* 2(1), online at <www.gamestudies.org>.

Ong, W. (2002) *Orality and Literacy: the Technologizing of the Word,* London: Routledge, online at <http://www.nwe.ufl.edu/~jdouglas/dcl2303—Douglas. pdf>.

Orr Vered, K. (1998) 'Blue Group Boys Play *Incredible Machine,* Girls Play Hopscotch: Social Discourse and Gendered Play at the Computer', in J. Sefton- Green (ed.), *Digital Diversions: Youth Culture in the Age of Multimedia,* London: UCL Press, 43—61.

Pearce, C. (2002) 'Story as Play Space: Narrative in Games', in L. King (ed.), *Game On: The History and Culture of Video Games,* London: Lawrence King, 112—19.

Pearce, C. (2004) 'Towards a Game Theory of Game', in N. Wardrip-Fruin and P. Harrigan (eds), *First Person: New Media as Story, Performance, and Game,* Cambridge, Mass., and London: MIT Press, 143—53.

Pelletier, C. (2005, under review) 'The Uses of Literacy in Studying Computer Games; Comparing Students' Oral and Visual Representations of Games', *English Teaching: Practice and Critique* 4(1) (May, 2005); online at: <http://www.soe.waikato.ac.nz/english/ETPC/Current.html#forthcoming>.

Pelligrini, A. D. and Perlmutter, J. (1989) 'Classroom Contextual Effects on Children's Play', *Developmental Psychology* 25: 289—96.

Playstation 2: Special Edition, The Sex Issue 13 (May 2003), Bath, UK: Future Publishing Ltd.

Poole, S. (2000) *Trigger Happy: The Inner Life of Video Games*, London: Fourth Estate.

Poole, S. (2002) 'Character Forming', in L. King (ed.), *Game On: The History and Culture of Videogames,* London: Laurence King.

Propp, V. (1970) *Morphology of the Folktale,* Austin: University of Texas Press.

Radway, J. (1984) *Reading the Romance,* Chapel Hill, NC: University of North Carolina Press.

Rafaeli, S. (1998) 'Interactivity: From New Media to Communication', in R. P. Hawkins, J. M. Wiemann and S. Pingree (eds), *Sage Annual Review of Communication Research: Advancing Communication Science,* vol. 16, Beverly Hills, Calif.: Sage.

Ree, J. (1999) *I See a Voice: A Philosophical History of Language, Deafness and the Senses*, London: Harper Collins.

Rehak, B. (2003) 'Playing at Being: Psychoanalysis and the Avatar', in M. J. P. Wolf and B. Perron (eds), *The Video Game Theory Reader,* London: Routledge, 103—28.

Roberts, D. F. and Foehr, U. G. (2004) *Kids and Media in America,* Cambridge: Cambridge University Press.

Rockwell, G. (1999) 'Gore Galore: Literary Theory and Computer Games', *Computers and the Humanities,* online at <www.game-culture.com/articles. html>.

Ryan, M.-L. (1994) 'Immersion vs. Interactivity: Virtual Reality and Literary Theory', *Postmodern Culture* 5; online at <http://www.infomotions.com/serials/ pmc/pmc-v5nl. shtml>.

Ryan, M.-L. (2003) *Narrative as Virtual Reality: Immersion and Interactivity in Literature and Electronic Media,* Baltimore and London: John Hopkins University Press.

St Louis Court Brief, The (2003) 'Debating Audience "Effects" in Public', *Participations* 1(1), online at <www.participations.org>.

Salen, K. and Zimmerman, E. (2003) 'This is Not a Game: Play in Cultural Environments', paper presented at the Level Up; Digital Games Research Conference, Utrecht.

Salen, K. and Zimmerman, E. (2004) *Rules of Play; Game Design Fundamentals,* Cambridge, Mass.: MIT Press.

Saussure de, F. (1916/1983) *Course in General Linguistics,* transl. Roy Harris, La Salle, 111.: Open Court.

Schleiner, A.-M. (1998—2004) <www.opensorcery.net>.

Schleiner, A.-M. (1999) 'Parasitic Interventions: Game Patches and Hacker Art', online at <www.opensorcery.net>.

Schott, G. and Horrell, K. (2000) 'Girl Gamers and Their Relationship with the Gaming Culture', *Convergence* 6(4): 36—53.

Sellers, J. (2001) *Arcade Fever: The Fan's Guide to the Golden Age of Video Games*, New York: Running Press.

Smith, Andy (2002) *Drawing Dynamic Comics,* New York: Watson-Guptill Publications.

Spielmann, Y. and Mey, K. (2005) 'Call for Contributions: Special Issue of the Journal *Convergence*'; online at <http://convergence.luton.ac.uk/callforpapers/ hybridity>.

Squire, K. (2002) 'Cultural Framing of Computer/Video Games', *Game Studies 2(1);* online at <www.gamestudies.org>.

Stern, L. (1997) ' "I Think Sebastian, therefore ... I Somersault": Film and The Uncanny', *Australian Humanities Review,* November 1997; online at <http://www.lib.latrobe.edu.

au/AHR/archive/Issue-November—1997/stern2. html>.

Subrahmanyam, K. and Greenfield, P. M. (2000) 'Computer Games for Girls: What Makes Them Play?', in J. Cassell and H. Jenkins (eds), *From Barbie to Mortal Combat: Gender and Computer Games,* Cambridge, Mass.: MIT Press, 46—71.

Sutton-Smith, B. (1979) *Play and Learning,* London: Longmans.

Sutton-Smith, B. (1986) *Toys as Culture,* New York: Gardner Press.

Sutton-Smith, B. (1997) *The Ambiguity of Play,* Cambridge, Mass.: Harvard University Press.

Talmadge, W., Eric, B. and Paul, B. (2002) 'Creative Player Actions in FPS Online Video Games: Playing Counter-Strike', *Game Studies* 2, online at <www.gamestudies.org>.

Taylor, T. L. (2003) 'Multiple Pleasures: Women and Online Gaming', *Convergence: The Journal of Research into New Media Technologies* 9: 21—46.

Tobin, J. (1998) 'An American *Otaku* (or, a Boy's Virtual Life on the Net)', in J. Sefton-Green (ed.), *Digital Diversions: Youth Culture in the Age of Multimedia,* London: UCL Press, 106—27.

Tobin, J. (ed.) (2004) *Pikachu's Global Adventure: The Rise and Fall of Pokemon*, Durham, NC: Duke University Press.

Todorov, T. (1977) *The Poetics of Prose,* transl. R. Howard, Oxford: Blackwell.

Tolkien, J. R. R. (2002) *The Lord of the Rings and The Hobbit,* London: Collins Modern Classics.

Turkle, S. (1984) *The Second Self: Computers and the Human Spirit,* New York: Simon and Schuster.

Turner, J. (2001) 'Reasons for Liking Tolkien', *London Review of Books* 23 (November).

van Cleef, D. (1997) 'Review of *Final Fantasy* 7', *Games & Software Review* 2(3).

van Leeuwen, T. (1999) *Speech, Music, Sound,* Basingstoke: Palgrave Macmillan.

Volosinov, V. N. (1973) *Marxism and the Philosophy of Language,* transl. M. L. and I. R. Titunik, London and New York: Seminar Press.

Vygotsky, L. S. (1978) *Mind in Society: The Development of Higher Psychological Processes,* Cambridge, Mass.: Harvard University Press.

Waine, M. (2001) 'The Evolution of Console RPGs', *PS* 2 (October): 98—103.

Walkerdine, V. (2004) 'Remember Not to Die: Young Girls and Video Games', *Papers:*

Explorations into Children's Literature 14, 28—37.

Werry, C. (1996) 'Linguistic and Interactional Features of Internet Relay Chat', in S. C. Herring (ed.), *Computer-mediated Communication: Linguistic, Social and Cross-cultural Perspectives,* Amsterdam and Philadelphia: John Benjamins, 47—63.

Williams, L. (1999) 'Film Bodies: Gender, Genre and Excess', in L. Baudy and M. Cohen (eds), *Film Theory and Criticism,* 5th edn, New York and Oxford: Oxford University Press, 701—15.

Wolf, M. J. P. (2002) *The Medium of the Video Game,* Austin: University of Texas Press.

Wolf, M. J. P. (2003) 'Abstraction in the Video Game', in M. J. P. Wolf and B. Perron (eds), *The Video Game Theory Reader,* London: Routledge, 47—66.

Wolf, M. J. P. and Perron, B. (2003a) 'Introduction', in M. J. P. Wolf and B. Perron (eds), *The Video Game Theory Reader,* London: Routledge, 1—24.

Wolf, M. J. P. and Perron, B. (eds) (2003b) *The Video Game Theory Reader,* London: Routledge.

Wood, D. (1994) *How Children Think and Learn,* Oxford: Blackwell.

Wood, D. and Wood, H. (1996) 'Vygotsky, Tutoring and Learning', *Oxford Review of Education* 22(1): 5—16.

Wood, D., Bruner, J. S. and Ross, G. (1976) 'The Role of Tutoring in Problem Solving', *Journal of Child Psychology and Psychiatry* 17: 89—100.

Wood, R. (1997) 'An Introduction to the Modern American Horror Film', in B. Ashley (ed.), *Reading Popular Narrative; A Source Book,* London and Washington: Leicester University Press, 189—92.

Woodcock, B. S. (2003) *An Analysis of MMOG Subscription Growth,* online at <http://pwl.netcom.com/~sirbruce/Subscriptions.html>.

Wright, J. and Samaras, A. (1986) 'Play and Mastery', in P. F. Campbell and G. G. Fein (eds), *Young Children and Microcomputers,* Englewood Cliffs, NJ: Erlbaum.

Zarabatny, L., Hartmann, D. and Rankin, D. (1990) 'The Psychological Functions of Preadolescent Peer Activities', *Child Development,* 61:1067—80.

Ziajka, A. (1983) 'Microcomputers in Early Childhood Education? A First Look', *Young Children* 38: 61—7.

Zimmerman, E. (2002) 'Do Independent Games Exist?', in L. King (ed.), *Game On: The History and Culture of Video Games,* London: Lawrence King, 120—9.